에듀윌과 함께 시작하면,
당신도 합격할 수 있습니다!

오랜 직장 생활을 마감하며 찾아온 앞날에 대한 막연한 두려움
에듀윌만 믿고 공부해 합격의 길에 올라선 50대 은퇴자

출산한지 얼마 안돼 독박 육아를 하며 시작한 도전!
새벽 2~3시까지 공부해 8개월 만에 동차 합격한 아기엄마

만년 가구기사 보조로 5년 넘게 일하다, 달리는 차 안에서도
포기하지 않고 공부해 이제는 새로운 일을 찾게 된 합격생

누구나 합격할 수 있습니다.
시작하겠다는 '다짐' 하나면 충분합니다.

마지막 페이지를 덮으면,

에듀윌과 함께
공인중개사 합격이 시작됩니다.

공인중개사 1위

15년간 베스트셀러 1위
에듀윌 공인중개사 교재

탄탄한 이론 학습! 기초입문서/기본서/핵심요약집

기초입문서(2종)   기본서(6종)   1차 핵심요약집+기출팩(1종)

출제경향 파악, 실전 엿보기! 단원별/회차별 기출문제집

단원별 기출문제집(6종)   회차별 기출문제집(2종)

다양한 문제로 합격점수 완성! 기출응용 예상문제집/실전모의고사

기출응용 예상문제집(6종)   실전모의고사(2종)

* 2023 대한민국 브랜드만족도 공인중개사 교육 1위 (한경비즈니스)
* YES24 수험서 자격증 공인중개사 베스트셀러 1위 (2011년 12월, 2012년 1월, 12월, 2013년 1월~5월, 8월~12월, 2014년 1월~5월, 7월~8월, 12월, 2015년 2월~4월, 2016년 2월, 4월, 6월, 12월, 2017년 1월~12월, 2018년 1월~12월, 2019년 1월~12월, 2020년 1월~12월, 2021년 1월~12월, 2022년 1월~12월, 2023년 1월~12월, 2024년 1월~12월, 2025년 1월~3월 월별 베스트, 매월 1위 교재는 다름)
* YES24 국내도서 해당분야 월별, 주별 베스트 기준

에듀윌 공인중개사

합격을 위한 비법 대공개! 합격서&부교재

이영방 합격서	심정욱 합격서	임선정 합격서	김민석 합격서	한영규 합격서
부동산학개론	민법 및 민사특별법	공인중개사법령 및 중개실무	부동산공시법	부동산세법

오시훈 합격서	신대운 합격서	심정욱 핵심체크 OX	오시훈 키워드 암기장
부동산공법	쉬운민법	민법 및 민사특별법	부동산공법

핵심 테마를 빠르게 공략하는 단기서

이영방 합격패스 계산문제	심정욱 합격패스 암기노트	임선정 그림 암기법	김민석 테마별 한쪽정리	오시훈 테마별 비교정리
부동산학개론	민법 및 민사특별법	공인중개사법령 및 중개실무	부동산공시법	부동산공법

시험 전, 이론&문제 한 권으로 완벽 정리! 필살키

이영방 필살키	심정욱 필살키	임선정 필살키	오시훈 필살키	김민석 필살키	한영규 필살키	신대운 필살키

더 많은
공인중개사 교재

* 해당 교재의 이미지는 변경될 수 있습니다.

공인중개사, 에듀윌을 **선택해야 하는 이유**

9년간 아무도 깨지 못한 기록
합격자 수 1위

합격을 위한 최강 라인업
1타 교수진

공인중개사

합격만 해도 연 최대 300만원 지급
에듀윌 앰배서더

업계 최대 규모의 전국구 네트워크
동문회

* 2023 대한민국 브랜드만족도 공인중개사 교육 1위 (한경비즈니스)
* KRI 한국기록원 2016, 2017, 2019년 공인중개사 최다 합격자 배출 공식 인증 (2025년 현재까지 업계 최고 기록) * 에듀윌 공인중개사 과목별 온라인 주간반 강사별 수강점유율 기준 (2024년 11월)
* 앰배서더 가입은 에듀윌 공인중개사 수강 후 공인중개사 최종 합격자이면서, 에듀윌 공인중개사 동문회 정회원만 가능합니다. (상세 내용 홈페이지 유의사항 확인 필수)
* 에듀윌 공인중개사 동문회 정회원 가입 시, 가입 비용이 발생할 수 있습니다.   * 앰배서더 서비스는 당사 사정 또는 금융당국의 지도 및 권고에 의해 사전 고지 없이 조기종료될 수 있습니다.

1위 에듀윌만의
체계적인 합격 커리큘럼

합격자 수가 선택의 기준, 완벽한 합격 노하우
온라인 강의
① 전 과목 최신 교재 제공
② 업계 최강 교수진의 전 강의 수강 가능
③ 합격에 최적화 된 1:1 맞춤 학습 서비스

쉽고 빠른 합격의 첫걸음 **합격필독서 무료** 신청

최고의 학습 환경과 빈틈 없는 학습 관리
직영학원
① 현장 강의와 온라인 강의를 한번에
② 시험일까지 온라인 강의 무제한 수강
③ 강의실, 자습실 등 프리미엄 호텔급 학원 시설

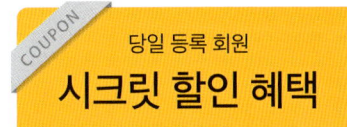

설명회 참석 당일 등록 시 **특별 수강 할인권** 제공

친구 추천 이벤트

" **친구 추천**하고 한 달 만에
920만원 받았어요 "

친구 1명 추천할 때마다 현금 10만원 제공
추천 참여 횟수 무제한 반복 가능

친구 추천 이벤트
바로가기

※ *a*o*h**** 회원의 2021년 2월 실제 리워드 금액 기준
※ 해당 이벤트는 예고 없이 변경되거나 종료될 수 있습니다.

자세한 내용이 궁금하다면 1600-6700
* 2023 대한민국 브랜드만족도 공인중개사 교육 1위 (한경비즈니스)

공인중개사 1위

합격자 수 1위 에듀윌
7만 건이 넘는 후기

고○희 합격생

부알못, 육아맘도 딱 1년 만에 합격했어요.

저는 부동산에 관심이 전혀 없는 '부알못'이었는데, 부동산에 관심이 많은 남편의 권유로 공부를 시작했습니다. 남편 지인들이 에듀윌을 통해 많이 합격했고, '합격자 수 1위'라는 광고가 좋아 에듀윌을 선택하게 되었습니다. 교수님들이 커리큘럼대로만 하면 된다고 해서 믿고 따라갔는데 정말 반복 학습이 되더라고요. 아이 둘을 키우다 보니 낮에는 시간을 낼 수 없어서 밤에만 공부하는 게 쉽지 않아 포기하고 싶을 때도 있었지만 '에듀윌 지식인'을 통해 합격하신 선배님들과 함께 공부하는 동기들의 위로가 큰 힘이 되었습니다.

이○용 합격생

군복무 중에 에듀윌 커리큘럼만 믿고 공부해 합격

에듀윌이 합격자가 많기도 하고, 교수님이 많아 제가 원하는 강의를 고를 수 있는 점이 좋았습니다. 또, 커리큘럼이 잘 짜여 있어서 잘 따라만 가면 공부를 잘 할 수 있을 것 같아 에듀윌을 선택했습니다. 에듀윌의 커리큘럼대로 꾸준히 따라갔던 게 저만의 합격 비결인 것 같습니다.

안○원 합격생

5개월 만에 동차 합격, 낸 돈 그대로 돌려받았죠!

저는 야쿠르트 프레시매니저를 하다 60세에 도전하여 합격했습니다. 심화 과정부터 시작하다 보니 기본이 부족했는데, 교수님들이 하라는 대로 기본 과정과 책을 더 보면서 정리하며 따라갔던 게 주효했던 것 같습니다. 합격 후 100만 원 가까이 되는 큰 돈을 환급받아 남편이 주택관리사 공부를 한다고 해서 뒷받침해 줄 생각입니다. 저는 소공(소속 공인중개사)으로 활동을 하고 싶은 포부가 있어 최대 규모의 에듀윌 동문회 활동도 기대가 됩니다.

다음 합격의 주인공은 당신입니다!

더 많은
합격 비법

* 에듀윌 홈페이지 게시 건수 기준 (2025년 3월 기준)
* 2023 대한민국 브랜드만족도 공인중개사 교육 1위 (한경비즈니스)

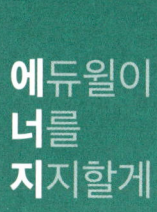

시작하는 방법은
말을 멈추고
즉시 행동하는 것이다.

– 월트 디즈니(Walt Disney)

➕ **합격할 때까지 책임지는 개정법령 원스톱 서비스!**

법령 개정이 잦은 공인중개사 시험. 일일이 찾아보지 마세요!
에듀윌에서는 필요한 개정법령만을 빠르게! 한번에! 제공해 드립니다.

에듀윌 도서몰 접속 (book.eduwill.net) ▶ 우측 정오표 아이콘 클릭 ▶ 카테고리 공인중개사 설정 후 교재 검색

개정법령 확인하기

2025
에듀윌 공인중개사
기출응용 예상문제집 2차
부동산공시법

왜 기출응용 예상문제를 풀어야 할까요?

기출지문에만 익숙해지면 안 됩니다. 개념을 정확하게 이해했는지 예상문제를 풀어보면서 점검해야 완전히 내 것이 됩니다.
— 합격생 A

응용문제와 고난도 문제를 반복적으로 충분히 연습하고 가시면 본 시험에서 문제 없이 푸실 수 있습니다.
— 합격생 B

그래서 에듀윌 기출응용 예상문제집은?

1 | 익숙한 기출문제를 기출응용문제로 새롭게 점검!

핵심 기출문제를 변형한 문제로 학습하면서 약점을 파악하고 응용력을 기를 수 있습니다.

| 제35회 부동산공시법 기출문제 | ➡ | 2025 에듀윌 기출응용 예상문제집 부동산공시법 p.216 |

22. X토지에 관하여 A등기청구권보전을 위한 가등기 이후, B – C의 순서로 각 등기가 적법하게 마쳐졌다. B등기가 **직권말소의 대상**인 것은? (A, B, C등기는 X를 목적으로 함)

	A	B	C
①	전세권설정	가압류등기	전세권설정본등기
②	임차권설정	저당권설정등기	임차권설정본등기
③	저당권설정	소유권이전등기	저당권설정본등기
④	소유권이전	저당권설정등기	소유권이전본등기
⑤	지상권설정	가압류등기	지상권설정본등기

 완벽응용

37. X토지에 관하여 A등기청구권보전을 위한 가등기 이후, B – C의 순서로 각 등기가 적법하게 마쳐졌다. B등기가 **직권말소의 대상**인 것은? (A, B, C등기는 X를 목적으로 함)

	A	B	C
①	소유권이전	가처분등기	소유권이전본등기
②	전세권설정	가압류등기	전세권설정본등기
③	임차권설정	저당권설정등기	임차권설정본등기
④	지상권설정	가압류등기	지상권설정본등기
⑤	저당권설정	소유권이전등기	저당권설정본등기

저는 문제를 많이 풀면서 모르는 문제, 처음 보는 문제에 대한 두려움을 없애보고자 노력했던 것이 도움이 되었습니다.

합격생 C

최근 단어나 말을 살짝 바꾼 함정문제가 나오는 과목도 있어 정확하게 연습하는 것이 중요합니다.

합격생 D

2 | 실제 시험 유형·지문과 유사한 예상문제로 학습!

공인중개사 시험의 출제경향에 맞추어 실전감각을 키우는 연습이 가능합니다.

제35회 부동산공시법 기출문제 ← 2024 에듀윌 기출응용 예상문제집 부동산공시법 p.59

11. 공간정보의 구축 및 관리 등에 관한 법령상 지적공부의 복구에 관한 관계 자료에 해당하는 것을 모두 고른 것은?

㉠ 측량 결과도
㉡ 법원의 확정판결서 정본 또는 사본
㉢ 토지(건물)등기사항증명서 등 등기사실을 증명하는 서류
㉣ 지적소관청이 작성하거나 발행한 지적공부의 등록내용을 증명하는 서류

① ㉠, ㉡
② ㉡, ㉢
③ ㉢, ㉣
④ ㉡, ㉢, ㉣
⑤ ㉠, ㉡, ㉢, ㉣

33. 공간정보의 구축 및 관리 등에 관한 법령상 지적공부의 복구자료에 해당하는 것은?

① 토지이용계획확인서
② 지적측량수행계획서
③ 측량준비도
④ 소유자정리 결의서
⑤ 부동산종합증명서

지문유사

이 책의 구성 및 활용법

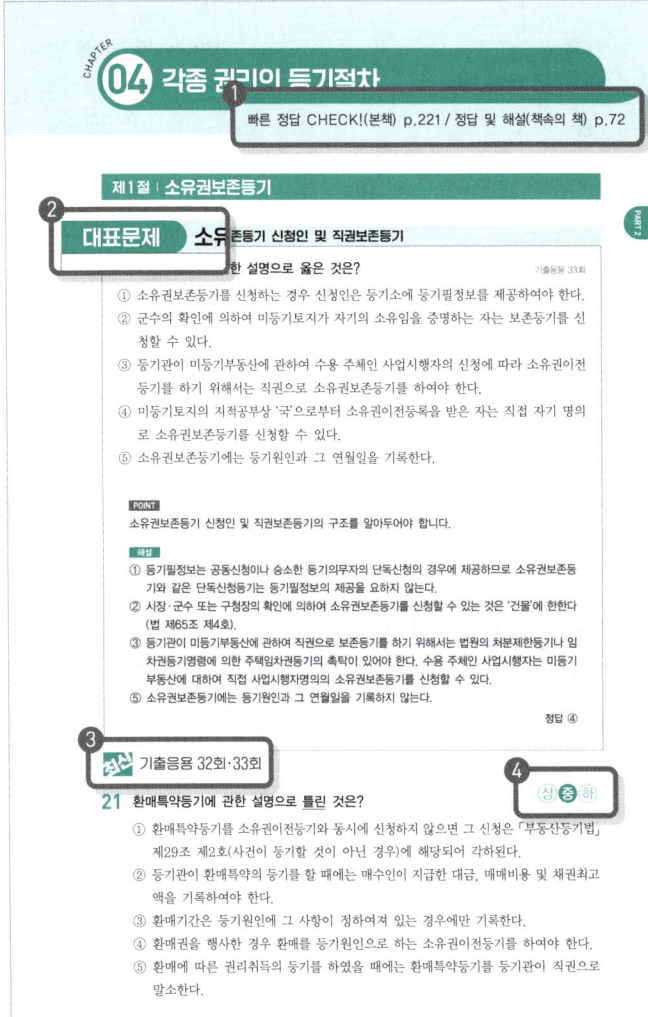

❶ 정답만 확인하고 싶다면?
'빠른 정답 CHECK!(본책)',
해설까지 확인하고 싶다면?
'정답 및 해설(책속의 책)' 페이지
로 바로 확인!

❷ 대표문제를 풀면서
핵심 출제키워드, 문제 유형을
한번에 파악!

❸ 최신 기출응용&예상문제로
약점 보완 및 응용력 강화!

❹ 상/중/하 난이도에 따른
문제풀이 학습 가능!

➕ 오답 노트가 되는 정답 및 해설(책속의 책)

· 문제와 정답/해설이 분리되어 있어 실전 대비 가능
· 함께 학습하면 좋은 이론 추가, 마지막 복습노트로 활용
· 어려운 문제, 보충개념 등은 오답 NOTE에 정리!
· 형광펜 표시로 주요 포인트만 빠르게 회독 가능

저자의 말

35회 동안 축적된 데이터를 통해 공인중개사 시험의 출제 범위와 내용은 어느 정도 파악되었지만 그 범위 안에서 난도는 조금씩 높아지고 있습니다. 공인중개사 시험에서 기출문제가 차지하는 비중이 절대적이지만 기출문제를 기반한 응용문제나 출제가 예상되는 문제를 별도로 학습하는 것은 필요합니다.

이에 이십여 년에 걸친 강의 경험과 기출문제의 패턴, 수험생의 피드백을 반영하여 다음과 같은 특징으로 기출응용 예상문제집을 집필하였습니다.

첫째, CHAPTER별 중요한 출제키워드에서는 대표문제를 먼저 제시하고, 문제를 절 단위로 수록하여 공부의 방향성을 제시하였습니다.
둘째, 최근에 개정된 내용을 모두 문제에 반영하였습니다. 「부동산등기법」 부분에서 '관련 사건의 관할에 관한 특례', '상속 또는 유증 사건의 관할에 관한 특례', '전자신청', '주소를 증명하는 정보', '등기신청의 접수', '등기필정보의 작성·통지', '등기완료사실의 통지', '등기관의 처분에 대한 이의신청', '신탁등기의 주의사항' 등이 변경되거나 추가된 내용입니다.
셋째, 최근에 박스형 문제가 많이 출제되고 있어 이를 대비하기 위한 박스형 문제를 다수 수록하였습니다.

공인중개사 시험을 공부할 때 가장 중요한 것은 출제범위 안의 내용을 반복해서 보고, 숙지하는 것입니다. 수험생 여러분이 지치지 않고 끝까지 열심히 노력하여 합격하기를 진심으로 기원합니다.

저자 김민석

약력
- 現 에듀윌 부동산공시법 전임 교수
- 前 방송대학 TV 부동산공시법 강사
- 前 주요 공인중개사 학원 부동산공시법 강사

저서
에듀윌 공인중개사 부동산공시법 기초입문서, 기본서, 합격서, 단원별/회차별 기출문제집, 기출응용 예상문제집, 테마별 한쪽정리, 실전모의고사, 필살키 등 집필

차례

PART 1 공간정보의 구축 및 관리 등에 관한 법률

CHAPTER 01 | 토지의 등록 ········· 12

CHAPTER 02 | 지적공부 및 부동산종합공부 ········· 39

CHAPTER 03 | 토지의 이동 및 지적정리 ········· 61

CHAPTER 04 | 지적측량 ········· 87

PART 2 부동산등기법

CHAPTER 01 | 등기제도 총칙 ·· 106

CHAPTER 02 | 등기의 기관과 그 설비 ································· 116

CHAPTER 03 | 등기절차 총론 ·· 131

CHAPTER 04 | 각종 권리의 등기절차 ··································· 167

CHAPTER 05 | 각종의 등기절차 ·· 196

책속의 책 오답 노트가 되는 정답 및 해설

공간정보의 구축 및 관리 등에 관한 법률

CHAPTER 01 토지의 등록
CHAPTER 02 지적공부 및 부동산종합공부
CHAPTER 03 토지의 이동 및 지적정리
CHAPTER 04 지적측량

최근 5개년 출제경향 분석

최근 5개년 PART 1 출제비중
50%

CHAPTER	문항 수					비중	★ 빈출 키워드
	31회	32회	33회	34회	35회		
CH.01	2	3	2	3	4	23.3%	지번·지목, 지상경계의 결정 등, 면적
CH.02	3	5	4	1	3	26.7%	지적공부의 등록사항·복구자료, 지적공부의 보존·공개, 부동산종합공부 등록사항
CH.03	5	1	4	4	5	31.7%	축척변경의 절차, 토지이동의 신청, 지적정리 및 등기촉탁, 지적정리 등의 통지
CH.04	2	3	2	4	0	18.3%	지적측량의 대상, 지적측량의 절차, 지적위원회 및 적부심사

* 복합문제이거나, 법률이 개정 및 제정된 경우 분류 기준에 따라 위 수치와 달라질 수 있습니다.

01 토지의 등록

제1절 | 등록의 기본원칙

대표문제 토지의 조사·등록

공간정보의 구축 및 관리 등에 관한 법령상 토지의 조사·등록에 관한 설명이다. (　)에 들어갈 내용으로 옳은 것은?
기출응용 32회·33회

> 지적소관청은 토지의 이동현황을 직권으로 조사·측량하여 토지의 지번·지목·면적·경계 또는 좌표를 결정하려는 때에는 (㉠)을 수립하여야 한다. 이 경우 (㉠)은 (㉡)별로 수립하되, 부득이한 사유가 있는 때에는 (㉢)별로 수립할 수 있다.

① ㉠: 토지이동현황 조사계획　㉡: 시·군·구　㉢: 읍·면·동
② ㉠: 토지이용현황 조사계획　㉡: 시·군·구　㉢: 시·도
③ ㉠: 토지이동현황 조사계획　㉡: 읍·면·동　㉢: 시·군·구
④ ㉠: 토지조사계획　㉡: 읍·면·동　㉢: 시·도
⑤ ㉠: 토지조사계획　㉡: 시·도　㉢: 시·군·구

POINT
지적소관청의 직권에 의한 등록절차를 알고 있어야 합니다.

해설
지적소관청은 토지의 이동현황을 직권으로 조사·측량하여 토지의 지번·지목·면적·경계 또는 좌표를 결정하려는 때에는 토지이동현황 조사계획(㉠)을 수립하여야 한다. 이 경우 토지이동현황 조사계획은 시·군·구(㉡)별로 수립하되, 부득이한 사유가 있는 때에는 읍·면·동(㉢)별로 수립할 수 있다(규칙 제59조 제1항).

정답 ①

01 공간정보의 구축 및 관리 등에 관한 법령상 토지의 조사·등록 등에 관한 내용이다. ( )에 들어갈 사항으로 옳은 것은? 23회

> • (㉠)은(는) (㉡)에 대하여 필지별로 소재·지번·지목·면적·경계 또는 좌표 등을 조사·측량하여 지적공부에 등록하여야 한다.
> • 지적공부에 등록하는 지번·지목·면적·경계 또는 좌표는 (㉢)이 있을 때 토지소유자의 신청을 받아 (㉣)이 결정한다.

① ㉠: 지적소관청　㉡: 모든 토지　㉢: 토지의 이용　㉣: 국토교통부장관
② ㉠: 지적측량수행자　㉡: 관리 토지　㉢: 토지의 이동　㉣: 국토교통부장관
③ ㉠: 지적측량수행자　㉡: 모든 토지　㉢: 토지의 이동　㉣: 지적소관청
④ ㉠: 국토교통부장관　㉡: 관리 토지　㉢: 토지의 이용　㉣: 지적소관청
⑤ ㉠: 국토교통부장관　㉡: 모든 토지　㉢: 토지의 이동　㉣: 지적소관청

02 공간정보의 구축 및 관리 등에 관한 법령상 지적소관청의 직권에 의한 토지의 조사·등록 절차에 관한 설명으로 틀린 것은?

① 지적소관청이 토지이동현황 조사계획을 수립하는 경우 그 조사계획은 시·군·구별로 수립하되, 부득이한 사유가 있는 때에는 읍·면·동별로 수립할 수 있다.
② 지적소관청은 토지의 이동현황을 직권으로 조사·측량하여 토지의 지번·지목·면적·경계 또는 좌표를 결정하려는 때에는 토지이동현황 조사계획을 수립하여 국토교통부장관의 승인을 받아야 한다.
③ 지적소관청은 토지이동현황 조사계획에 따라 토지의 이동현황을 조사한 때에는 토지이동 조사부에 토지의 이동현황을 적어야 한다.
④ 지적소관청은 지적공부를 정리하려는 때에는 토지이동 조사부를 근거로 토지이동 조서를 작성하여 토지이동정리 결의서에 첨부하여야 하며, 토지이동 조서의 아래 부분 여백에 「공간정보의 구축 및 관리 등에 관한 법률」 제64조 제2항 단서에 따른 직권정리'라고 적어야 한다.
⑤ 지적소관청은 토지이동현황 조사 결과에 따라 토지의 지번·지목·면적·경계 또는 좌표를 결정한 때에는 이에 따라 지적공부를 정리하여야 한다.

제2절 | 지번

03 공간정보의 구축 및 관리 등에 관한 법령상 지번의 구성 및 부여방법 등에 관한 설명으로 틀린 것은?

① 지번은 본번과 부번으로 구성하되, 본번과 부번 사이에 '-' 표시로 연결한다.
② 지번은 북서에서 남동으로 순차적으로 부여한다.
③ 지번은 지적소관청이 지번부여지역별로 차례대로 부여한다.
④ 지번은 아라비아숫자로 표기하되, 임야대장 및 임야도에 등록하는 토지의 지번은 숫자 앞에 '임'자를 붙인다.
⑤ 분할의 경우에는 분할 후의 필지 중 1필지의 지번은 분할 전의 지번으로 하고, 나머지 필지의 지번은 본번의 최종 부번 다음 순번으로 부번을 부여한다.

04 공간정보의 구축 및 관리 등에 관한 법령상 지번에 관한 설명으로 옳은 것을 모두 고른 것은?

㉠ 지번 앞에 '산'이 붙은 필지의 지목은 '임야'이다.
㉡ 지번은 본번과 부번으로 구성하되, 본번과 부번 사이에 '-' 또는 '의'로 표시한다.
㉢ 지적소관청은 도시개발사업 시행 등의 사유로 지번에 결번이 생긴 때에는 지체 없이 그 사유를 결번대장에 적어 영구히 보존하여야 한다.
㉣ 합병의 경우에는 합병 대상지번 중 선순위의 지번을 그 지번으로 하되, 본번으로 된 지번이 있는 때에는 본번 중 최종 순위의 지번을 합병 후의 지번으로 하는 것을 원칙으로 한다.

① ㉢
② ㉠, ㉡
③ ㉠, ㉢
④ ㉡, ㉢
⑤ ㉡, ㉢, ㉣

대표문제 　 지번의 부여방법

지번의 부여 및 부여방법 등에 관한 설명으로 틀린 것은?

① 등록전환의 경우에는 그 지번부여지역에서 인접토지의 본번에 부번을 붙여서 지번을 부여하는 것을 원칙으로 한다.
② 합병의 경우로서 토지소유자가 합병 전의 필지에 대하여 주거·사무실 등의 건축물이 있어서 그 건축물이 위치한 지번을 합병 후의 지번으로 신청할 때에는 그 지번을 합병 후의 지번으로 부여하여야 한다.
③ 분할의 경우에는 분할 후의 필지 중 1필지의 지번은 분할 전의 지번으로 하고, 나머지 필지의 지번은 최종 본번 다음 순번의 본번을 순차적으로 부여하여야 한다.
④ 신규등록 대상토지가 여러 필지로 되어 있는 경우에는 그 지번부여지역의 최종 본번의 다음 순번부터 본번으로 하여 순차적으로 지번을 부여할 수 있다.
⑤ 지적소관청은 지번을 변경할 필요가 있다고 인정하면 시·도지사나 대도시 시장의 승인을 받아 지번부여지역의 전부 또는 일부에 대하여 지번을 새로 부여할 수 있다.

POINT
토지의 이동에 따른 지번의 부여방법을 알아두어야 합니다.

해설
분할의 경우에는 분할 후의 필지 중 1필지의 지번은 분할 전의 지번으로 하고, 나머지 필지의 지번은 본번의 최종 부번 다음 순번으로 부번을 부여한다(영 제56조 제3항 제3호).

정답 ③

05 공간정보의 구축 및 관리 등에 관한 법령상 등록전환에 따른 지번부여 시 그 지번부여지역의 최종 본번의 다음 순번부터 본번으로 하여 순차적으로 지번을 부여할 수 있는 경우에 해당하는 것을 모두 고른 것은?

> ㉠ 대상토지가 여러 필지로 되어 있는 경우
> ㉡ 대상토지가 그 지번부여지역의 최종 지번의 토지에 인접하여 있는 경우
> ㉢ 대상토지의 면적이 넓어서 등록된 토지의 본번에 부번을 부여하는 것이 불합리한 경우
> ㉣ 대상토지가 이미 등록된 토지와 멀리 떨어져 있어서 등록된 토지의 본번에 부번을 부여하는 것이 불합리한 경우

① ㉡, ㉢
② ㉠, ㉡, ㉢
③ ㉠, ㉡, ㉣
④ ㉠, ㉢, ㉣
⑤ ㉡, ㉢, ㉣

06 공간정보의 구축 및 관리 등에 관한 법령상 지번에 관한 설명으로 틀린 것은?

① 분할의 경우에는 분할 후의 필지 중 주거·사무실 등의 건축물이 있는 필지에 대해서는 분할 전의 지번을 우선하여 부여하여야 한다.
② 지적소관청은 도시개발사업 등이 준공되기 전에 사업시행자가 지번부여신청을 하는 때에는 지번을 부여할 수 있는데, 이 경우 지번을 부여하는 때에는 도시개발사업 등 신고에 있어서의 사업계획도에 따른다.
③ 도시개발사업 등이 완료됨에 따라 지적확정측량을 실시한 지역의 각 필지에 지번을 새로 부여하는 경우에는 본번으로 부여하는 것이 원칙이다.
④ 지적확정측량을 실시한 지역의 각 필지에 지번을 새로 부여하는 경우에 부여할 수 있는 종전 지번의 수가 새로 부여할 지번의 수보다 적을 때에는 블록 단위로 하나의 본번을 부여한 후 필지별로 부번을 부여할 수 있다.
⑤ 지번부여지역의 지번을 변경할 필요가 있는 경우에는 종전의 지번으로 부여할 수 없고, 그 지번부여지역의 최종 본번 다음 순번부터 본번으로 하여 차례로 지번을 부여할 수 있다.

07 공간정보의 구축 및 관리 등에 관한 법령상 지번에 관한 설명으로 옳은 것은? 상●하

① 도시개발사업이 완료된 후 지번을 부여하는 데 있어 지적확정측량을 실시한 지역의 종전의 지번과 지적확정측량을 실시한 지역 밖에 있는 본번이 같은 지번이 있을 때 그 지번을 우선하여 부여하여야 한다.
② 축척변경 시행지역의 필지에 지번을 새로 부여하는 경우, 도시개발사업 등이 완료됨에 따라 지적확정측량을 실시한 지역에서의 지번부여방법을 준용한다.
③ 지번변경으로 지번을 새로 부여하는 경우에는 그 지번부여지역의 최종 본번 다음 순번부터 본번으로 하여 순차적으로 지번을 부여하여야 한다.
④ 지적확정측량을 실시한 지역의 경계에 걸쳐 있는 지번은 도시개발사업 등이 완료된 후에 사업시행자의 신청으로 그 지번을 부여할 수 있다.
⑤ 지적소관청은 도시개발사업 시행 등의 사유로 지번에 결번이 생긴 때에는 지체 없이 그 사유를 결번대장에 적어 10년간 보존하여야 한다.

08 공간정보의 구축 및 관리 등에 관한 법령상 지적확정측량을 실시한 지역에서 부여할 수 있는 종전 지번의 수가 새로 부여할 지번의 수보다 적을 때에 지번부여방법으로 옳은 것을 모두 고른 것은? 상●하

㉠ 그 지번부여지역에서 인접토지의 본번에 부번을 붙여서 지번을 부여할 수 있다.
㉡ 본번의 최종 부번의 다음 순번으로 부번을 부여할 수 있다.
㉢ 블록단위로 하나의 본번을 부여한 후 필지별로 부번을 부여할 수 있다.
㉣ 그 지번부여지역의 최종 본번 다음 순번부터 본번으로 하여 순차적으로 지번을 부여할 수 있다.

① ㉠, ㉡
② ㉠, ㉣
③ ㉡, ㉢
④ ㉡, ㉣
⑤ ㉢, ㉣

09 공간정보의 구축 및 관리 등에 관한 법령상 지번변경에 관한 설명으로 틀린 것은?

① 지번변경을 신청하는 토지소유자는 지번변경사유를 적은 신청서에 토지소유자 3분의 2 이상의 동의서를 첨부하여 지적소관청에 제출하여야 한다.
② 지적소관청은 지적공부에 등록된 지번을 변경할 필요가 있다고 인정하면 시·도지사나 대도시 시장의 승인을 받아 지번부여지역의 전부 또는 일부에 대하여 지번을 새로 부여할 수 있다.
③ 지적소관청은 지번을 변경하려면 지번변경사유를 적은 승인신청서에 지번변경 대상지역의 지번·지목·면적·소유자에 대한 상세한 내용을 기재하여 시·도지사 또는 대도시 시장에게 제출하여야 한다.
④ 지번변경의 승인신청을 받은 시·도지사 또는 대도시 시장은 「전자정부법」에 따른 행정정보의 공동이용을 통하여 지번변경 대상지역의 지적도 및 임야도를 확인하여야 한다.
⑤ 지적소관청의 지번변경 신청을 받은 시·도지사 또는 대도시 시장은 지번변경사유 등을 심사한 후 그 결과를 지적소관청에 통지하여야 한다.

10 공간정보의 구축 및 관리 등에 관한 법령상 지적소관청이 지번변경의 승인신청서에 기재하여 시·도지사 또는 대도시 시장에게 제출하여야 할 사항이 아닌 것은?

① 지번변경 대상지역의 지번에 대한 상세한 내용
② 지번변경 대상지역의 지목에 대한 상세한 내용
③ 지번변경 대상지역의 면적에 대한 상세한 내용
④ 지번변경 대상지역의 지적도 및 임야도의 경계에 대한 상세한 내용
⑤ 지번변경 대상지역의 소유자에 대한 상세한 내용

11 공간정보의 구축 및 관리 등에 관한 법령상 (　) 안에 들어갈 내용으로 가장 적합한 것은?

> 지적소관청은 도시개발사업의 시행, 지번변경, 축척변경, 행정구역의 개편 등의 사유로 지번에 결번이 생긴 때에는 지체 없이 그 사유를 (　)에 적어 영구히 보존하여야 한다.

① 지번대장　　　　　　　　② 토지이동정리 결의서
③ 결번색인표　　　　　　　④ 토지이동조서
⑤ 결번대장

제3절 | 지목

12 공간정보의 구축 및 관리 등에 관한 법령에서 규정하고 있는 지목의 종류를 모두 고른 것은?

㉠ 축사용지	㉡ 체육용지
㉢ 창고용지	㉣ 철도용지
㉤ 산업용지	㉥ 항만용지

① ㉠, ㉡, ㉢　　　　　　　② ㉡, ㉢, ㉣
③ ㉠, ㉣, ㉤, ㉤　　　　　④ ㉡, ㉢, ㉣, ㉤
⑤ ㉡, ㉢, ㉣, ㉥

13 공간정보의 구축 및 관리 등에 관한 법령상 지목을 지적도에 등록하는 때에 표기하는 부호로서 옳은 것은?

① 광천지 – 천
② 공장용지 – 공
③ 유원지 – 유
④ 양어장 – 양
⑤ 염전 – 전

14 지목설정에 관한 설명으로 틀린 것은?

① 지목의 종류(28종)와 내용은 법으로 정한다.
② 필지마다 하나의 지목을 설정하여야 한다.
③ 1필지가 2 이상의 용도로 사용되는 경우에는 사용되는 용도에 따라 지목을 모두 등록한다.
④ 토지가 일시적 또는 임시적인 용도로 사용될 때에는 지목을 변경하지 아니한다.
⑤ 택지개발사업 등의 공사가 준공된 토지는 그 사용목적에 따라 지목을 설정한다.

15 공간정보의 구축 및 관리 등에 관한 법령상 지적도면에 표기된 지목의 부호에 관한 설명으로 틀린 것은?

① 지번 13의 지목은 '공원'이다.
② 지번 14의 지목은 '주유소용지'이다.
③ 지번 15의 지목은 '양어장'이다.
④ 지번 17의 지목은 '수도용지'이다.
⑤ 지번 18의 지목은 '유원지'이다.

대표문제 지목의 구분

공간정보의 구축 및 관리 등에 관한 법령상 지목의 구분으로 옳은 것은? 기출응용 34회

① 종교용지에 있는 유적·고적·기념물 등을 보호하기 위하여 구획된 토지는 '사적지'로 한다.
② 일반 공중의 종교의식을 위하여 예배·법요·설교·제사 등을 하기 위한 교회·사찰·향교 등 건축물의 부지와 이에 접속된 부속시설물의 부지는 '사적지'로 한다.
③ 자연의 유수(流水)가 있거나 있을 것으로 예상되는 토지는 '유지'로 한다.
④ 일반 공중의 보건·휴양 및 정서생활에 이용하기 위한 시설을 갖춘 토지로서 「국토의 계획 및 이용에 관한 법률」에 따라 공원 또는 녹지로 결정·고시된 토지는 '공원'으로 한다.
⑤ 제조업을 하고 있는 공장시설물의 부지의 지목은 '공장용지'이지만, 공장시설물과 같은 구역에 있는 의료시설 등 부속시설물의 부지의 지목은 '대'로 한다.

POINT
법령에 규정된 지목의 구분을 숙지해두어야 합니다.

해설
① 학교용지·공원·종교용지 등 다른 지목으로 된 토지에 있는 유적·고적·기념물 등을 보호하기 위하여 구획된 토지는 '사적지'로 하지 않는다(영 제58조 제26호).
② 일반 공중의 종교의식을 위하여 예배·법요·설교·제사 등을 하기 위한 교회·사찰·향교 등 건축물의 부지와 이에 접속된 부속시설물의 부지는 '종교용지'로 한다(영 제58조 제25호).
③ 자연의 유수(流水)가 있거나 있을 것으로 예상되는 토지는 '하천'으로 한다(영 제58조 제17호).
⑤ 제조업을 하고 있는 공장시설물의 부지와 이와 같은 구역에 있는 의료시설 등 부속시설물의 부지의 지목은 '공장용지'로 한다(영 제58조 제9호).

정답 ④

16 공간정보의 구축 및 관리 등에 관한 법령상 지목의 구분으로 <u>틀린</u> 것은?

① 육상에 인공으로 조성된 수산생물의 번식 또는 양식을 위한 시설을 갖춘 부지와 이에 접속된 부속시설물의 부지의 지목은 '양어장'으로 한다.
② 물건 등을 보관하거나 저장하기 위하여 독립적으로 설치된 보관시설물의 부지와 이에 접속된 부속시설물의 부지의 지목은 '창고용지'로 한다.
③ 「장사 등에 관한 법률」에 따른 봉안시설과 이에 접속된 묘지의 관리를 위한 건축물의 부지의 지목은 '묘지'로 한다.
④ 교통운수를 위하여 일정한 궤도 등의 설비와 형태를 갖추어 이용되는 토지와 이에 접속된 역사(驛舍)·차고·발전시설 및 공작창(工作廠) 등 부속시설물의 부지의 지목은 '철도용지'로 한다.
⑤ 학교의 교사(校舍)와 이에 접속된 체육장 등 부속시설물의 부지의 지목은 '학교용지'로 한다.

17 공간정보의 구축 및 관리 등에 관한 법령상 지목에 관한 설명으로 옳은 것을 모두 고른 것은?

> ㉠ 물을 상시적으로 이용하지 않고 곡물·원예작물(과수류를 제외한다)·약초·관상수 등의 식물을 주로 재배하는 토지의 지목은 '전'이다.
> ㉡ 해상에 인공으로 조성된 수산생물의 번식이나 양식을 위해 일정한 시설을 갖춘 부지와 이에 접속된 부속시설의 부지의 지목은 '양어장'이다.
> ㉢ 자동차·선박·기차 등의 제작 또는 정비공장 안에 설치된 급유·송유시설 등의 부지는 지목을 '주유소용지'로 하지 않는다.

① ㉠
② ㉡
③ ㉠, ㉢
④ ㉡, ㉢
⑤ ㉠, ㉡, ㉢

18 공간정보의 구축 및 관리 등에 관한 법령상 지목의 구분으로 옳은 것은?

① 용수(用水) 또는 배수(排水)를 위하여 일정한 형태를 갖춘 인공적인 수로·둑 및 그 부속시설물의 부지의 지목은 '제방'으로 한다.
② 축산업 및 낙농업을 하기 위하여 초지를 조성한 토지와 그 토지에 설치된 주거용 건축물의 부지의 지목은 '목장용지'로 한다.
③ 물을 상시적으로 직접 이용하여 벼·연(蓮)·미나리·왕골 등의 식물을 주로 재배하는 토지의 지목은 '농지'로 한다.
④ 그 밖에 다른 지목에 속하지 않는 토지의 지목은 '잡종지'이다.
⑤ 사과·배·밤·호두·귤나무 등 과수류를 집단적으로 재배하는 토지와 이에 접속된 주거용 건축물의 부지는 '과수원'으로 한다.

19 공간정보의 구축 및 관리 등에 관한 법령상 지목에 관한 설명으로 틀린 것은?

① 밤, 호두, 잣나무 등의 유실수가 자생하는 토지의 지목은 '과수원'으로 하지 않는다.
② 지하에서 온수·약수·석유류 등이 용출되는 용출구와 온수·약수·석유류 등을 일정한 장소로 운송하는 송수관·송유관 및 저장시설의 부지의 지목은 '광천지'이다.
③ 영구적 건축물 중 박물관·극장·미술관 등 문화시설과 이에 접속된 정원 및 부속시설물의 부지는 지목이 '대'이다.
④ 「국토의 계획 및 이용에 관한 법률」 등 관계 법령에 따른 택지조성공사가 준공된 토지의 지목은 '대'이다.
⑤ 자동차 등의 판매 목적으로 설치된 물류장 및 야외전시장 부지의 지목은 '주차장'으로 하지 않는다.

20 공간정보의 구축 및 관리 등에 관한 법령상 지목에 관한 설명으로 옳은 것은?

① 저유소(貯油所) 및 원유저장소의 부지와 이에 접속된 부속시설물의 부지는 '주유소용지'로 한다.
② 전기 또는 수소 등의 판매를 위하여 일정한 설비를 갖춘 시설물 부지의 지목은 '주유소용지'가 아니다.
③ 주차전용 건축물, 자동차운전학원 및 폐차장 등 자동차와 관련된 독립적인 시설물을 갖춘 부지의 지목은 '잡종지'로 한다.
④ 봉안시설의 부지는 '잡종지'로 한다.
⑤ 「도시공원 및 녹지 등에 관한 법률」에 따른 묘지공원으로 결정·고시된 토지는 '공원'으로 한다.

기출응용 32회

21 공간정보의 구축 및 관리 등에 관한 법령상 지목의 구분에 관한 설명으로 옳은 것은?

① 자연의 유수(流水)가 있거나 있을 것으로 예상되는 토지는 '구거'로 한다.
② 용수 또는 배수를 위하여 일정한 형태를 갖춘 인공적인 수로·둑 및 그 부속시설물의 부지는 '유지'이다.
③ 자연의 유수(流水)가 있거나 있을 것으로 예상되는 소규모 수로부지는 '하천'으로 한다.
④ 연·왕골 등이 자생하는 배수가 잘 되지 아니하는 토지는 '답'으로 한다.
⑤ 물이 고이거나 상시적으로 물을 저장하고 있는 댐·저수지·소류지·호수·연못 등의 토지는 '유지'로 한다.

22 공간정보의 구축 및 관리 등에 관한 법령상 지목의 구분에 관한 설명으로 틀린 것은?

① 일반 공중의 위락·휴양 등에 적합한 시설물을 종합적으로 갖춘 수영장·경마장·야영장 등의 토지의 지목은 '유원지'이다.
② 바닷물을 끌어들여 소금을 채취하기 위하여 조성된 토지와 이에 접속된 제염장(製鹽場) 등 부속시설물의 부지는 '염전'이다.
③ 일반 공중의 종교의식을 위하여 예배·법요·설교·제사 등을 하기 위한 교회·사찰·향교 등의 지목은 '종교용지'이다.
④ 「축산법」에 따른 가축을 사육하는 축사 등의 부지와 접속된 부속시설물 부지의 지목은 '목장용지'이다.
⑤ 물이 고이거나 상시적으로 물을 저장하고 있는 댐·저수지·소류지(沼溜地)·호수·연못 등의 토지와 물을 상시적으로 직접 이용하여 연(蓮)·왕골 등의 식물을 주로 재배하는 토지는 '유지'로 한다.

23 공간정보의 구축 및 관리 등에 관한 법령상 지목의 구분에 관한 설명으로 틀린 것은?

① 일반 공중의 보건·휴양 및 정서생활에 이용하기 위한 시설물을 갖춘 토지로서 「국토의 계획 및 이용에 관한 법률」에 따라 공원 또는 녹지로 결정·고시된 토지의 지목은 '공원'이다.
② 돌을 캐내는 곳, 흙을 파내는 곳, 공항시설 및 항만시설 부지의 지목은 '잡종지'로 한다.
③ 고속도로의 휴게소 부지의 지목은 '대'이다.
④ 축산업 및 낙농업을 하기 위하여 초지를 조성한 토지의 지목은 '목장용지'이다.
⑤ 국가유산으로 지정된 기념물 등을 보존하기 위하여 구획된 토지는 '사적지'로 하지만, 사찰 내의 국가유산으로 지정된 탑의 부지는 '사적지'로 하지 않는다.

24 「공간정보의 구축 및 관리 등에 관한 법률」에 규정된 지목에 관한 설명으로 <u>틀린</u> 것은?

① 원상회복을 조건으로 돌을 캐내는 곳으로 허가된 토지의 지목은 '잡종지'로 하지 않는다.
② 실외에 물건을 쌓아두는 곳의 지목은 '창고용지'이다.
③ 「도시공원 및 녹지 등에 관한 법률」상 묘지공원과 봉안시설은 지목이 '묘지'이지만, 묘지의 관리를 위한 건축물의 부지의 지목은 '대'이다.
④ 「주차장법」에 따라 시설물의 부지 인근에 설치된 부설주차장의 지목은 '주차장'이다.
⑤ 조수·자연유수·모래·바람 등을 막기 위하여 설치된 방조제·방수제·방사제·방파제 등의 부지는 '제방'이다.

25 공간정보의 구축 및 관리 등에 관한 법령상 지목에 관한 설명으로 옳은 것을 모두 고른 것은?

> ㉠ 토지대장·임야대장·경계점좌표등록부에는 지목을 정식명칭으로 등록하고, 지적도·임야도에는 지목을 부호로 등록한다.
> ㉡ 석유·석유제품 또는 액화석유가스, 전기 또는 수소 등의 판매를 위하여 일정한 설비를 갖춘 시설물 부지의 지목은 '주유소용지'로 한다.
> ㉢ 유수(流水)를 이용한 요트장 및 카누장의 토지의 지목은 '체육용지'로 하지 않는다.

① ㉠
② ㉡
③ ㉠, ㉢
④ ㉡, ㉢
⑤ ㉠, ㉡, ㉢

26 공간정보의 구축 및 관리 등에 관한 법령상 지목에 관한 설명으로 옳은 것은?

① 학교시설구역으로부터 분리된 실습지·기숙사·사택 등의 부지는 지목을 '학교용지'로 한다.
② 변전소, 송신소, 수신소 및 송유시설 부지의 지목은 '잡종지'이다.
③ 자동차 등의 주차에 필요한 독립적인 시설을 갖춘 부지와 노상주차장 부지의 지목은 '주차장'에 해당한다.
④ 천일제염방식으로 하지 아니하고 동력으로 바닷물을 끌어들여 소금을 제조하는 공장시설물 부지의 지목은 '염전'으로 한다.
⑤ 물을 정수하여 공급하기 위한 배수시설의 부지 및 이에 접속된 부속시설물의 부지는 '수도용지'로 하지 않는다.

27 공간정보의 구축 및 관리 등에 관한 법령상 지목이 '대'인 것을 모두 고른 것은?

> ㉠ 목장용지 내에 있는 주거용 건축물의 부지
> ㉡ 영구적인 건축물 중 박물관·극장·미술관 등 문화시설의 부지
> ㉢ 자동차운전학원 등의 부지
> ㉣ 「국토의 계획 및 이용에 관한 법률」 등 관계 법령에 따른 택지조성공사가 준공된 토지

① ㉠, ㉣ ② ㉡, ㉢
③ ㉠, ㉡, ㉣ ④ ㉡, ㉢, ㉣
⑤ ㉠, ㉡, ㉢, ㉣

28 공간정보의 구축 및 관리 등에 관한 법령상 지목이 '도로'에 해당하지 않는 것은?

① 고속도로의 휴게소 부지
② 「도로법」 등 관계 법령에 따라 도로로 개설된 토지
③ 아파트·공장 등 단일 용도의 일정한 단지 안에 설치된 통로
④ 2필지 이상에 진입하는 통로로 이용되는 토지
⑤ 일반 공중의 교통 운수를 위하여 보행이나 차량운행에 필요한 일정한 설비 또는 형태를 갖추어 이용되는 토지

29 공간정보의 구축 및 관리 등에 관한 법령상 지목에 관한 설명으로 틀린 것은?

① 식용을 목적으로 죽순을 재배하는 토지의 지목은 '전'이다.
② 원야를 이루고 있는 암석지·자갈땅·모래땅·습지·황무지 등의 토지의 지목은 '잡종지'이다.
③ 「축산법」 제2조 제1호에 따른 가축을 사육하는 축사 등의 부지는 '목장용지'로 한다.
④ 여객자동차터미널, 자동차운전학원 및 폐차장 등 자동차와 관련된 독립적인 시설물을 갖춘 부지의 지목은 '잡종지'이다.
⑤ 학교용지·공원·종교용지 등 다른 지목으로 된 토지에 있는 유적·고적·기념물 등을 보호하기 위하여 구획된 토지의 지목은 '사적지'가 아니다.

30 공간정보의 구축 및 관리 등에 관한 법령상 지목을 잡종지로 정할 수 있는 것으로만 나열한 것은? (단, 원상회복을 조건으로 돌을 캐내는 곳 또는 흙을 파내는 곳으로 허가된 토지는 제외함)

① 지하에서 석유류 등이 용출되는 용출구(湧出口)와 그 유지(維持)에 사용되는 부지 및 변전소, 송신소, 수신소 부지
② 도축장, 쓰레기처리장, 오물처리장 및 일반 공중의 위락·휴양 등에 적합한 시설물을 종합적으로 갖춘 야영장·식물원 등의 토지
③ 산림 및 원야(原野)를 이루고 있는 암석지·자갈땅·모래땅·황무지 등의 토지, 갈대밭, 실외에 물건을 쌓아두는 부지
④ 공항·항만시설 부지 및 물건 등을 보관하거나 저장하기 위하여 독립적으로 설치된 보관시설물의 부지
⑤ 여객자동차터미널, 자동차운전학원 및 폐차장 등 자동차와 관련된 독립적인 시설물을 갖춘 부지

제4절 | 경계

31 공간정보의 구축 및 관리 등에 관한 법령상 지상경계의 구분 및 결정기준 등에 관한 설명으로 틀린 것은?

① 공유수면매립지의 토지 중 제방 등을 토지에 편입하여 등록하는 경우 지상경계의 결정기준은 바깥쪽 어깨부분으로 한다.
② 지적소관청은 토지의 이동에 따라 지상경계를 새로 정한 경우에는 공부상 지목과 실제 토지이용 지목 등을 등록한 경계점좌표등록부를 작성·관리하여야 한다.
③ 도시개발사업 등의 사업시행자가 사업지구의 경계를 결정하기 위하여 토지를 분할하려는 경우에는 지상경계점에 경계점표지를 설치하여 측량할 수 있다.
④ 토지가 수면에 접하는 경우 지상경계의 결정기준은 최대만수위가 되는 선으로 한다.
⑤ 토지의 지상경계는 둑, 담장이나 그 밖에 구획의 목표가 될 만한 구조물 및 경계점표지 등으로 구분한다.

기출응용 32회

32 공간정보의 구축 및 관리 등에 관한 법령상 지상경계의 결정기준에 관한 설명으로 옳은 것을 모두 고른 것은? (단, 지상경계의 구획을 형성하는 구조물 등의 소유자가 다른 경우는 제외함)

> ㉠ 토지가 해면 또는 수면에 접하는 경우: 최대만조위 또는 최대만수위가 되는 선
> ㉡ 연접되는 토지 간에 높낮이 차이가 있는 경우: 그 구조물 등의 상단부
> ㉢ 도로·구거 등의 토지에 절토(땅깎기)된 부분이 있는 경우: 그 경사면의 하단부
> ㉣ 공유수면매립지의 토지 중 제방 등을 토지에 편입하여 등록하는 경우: 바깥쪽 어깨 부분

① ㉠, ㉡
② ㉠, ㉢
③ ㉠, ㉣
④ ㉡, ㉢
⑤ ㉡, ㉣

33 공간정보의 구축 및 관리 등에 관한 법령상 지상경계의 구획을 형성하는 구조물 등의 소유자가 다른 경우에는 그 소유권에 따라 지상경계를 결정하는데, 이에 해당하는 것을 모두 고른 것은?

> ㉠ 연접되는 토지 사이에 높낮이 차이가 있는 경우
> ㉡ 연접되는 토지 사이에 높낮이 차이가 없는 경우
> ㉢ 공유수면매립지의 토지 중 제방 등을 토지에 편입하여 등록하는 경우
> ㉣ 도로·구거 등의 토지에 절토된 부분이 있는 경우
> ㉤ 토지가 해면 또는 수면에 접하는 경우

① ㉠, ㉡
② ㉢, ㉤
③ ㉠, ㉡, ㉣
④ ㉠, ㉡, ㉤
⑤ ㉢, ㉣, ㉤

34 공간정보의 구축 및 관리 등에 관한 법령상 분할에 따른 지상경계를 지상건축물에 걸리게 결정할 수 있는 경우를 모두 고른 것은?

> ㉠ 도시개발사업 시행자가 사업지구의 경계를 결정하기 위하여 토지를 분할하는 경우
> ㉡ 토지이용상 불합리한 지상경계를 시정하기 위하여 토지를 분할하는 경우
> ㉢ 공공사업 등에 따라 학교용지·도로·철도용지·제방 등의 지목으로 되는 토지를 분할하는 경우
> ㉣ 「국토의 계획 및 이용에 관한 법률」에 따른 도시·군관리계획 결정고시와 지형도면 고시가 된 지역의 도시·군관리계획선에 따라 토지를 분할하는 경우

① ㉠, ㉢
② ㉢, ㉣
③ ㉠, ㉡, ㉢
④ ㉠, ㉢, ㉣
⑤ ㉡, ㉢, ㉣

35 공간정보의 구축 및 관리 등에 관한 법령상 지상경계점에 경계점표지를 설치하여 측량할 수 있는 경우가 아닌 것은?

① 「산지관리법」에 따른 산지전용허가·신고, 「건축법」에 따른 건축허가·신고 또는 그 밖의 관계 법령에 따른 개발행위허가 등을 받은 경우로서 등록전환하려는 경우
② 도시개발사업 등의 사업시행자가 사업지구의 경계를 결정하기 위하여 토지를 분할하려는 경우
③ 「국토의 계획 및 이용에 관한 법률」에 따른 도시·군관리계획 결정고시와 지형도면 고시가 된 지역의 도시·군관리계획선에 따라 토지를 분할하려는 경우
④ 소유권이전, 매매 등을 위하여 필요한 경우와 토지이용상 불합리한 지상경계를 시정하기 위하여 토지를 분할하려는 경우
⑤ 관계 법령에 따라 인가·허가 등을 받아 토지를 분할하려는 경우

36 공간정보의 구축 및 관리 등에 관한 법령상 경계에 관한 설명으로 <u>틀린</u> 것은?

① 매매 등 소유권이전을 위하여 토지를 분할하는 경우에는 지상건축물을 걸리게 지상경계를 결정할 수 없다.
② 분할에 따른 지상경계는 지상건축물을 걸리게 결정해서는 아니 된다. 다만, 법원의 확정판결이 있는 경우에는 그러하지 아니하다.
③ 도시개발사업 등이 완료되어 실시하는 지적확정측량의 경계는 공사가 완료된 현황에 따라 결정한다.
④ 지적공부에 등록된 경계점을 지상에 복원하는 경우에는 지상경계점등록부를 작성·관리하여야 한다.
⑤ 신규등록·등록전환·분할 및 경계정정의 경우에는 새로이 측량을 실시하여 경계를 결정하지만, 합병하는 경우에는 합병으로 필요 없게 된 부분을 말소하여 경계를 정하므로 지적측량을 요하지 않는다.

37 공간정보의 구축 및 관리 등에 관한 법령상 (   ) 안에 들어갈 내용으로 옳은 것은?

> 도시개발사업 등이 완료되어 실시하는 지적확정측량의 경계는 공사가 완료된 현황대로 결정하되, 공사가 완료된 현황이 (   )와 다를 때에는 지적소관청은 미리 사업시행자에게 그 사실을 통지하여야 한다.

① 지번별 조서
② 사업계획도
③ 지적도
④ 토지이동조서
⑤ 토지이동정리 결의서

38 공간정보의 구축 및 관리 등에 관한 법령상 ( ) 안에 들어갈 내용으로 옳은 것은?

- 지적소관청은 토지의 이동에 따라 지상경계를 새로 정한 경우에는 (㉠)를 작성·관리하여야 한다.
- 지적소관청은 도시개발사업 등에 따라 새로이 지적공부에 등록하는 토지에 대하여는 좌표 등을 등록한 (㉡)를 작성하고 갖춰두어야 한다.

① ㉠: 지상경계점등록부 ㉡: 지상경계점등록부
② ㉠: 경계점좌표등록부 ㉡: 경계점좌표등록부
③ ㉠: 지상경계점등록부 ㉡: 경계점좌표등록부
④ ㉠: 경계점좌표등록부 ㉡: 지상경계점등록부
⑤ ㉠: 소유자정리 결의서 ㉡: 토지이동정리 결의서

39 공간정보의 구축 및 관리 등에 관한 법령상 지상경계점등록부의 등록사항으로만 나열된 것은?

① 건축물 및 구조물의 위치, 경계점좌표
② 공부상 지목과 실제 토지의 이용지목, 경계점 위치 설명도
③ 색인도, 경계점 위치 설명도
④ 일람도, 경계점 위치 및 경계점표지의 종류
⑤ 경계점의 사진 파일, 소유자

40 공간정보의 구축 및 관리 등에 관한 법령상 지상경계의 위치표시 및 결정 등에 관한 설명으로 **틀린** 것은?

① 지적소관청은 토지의 이동에 따라 지상경계를 새로 정한 경우에는 경계점의 사진 파일, 소유자 등을 등록하는 지상경계점등록부를 작성·관리하여야 한다.
② 토지의 지상경계는 둑, 담장이나 그 밖에 구획의 목표가 될 만한 구조물 및 경계점표지 등으로 구분한다.
③ 지상경계의 구획을 형성하는 구조물 등의 소유자가 다른 경우에는 그 소유권에 따라 지상경계를 결정한다.
④ 행정기관의 장 또는 지방자치단체의 장이 토지를 취득하기 위하여 분할하려는 경우에는 지상경계점에 경계점표지를 설치한 후 지적측량을 할 수 있다.
⑤ 도시개발사업 등의 사업시행자가 사업지구의 경계를 결정하기 위하여 토지를 분할하는 경우, 지상경계는 지상건축물을 걸리게 결정할 수 있다.

제5절 | 면적

41 공간정보의 구축 및 관리 등에 관한 법령상 지적공부에 등록하는 면적에 관한 설명으로 **틀린** 것은?

① 경계점좌표등록부에 등록하는 지역의 1필지 면적이 0.1제곱미터 미만일 때에는 0.1제곱미터로 한다.
② 지적도의 축척이 600분의 1인 지역의 토지 면적은 제곱미터 이하 한 자리 단위로 한다.
③ 지적도의 축척이 1,200분의 1인 지역의 1필지 면적이 1제곱미터 미만일 때에는 1제곱미터로 한다.
④ 임야도의 축척이 6,000분의 1인 지역의 1필지 면적이 1제곱미터 미만일 때에는 1제곱미터로 한다.
⑤ 면적은 토지(임야)대장, 공유지연명부 및 대지권등록부의 등록사항이다.

42 공간정보의 구축 및 관리 등에 관한 법령에서 규정하고 있는 면적에 관한 설명으로 옳은 것은?

① 경위의측량방법으로 세부측량을 실시하여 필지의 경계점을 경계점좌표등록부에 등록하는 지역에서는 전자면적측정기에 따라 면적을 측정한다.
② 평판측량 또는 전자평판측량방법으로 세부측량을 실시하여 필지의 경계를 지적도나 임야도에 등록하는 지역에서는 좌표면적계산법에 따라 면적을 측정한다.
③ 경계점좌표등록부에 등록하는 지역의 토지 면적은 제곱미터 단위로 결정한다.
④ 신규등록 및 지목변경의 경우에는 새로 측량하여 각 필지의 면적을 결정한다.
⑤ 토지합병을 하는 경우의 면적결정은 합병 전의 각 필지의 면적을 합산하여 그 필지의 면적으로 결정하므로 면적측정을 요하지 않는다.

43 공간정보의 구축 및 관리 등에 관한 법령상 면적측정의 대상에 해당하는 것을 모두 고른 것은?

㉠ 축척변경
㉡ 지목변경
㉢ 경계정정
㉣ 지적공부의 복구
㉤ 도시개발사업 등으로 인한 토지의 이동에 따라 토지의 표시를 새로 결정하는 경우

① ㉠, ㉣, ㉤
② ㉡, ㉣, ㉤
③ ㉢, ㉣, ㉤
④ ㉠, ㉢, ㉣, ㉤
⑤ ㉠, ㉡, ㉢, ㉣, ㉤

44 공간정보의 구축 및 관리 등에 관한 법령상 (   ) 안에 들어갈 내용으로 옳은 것은?

> • 토지의 면적에 1제곱미터 미만의 끝수가 있는 경우 그 끝수가 0.5제곱미터일 때에는 구하려는 끝자리의 숫자가 0 또는 (㉠)이면 버리고 (㉡)이면 올린다. 다만, 1필지의 면적이 1제곱미터 미만일 때에는 (㉢)제곱미터로 한다.
> • 지적도의 축척이 (㉣)분의 1인 지역과 경계점좌표등록부에 등록하는 지역의 토지의 면적에 0.1제곱미터 미만의 끝수가 있는 경우 그 끝수가 0.05제곱미터일 때에는 구하려는 끝자리의 숫자가 0 또는 (㉠)이면 버리고 (㉡)이면 올린다. 다만, 1필지의 면적이 0.1제곱미터 미만일 때에는 (㉤)제곱미터로 한다.

	㉠	㉡	㉢	㉣	㉤
①	홀수	짝수	0.1	1,200	1
②	홀수	짝수	1	500	0.1
③	짝수	홀수	0.1	600	1
④	짝수	홀수	1	600	0.1
⑤	짝수	홀수	1	1,200	1

45 공간정보의 구축 및 관리 등에 관한 법령상 지적도의 축척이 600분의 1인 지역에서 신규등록할 토지의 면적을 계산한 값이 0.050m²이었다. 토지대장에 등록하는 면적의 결정으로 옳은 것은? 30회

① 0.01m² ② 0.05m²
③ 0.1m²   ④ 0.5m²
⑤ 1.0m²

46 공간정보의 구축 및 관리 등에 관한 법령상 지적도의 축척이 1,200분의 1인 지역에서 등록전환할 1필지의 면적을 계산한 값이 0.45m²이었다. 토지대장에 등록하는 면적으로 옳은 것은?

① 0.1m²
② 0.4m²
③ 0.5m²
④ 0.45m²
⑤ 1m²

47 공간정보의 구축 및 관리 등에 관한 법령상 경위의측량방법에 의하며 지적확정측량을 시행하는 지역에서 1필지의 면적을 산출한 결과 370.850m²인 경우, 지적공부에 등록할 면적으로 옳은 것은?

① 370m²
② 370.8m²
③ 370.85m²
④ 370.9m²
⑤ 371m²

48 공간정보의 구축 및 관리 등에 관한 법령상 축척이 1/1,200인 지역과 축척이 1/600인 지역에서 면적을 측정한 결과 346.55m²로 산출되었다면, 지적공부에 등록할 면적은 각각 얼마인가?

① 346m², 346.5m²
② 346m², 346.6m²
③ 347m², 346.5m²
④ 347m², 346.6m²
⑤ 347m², 346.55m²

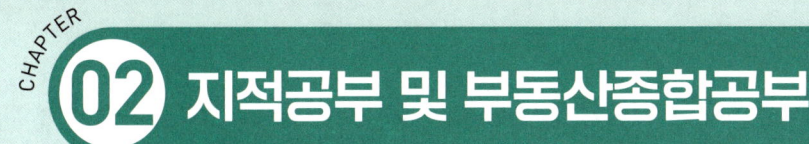

빠른 정답 CHECK!(본책) p.220 / 정답 및 해설(책속의 책) p.14

제1절 | 지적공부의 의의 및 종류

01 공간정보의 구축 및 관리 등에 관한 법령상 지적공부에 관한 설명으로 **틀린** 것은?

① 현행법상 지적공부로는 토지대장, 임야대장, 공유지연명부, 대지권등록부, 지적도, 임야도 및 경계점좌표등록부 등이 있다.
② 지적공부는 대장 및 도면으로 구분할 수 있다.
③ 지적공부에는 지적측량 등을 통하여 조사된 토지의 표시와 해당 토지의 소유자 등을 등록한다.
④ 정보처리시스템을 통하여 기록·저장된 것은 지적공부에 포함되지 않는다.
⑤ 지적소관청은 해당 청사에 지적서고를 설치하고 그곳에 지적공부(정보처리시스템을 통하여 기록·저장한 경우는 제외한다)를 영구히 보존하여야 한다.

02 공간정보의 구축 및 관리 등에 관한 법령상 토지대장의 등록사항에 해당하는 것을 모두 고른 것은?

| ㉠ 토지의 이동사유 |
| ㉡ 소유자가 변경된 날과 그 원인 |
| ㉢ 면적 |
| ㉣ 개별공시지가와 그 기준일 |
| ㉤ 경계 및 좌표 |

① ㉠, ㉢, ㉣   ② ㉡, ㉢, ㉣
③ ㉠, ㉡, ㉢, ㉣   ④ ㉠, ㉡, ㉢, ㉤
⑤ ㉡, ㉢, ㉣, ㉤

03 공간정보의 구축 및 관리 등에 관한 법령상 토지대장과 임야대장의 등록사항에 관한 설명으로 옳은 것은?

① 토지대장과 임야대장에 등록된 토지의 소재·지번·지목·면적은 부동산등기부의 토지의 표시사항을 정리하는 기준이 된다.
② 토지대장을 통하여 해당 필지의 소유자의 성명·주소, 전세권·저당권 등의 권리관계를 파악할 수 있다.
③ 토지대장과 임야대장에 등록된 대지권 비율은 집합건물등기부를 정리하는 기준이 된다.
④ 토지대장과 임야대장에 등록된 소유자가 변경된 날은 부동산등기부의 등기원인일을 정리하는 기준이 된다.
⑤ 토지대장과 임야대장에 등록된 경계는 지적측량의 기준이 된다.

04 공간정보의 구축 및 관리 등에 관한 법령상 부동산 중개업자 甲이 매도의뢰 대상토지에 대한 소재, 지번, 지목과 면적을 모두 매수의뢰인 乙에게 설명하고자 하는 경우에 적합한 지적공부는?

① 임야도 등본
② 지적측량기준점성과 등본
③ 지적도 등본
④ 임야대장 등본
⑤ 경계점좌표등록부 등본

대표문제 1 　지적공부 등록사항

공간정보의 구축 및 관리 등에 관한 법령상 지적공부와 등록사항이 옳은 것은?

① 토지대장 – 좌표와 면적
② 임야대장 – 건축물 및 구조물 등의 위치
③ 공유지연명부 – 소유권 지분과 토지의 이동사유
④ 대지권등록부 – 대지권 비율과 면적
⑤ 공유지연명부·대지권등록부 – 토지소유자가 변경된 날과 그 원인

> **POINT**
> 지적공부별 등록사항은 반드시 출제되므로 특징을 파악하고 암기해두어야 합니다.
>
> **해설**
> ① 좌표는 경계점좌표등록부에 등록한다.
> ② 건축물 및 구조물 등의 위치는 지적도 및 임야도에 등록한다.
> ③ 토지의 이동사유는 토지대장 및 임야대장에 등록한다.
> ④ 면적은 토지대장 및 임야대장에 등록한다.
>
> 정답 ⑤

05 공간정보의 구축 및 관리 등에 관한 법령상 지적공부에 관한 설명으로 옳은 것은?

① 도시개발사업 등의 시행지역으로서 지적확정측량을 실시한 지역에서는 지상경계점 등록부를 작성하여 갖춰두어야 한다.
② 개별공시지가는 토지대장, 임야대장 및 경계점좌표등록부에 등록한다.
③ 토지대장 및 지적도에는 정식명칭을 사용하여 지목을 등록하지만, 임야대장 및 임야도에는 부호를 사용하여 지목을 등록한다.
④ 토지의 고유번호는 총 19자리의 아라비아숫자로 표시하며 소재, 지번, 지목, 지적공부의 종류를 나타낸다.
⑤ 토지의 고유번호는 토지대장, 임야대장, 공유지연명부, 대지권등록부 및 경계점좌표등록부에 등록한다.

06 공간정보의 구축 및 관리 등에 관한 법령상 공유지연명부의 등록사항에 해당하는 것을 모두 고른 것은?

> ㉠ 면적
> ㉡ 소유권 지분
> ㉢ 토지의 고유번호
> ㉣ 토지소유자가 변경된 날과 그 원인
> ㉤ 필지별 공유지연명부의 장번호

① ㉠, ㉡, ㉣
② ㉡, ㉢, ㉣
③ ㉢, ㉣, ㉤
④ ㉠, ㉢, ㉣, ㉤
⑤ ㉡, ㉢, ㉣, ㉤

대표문제 2 대지권등록부 등록사항

공간정보의 구축 및 관리 등에 관한 법령상 대지권등록부의 등록사항만으로 나열된 것이 아닌 것은?

① 대지권 비율, 전유부분(專有部分)의 건물표시
② 토지의 소재, 토지의 고유번호
③ 지목, 면적
④ 소유권 지분, 토지소유자가 변경된 날과 그 원인
⑤ 건물의 명칭, 집합건물별 대지권등록부의 장번호

POINT
대지권등록부의 등록사항을 정리하고 암기하여야 합니다.

해설
대지권등록부에는 다음의 사항을 등록하여야 한다(법 제71조 제3항, 규칙 제68조 제4항). '지목'은 토지대장, 임야대장, 지적도, 임야도에 등록하고, '면적'은 토지대장, 임야대장에 등록한다.

1. 토지의 소재
2. 지번
3. 소유자의 성명 또는 명칭, 주소 및 주민등록번호
4. 토지소유자가 변경된 날과 그 원인
5. 소유권 지분
6. 토지의 고유번호
7. 집합건물별 대지권등록부의 장번호
8. 건물의 명칭
9. 전유부분의 건물표시
10. 대지권 비율

정답 ③

07 공간정보의 구축 및 관리 등에 관한 법령상 공유지연명부와 대지권등록부의 공통 등록사항을 모두 고른 것은?

> ㄱ. 소유권 지분
> ㄴ. 전유부분의 건물표시
> ㄷ. 소유자의 성명 또는 명칭, 주소 및 주민등록번호
> ㄹ. 토지의 고유번호
> ㅁ. 토지소유자가 변경된 날과 그 원인

① ㄱ, ㄴ, ㄷ
② ㄱ, ㄴ, ㄹ, ㅁ
③ ㄱ, ㄷ, ㄹ, ㅁ
④ ㄴ, ㄷ, ㄹ, ㅁ
⑤ ㄱ, ㄴ, ㄷ, ㄹ, ㅁ

08 공간정보의 구축 및 관리 등에 관한 법령상 공유지연명부와 대지권등록부에 공통적으로 등록하는 사항은?

① 지번, 지목
② 장번호, 전유부분의 건물표시
③ 소유권 지분, 대지권 비율
④ 소유권 지분, 토지의 소재
⑤ 토지소유자가 변경된 날과 그 원인, 건물의 명칭

09 공간정보의 구축 및 관리 등에 관한 법령상 지적도의 축척에 해당하는 것을 모두 고른 것은?

> ㉠ 1/500
> ㉡ 1/2,000
> ㉢ 1/2,400
> ㉣ 1/4,000
> ㉤ 1/6,000

① ㉠, ㉢, ㉤
② ㉡, ㉢, ㉣
③ ㉢, ㉣, ㉤
④ ㉠, ㉢, ㉣, ㉤
⑤ ㉠, ㉡, ㉢, ㉣, ㉤

10 공간정보의 구축 및 관리 등에 관한 법령상 지적도면에 관한 설명으로 <u>틀린</u> 것은?

① 지적도에 사용하는 축척은 1/500, 1/600, 1/1,000, 1/1,200, 1/2,400, 1/3,000, 1/6,000의 7종으로 법정되어 있다.
② 지적도와 임야도에 공통으로 사용하는 축척은 1/3,000, 1/6,000 2종이다.
③ 지적도와 임야도에는 소재·지번·지목·경계 등을 등록하지만, 건축물 및 구조물의 위치는 등록하지 않는다.
④ 도곽선 및 도곽선수치는 지적도면의 등록사항이다.
⑤ 경계점좌표등록부를 갖춰두는 지역의 지적도에 한하여 좌표에 의해 계산된 경계점 간의 거리를 등록한다.

11 공간정보의 구축 및 관리 등에 관한 법령상 지적도면의 등록사항에 해당하는 것을 모두 고른 것은?

> ㉠ 지적도면의 제명 및 축척
> ㉡ 경계 및 면적
> ㉢ 건축물 및 구조물 등의 위치
> ㉣ 삼각점 및 지적기준점의 위치
> ㉤ 지적도면의 색인도

① ㉠, ㉢, ㉤
② ㉡, ㉢, ㉣
③ ㉠, ㉢, ㉣, ㉤
④ ㉡, ㉢, ㉣, ㉤
⑤ ㉠, ㉡, ㉢, ㉣, ㉤

12 공간정보의 구축 및 관리 등에 관한 법령상 지적도 및 임야도의 등록사항 등에 관한 설명으로 틀린 것을 모두 고른 것은?

> ㉠ 지적도 및 임야도에는 색인도 및 일람도를 등록한다.
> ㉡ 지적소관청은 지적도면의 관리에 필요한 경우에는 지번부여지역마다 일람도와 지번색인표를 작성하여 갖춰둘 수 있다.
> ㉢ 경계점좌표등록부를 갖춰두는 지역의 임야도에는 해당 도면의 제명 끝에 '(좌표)'라고 표시하고 도곽선의 오른쪽 아래 끝에 '이 도면에 의하여 측량을 할 수 없음'이라고 적는다.

① ㉡
② ㉠, ㉡
③ ㉠, ㉢
④ ㉡, ㉢
⑤ ㉠, ㉡, ㉢

13 공간정보의 구축 및 관리 등에 관한 법령상 다음 지적도에 관한 설명으로 <u>틀린</u> 것은?

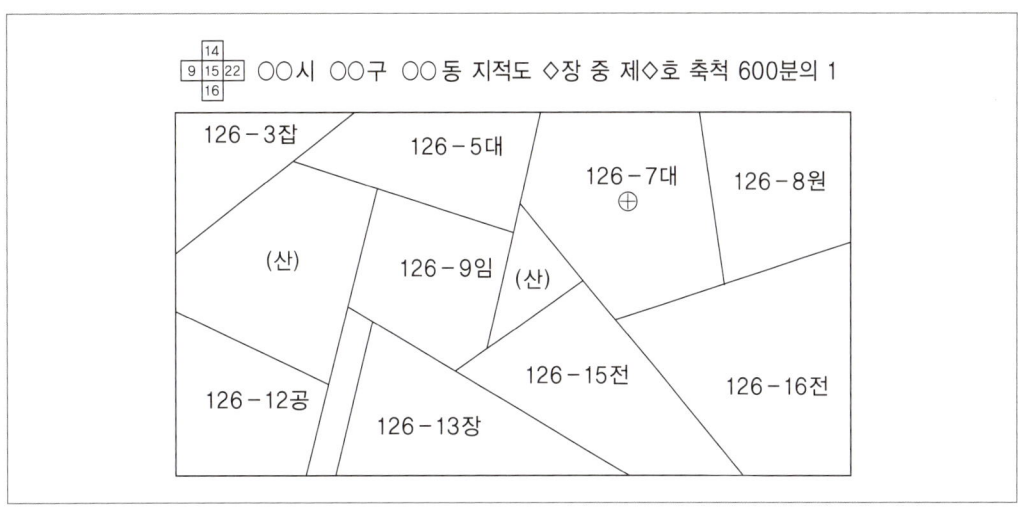

① 지적도의 도면번호는 제15호이다.
② 126-13의 지목은 '공장용지'이다.
③ 126-5 토지소유자와 126-7 토지소유자 간 경계 분쟁이 발생한 경우 본 지적도에 의하여 측량을 실시하여야 한다.
④ (산)으로 표기된 필지는 임야도 등록지로서 지목은 '임야'이다.
⑤ 126-7에 제도된 '⊕'은 지적삼각점 위치의 표시이다.

14 공간정보의 구축 및 관리 등에 관한 법령상 경계점좌표등록부에 관한 설명으로 <u>틀린</u> 것은?

① 경계점좌표등록부를 갖춰두는 토지는 지적확정측량 또는 축척변경을 위한 측량을 실시하여 경계점을 좌표로 등록한 지역의 토지로 한다.
② 경계점좌표등록부는 정밀도가 높지만 일반인이 쉽게 그 의미를 알 수 없다는 단점이 있다.
③ 경계점좌표등록부를 작성하는 토지의 면적은 제곱미터 이하 한 자리 단위까지 등록한다.
④ 경계점좌표등록부에는 지번, 좌표, 토지의 고유번호, 부호 및 부호도 등을 등록한다.
⑤ 경계점좌표등록부를 작성한 지역에서는 토지의 경계결정과 지표상의 복원은 별도로 작성된 '지적도'에 의한다.

15 다음은 공간정보의 구축 및 관리 등에 관한 법령상 경계점좌표등록부의 개략적인 모습이다. 이에 관한 설명으로 **틀린** 것은?

고유번호	1310060144-30254-0002			
토지소재	서울특별시 강남구 역삼동	지번	( )	
부호도		부호	좌표	
			X	Y
		1	444050.15	202093.98
		2	444061.54	202093.98
		3	444061.54	202053.98
		4	444054.15	202053.98
		5	444050.15	202062.98

① 이 토지에 대하여는 경계점좌표등록부와 별도로 토지대장과 지적도를 함께 작성한다.
② 이 토지의 지번은 254-2이고, 지목은 '대'이다.
③ 이 토지의 경계결정과 지표상의 복원은 '좌표'에 의하여 결정한다.
④ 토지의 면적이 800.65m²로 측정된 경우, 토지대장에는 800.6m²로 등록한다.
⑤ 경계점좌표등록부에는 면적 및 경계점 위치 설명도를 등록하지 않는다.

16 공간정보의 구축 및 관리 등에 관한 법령상 경계점좌표등록부의 등록사항에 해당하는 것으로만 묶인 것은?

① 면적, 토지의 고유번호
② 좌표에 의하여 계산된 경계점 간의 거리, 지번
③ 색인도, 지적도면의 번호
④ 좌표, 건축물 및 구조물 등의 위치
⑤ 필지별 경계점좌표등록부의 장번호, 부호 및 부호도

17 공간정보의 구축 및 관리 등에 관한 법령상 지적공부와 등록사항의 연결이 <u>틀린</u> 것은?

① 토지대장 – 토지의 소재, 토지의 고유번호
② 임야대장 – 지번, 개별공시지가와 그 기준일
③ 대지권등록부 – 대지권 비율, 건물의 명칭
④ 공유지연명부 – 소유권 지분, 전유부분의 건물표시
⑤ 지적도 – 경계, 건축물 및 구조물 등의 위치

18 공간정보의 구축 및 관리 등에 관한 법령상 지적공부와 등록사항의 연결이 <u>틀린</u> 것은?

① 공유지연명부 – 소유권 지분 및 토지소유자가 변경된 날과 그 원인
② 임야대장 – 토지의 소재 및 개별공시지가와 그 기준일
③ 경계점좌표등록부 – 지적도면의 번호 및 건축물의 위치
④ 대지권등록부 – 대지권 비율과 전유부분(專有部分)의 건물표시
⑤ 임야도 – 경계와 삼각점 및 지적기준점의 위치

제2절 | 지적공부의 보존, 반출 및 공개

19 공간정보의 구축 및 관리 등에 관한 법령상 지적공부의 관리 등에 관한 설명으로 **틀린** 것은?

① 지적소관청은 해당 청사에 지적서고를 설치하고 그곳에 지적공부(정보처리시스템을 통하여 기록·저장한 경우를 포함한다)를 영구히 보존하여야 한다.
② 지적공부를 정보처리시스템을 통하여 기록·저장한 경우 관할 시·도지사, 시장·군수 또는 구청장은 그 지적공부를 지적정보관리체계에 영구히 보존하여야 한다.
③ 지적소관청은 천재지변이나 그 밖에 이에 준하는 재난을 피하기 위하여 필요한 경우 또는 관할 시·도지사나 대도시 시장의 승인을 받은 경우에는 지적공부를 청사 밖으로 반출할 수 있다.
④ 지적소관청이 지적공부를 그 시·군·구의 청사 밖으로 반출하려는 경우에는 시·도지사 또는 대도시 시장에게 지적공부 반출사유를 적은 승인신청서를 제출하여야 한다.
⑤ 지적공부를 정보처리시스템을 통하여 기록·저장한 경우 국토교통부장관은 그 지적공부가 멸실되거나 훼손될 경우를 대비하여 지적공부를 복제하여 관리하는 시스템을 구축하여야 한다.

기출응용 32회
20 공간정보의 구축 및 관리 등에 관한 법령상 지적공부의 보존 등에 관한 설명으로 **옳은** 것을 모두 고른 것은?

> ㉠ 지적서고는 지적사무를 처리하는 사무실과 연접(連接)하여 설치하여야 한다.
> ㉡ 카드로 된 토지대장·임야대장 등은 100장 단위로 바인더(binder)에 넣어 보관하여야 한다.
> ㉢ 지적공부를 정보처리시스템을 통하여 기록·저장한 경우 관할 시·도지사, 시장·군수 또는 구청장은 그 지적공부를 지적정보관리체계에 영구히 보존하여야 한다.
> ㉣ 지적소관청은 천재지변이나 그 밖에 이에 준하는 재난을 피하기 위하여 필요한 경우에는 지적공부를 해당 청사 밖으로 반출할 수 있다.

① ㉡, ㉣ ② ㉢, ㉣ ③ ㉠, ㉡, ㉢
④ ㉠, ㉢, ㉣ ⑤ ㉠, ㉡, ㉢, ㉣

21 공간정보의 구축 및 관리 등에 관한 법령상 지적공부의 관리 및 공개에 관한 설명으로 틀린 것은?

① 지적공부를 열람하거나 그 등본을 발급받으려는 자는 해당 지적소관청에 그 열람 또는 발급을 신청하여야 한다.
② 정보처리시스템을 통하여 기록·저장된 지적공부(지적도 및 임야도는 제외한다)를 열람하거나 그 등본을 발급받으려는 경우에는 특별자치시장, 시장·군수 또는 구청장이나 읍·면·동의 장에게 신청할 수 있다.
③ 지적공부를 열람하거나 그 등본을 발급받으려는 자는 지적공부·부동산종합공부 열람·발급 신청서(전자문서로 된 신청서를 포함한다)를 시·도지사, 시장·군수 또는 구청장이나 읍·면·동장에게 제출하여야 한다.
④ 국토교통부장관은 정보처리시스템을 통하여 기록·저장한 지적공부가 멸실되거나 훼손될 경우를 대비하여 지적공부를 복제하여 관리하는 정보관리체계를 구축하여야 한다.
⑤ 지적서고에는 온도 및 습도 자동조절장치를 설치하고, 연중 평균온도는 섭씨 20±5도를, 연중평균습도는 65±5퍼센트를 유지하여야 한다.

22 공간정보의 구축 및 관리 등에 관한 법령상 지적전산자료의 이용 등에 관한 설명으로 틀린 것은?

① 지적전산자료를 신청하려는 자는 지적전산자료의 이용 또는 활용 목적 등에 관하여 미리 관계 중앙행정기관의 심사를 받은 후 국토교통부장관, 시·도지사 또는 지적소관청의 승인을 받아야 한다.
② 토지소유자가 자기 토지에 대한 지적전산자료를 신청하는 경우에 관계 중앙 행정기관의 심사를 받지 아니할 수 있다.
③ 전국 단위의 지적전산자료를 이용하거나 활용하려는 자는 국토교통부장관, 시·도지사 또는 지적소관청에 신청하여야 한다.
④ 시·도 단위의 지적전산자료를 이용하거나 활용하려는 자는 시·도지사 또는 지적소관청에 신청하여야 한다.
⑤ 시·군·구 단위의 지적전산자료를 이용하거나 활용하려는 자는 지적소관청에 신청하여야 한다.

23 공간정보의 구축 및 관리 등에 관한 법령상 지적공부에 관한 전산자료를 이용 또는 활용하고자 하는 자는 다음 중 누구의 심사를 거쳐야 하는가? (단, 지방자치단체의 장이 승인을 신청하는 경우는 제외함)

① 국토교통부장관
② 시·도지사
③ 시장·군수·구청장
④ 관계 중앙행정기관
⑤ 한국전산원장

24 공간정보의 구축 및 관리 등에 관한 법령상 지적전산자료의 이용과 활용에 관한 설명으로 틀린 것은?

① 지적전산자료의 이용·활용 신청을 받은 국토교통부장관, 시·도지사 또는 지적소관청은 '신청한 사항의 처리가 전산정보처리조직으로 불가능한 경우'나 '신청한 사항의 처리가 지적업무수행에 지장을 주는 경우'에는 지적전산자료를 제공하지 않을 수 있다.
② 「개인정보 보호법」 제2조 제1호에 따른 개인정보를 포함한 지적전산자료를 신청하는 경우에는 관계 중앙행정기관의 심사를 받지 아니할 수 있다.
③ 중앙행정기관의 장, 그 소속 기관의 장 또는 지방자치단체의 장이 지적전산자료를 신청하는 경우에는 관계 중앙행정기관의 심사를 요하지 않는다.
④ 토지소유자가 사망하여 그 상속인이 피상속인의 토지에 대한 지적전산자료를 신청하는 경우에는 관계 중앙행정기관의 심사를 받지 아니할 수 있다.
⑤ 심사신청을 받은 관계 중앙행정기관의 장이 심사할 사항은 신청내용의 타당성·적합성·공익성과 개인의 사생활 침해 여부 등이다.

25 공간정보의 구축 및 관리 등에 관한 법령상 지적공부의 효율적인 관리 및 활용을 위하여 지적정보 전담 관리기구를 설치·운영하는 자는?

① 국토교통부장관
② 관계 중앙행정기관의 장
③ 행정안전부장관
④ 시·도지사
⑤ 지적소관청

26 공간정보의 구축 및 관리 등에 관한 법령상 연속지적도의 관리 등에 관한 설명으로 <u>틀린</u> 것은?

① 국토교통부장관은 연속지적도의 관리 및 정비에 관한 정책을 수립·시행하여야 한다.
② 국토교통부장관은 지적도·임야도에 등록된 사항에 대하여 토지의 이동 또는 오류사항을 정비한 때에는 이를 연속지적도에 반영하여야 한다.
③ 국토교통부장관은 연속지적도 정비에 필요한 경비의 전부 또는 일부를 지원할 수 있다.
④ 국토교통부장관은 연속지적도를 체계적으로 관리하기 위하여 연속지적도 정보관리체계를 구축·운영할 수 있다.
⑤ 국토교통부장관은 연속지적도 정보관리체계의 구축·운영에 관한 업무를 대통령령으로 정하는 법인, 단체 또는 기관에 위탁할 수 있다.

27 공간정보의 구축 및 관리 등에 관한 법령상 연속지적도의 관리 등에 관한 설명으로 <u>틀린</u> 것은?

① 국토교통부장관은 연속지적도 정보관리체계의 구축·운영에 관한 업무를 대통령령으로 정하는 법인, 단체 또는 기관에 위탁할 수 있다.
② 국토교통부장관은 연속지적도 정보관리체계의 구축·운영에 관한 위탁관리에 필요한 경비의 전부 또는 일부를 지원할 수 있다
③ 지적소관청은 연속지적도의 관리·정비에 관한 업무를 대통령령으로 정하는 법인, 단체 또는 기관에 위탁할 수 있다.
④ 지적소관청은 연속지적도의 관리·정비에 관한 위탁관리에 필요한 경비의 전부 또는 일부를 지원할 수 있다.
⑤ 지적소관청은 지적소관청의 연속지적도 정비에 필요한 경비의 전부 또는 일부를 지원할 수 있다.

28 공간정보의 구축 및 관리 등에 관한 법령상 연속지적도의 관리·정비에 관한 업무 및 연속지적도 정보관리체계의 구축·운영에 관한 업무를 위탁받을 수 있는 법인, 단체 또는 기관에 해당하는 것은?

① 한국국토정보공사
② 한국수자원공사
③ 한국토지주택공사
④ 축척변경위원회
⑤ 중앙지적위원회

제3절 | 지적공부의 복구

29 공간정보의 구축 및 관리 등에 관한 법령상 지적공부의 복구 및 복구절차 등에 관한 설명으로 틀린 것은?

① 지적소관청(정보처리시스템에 의하여 기록·저장된 지적공부의 경우에는 시·도지사, 시장·군수 또는 구청장)은 지적공부의 전부 또는 일부가 멸실되거나 훼손된 경우에는 지체 없이 이를 복구하여야 한다.
② 지적공부를 복구할 때에는 멸실·훼손 당시의 지적공부와 가장 부합된다고 인정되는 관계 자료에 따라 토지의 표시에 관한 사항을 복구하여야 한다. 다만, 소유자에 관한 사항은 부동산등기부나 법원의 확정판결에 따라 복구하여야 한다.
③ 지적공부의 등본, 법원의 확정판결서 정본 또는 사본은 지적공부의 복구자료에 해당하지만, 측량의뢰서 및 측량준비도는 복구자료에 해당하지 않는다.
④ 지적소관청은 조사된 복구자료 중 토지대장·임야대장 및 공유지연명부의 등록 내용을 증명하는 서류 등에 따라 복구자료도를 작성하고, 지적도면의 등록 내용을 증명하는 서류 등에 따라 지적복구자료 조사서를 작성하여야 한다.
⑤ 복구자료도에 따라 측정한 면적과 지적복구자료 조사서의 조사된 면적의 증감이 허용범위를 초과하거나 복구자료도를 작성할 복구자료가 없는 경우에는 복구측량을 하여야 한다.

30 공간정보의 구축 및 관리 등에 관한 법령상 지적공부의 복구자료가 아닌 것은?

① 지적측량의뢰서
② 측량결과도
③ 토지이동정리 결의서
④ 지적공부의 등본
⑤ 법원의 확정판결서 정본 또는 사본

기출응용 33회
31 공간정보의 구축 및 관리 등에 관한 법령상 지적공부의 복구자료에 해당하는 것은?

① 토지이용계획확인서
② 지적측량수행계획서
③ 측량준비도
④ 소유자정리 결의서
⑤ 부동산종합증명서

32 공간정보의 구축 및 관리 등에 관한 법령상 지적공부의 복구에 관한 설명으로 **틀린** 것은?

① 정보처리시스템을 통하여 기록·저장한 지적공부는 시·도지사, 시장·군수 또는 구청장이 지체 없이 이를 복구하여야 한다.
② 토지대장·임야대장 또는 공유지연명부는 복구되고 지적도면이 복구되지 아니한 토지가 축척변경 시행지역이나 도시개발사업 등의 시행지역에 편입된 때에는 지적도면을 복구하지 아니할 수 있다.
③ 지적소관청은 복구자료의 조사 또는 복구측량 등이 완료되어 지적공부를 복구하려는 경우에는 복구하려는 토지의 표시 등을 시·군·구의 게시판 및 인터넷 홈페이지에 10일 이상 게시하여야 한다.
④ 복구하려는 토지의 표시 등에 이의가 있는 자는 게시기간 내에 지적소관청에 이의신청을 할 수 있다.
⑤ 복구측량을 한 결과가 복구자료와 부합하지 아니하는 때에는 토지소유자 및 이해관계인의 동의를 받아 경계 또는 면적 등을 조정할 수 있다.

제4절 | 부동산종합공부

33 공간정보의 구축 및 관리 등에 관한 법령상 부동산종합공부의 등록사항 및 열람·증명서 발급 등에 관한 설명으로 **틀린** 것은?

① 지적소관청은 부동산종합공부에 「토지이용규제 기본법」 제10조에 따른 토지이용계획확인서의 내용에서 토지의 이용 및 규제에 관한 사항을 등록하여야 한다.
② 지적소관청은 부동산종합공부에 「건축법」 제38조에 따른 건축물대장의 내용에서 건축물의 표시와 소유자에 관한 사항(토지에 건축물이 있는 경우만 해당한다)을 등록하여야 한다.
③ 지적소관청은 부동산종합공부에 「공간정보의 구축 및 관리 등에 관한 법률」에 따른 지적공부의 내용에서 토지의 표시와 소유자에 관한 사항을 등록하여야 한다.
④ 지적소관청은 부동산종합공부의 등록사항 중 등록사항 상호간에 일치하지 아니하는 사항에 대해서는 등록사항을 관리하는 기관의 장에게 그 내용을 통지하여 등록사항 정정을 요청할 수 있다.
⑤ 부동산종합공부를 열람하거나 부동산종합증명서를 발급받으려는 자는 지적공부·부동산종합공부 열람·발급 신청서(전자문서로 된 신청서를 포함한다)를 시·도지사, 지적소관청 또는 읍·면·동장에게 제출하여야 한다.

34 공간정보의 구축 및 관리 등에 관한 법령상 부동산종합공부의 관리 및 운영에 관한 설명으로 **틀린** 것을 모두 고른 것은?

㉠ 지적소관청은 부동산의 효율적 이용과 부동산과 관련된 정보의 종합적 관리·운영을 위하여 부동산종합공부를 관리·운영한다.
㉡ 국토교통부장관은 부동산종합공부의 멸실 또는 훼손에 대비하여 이를 별도로 복제하여 관리하는 정보관리체계를 구축하여야 한다.
㉢ 부동산종합공부의 등록사항을 관리하는 기관의 장은 지적소관청에 상시적으로 관련 정보를 제공하여야 한다.
㉣ 지적소관청은 부동산종합공부의 정확한 등록 및 관리를 위하여 필요한 경우에는 부동산종합공부의 등록사항을 관리하는 기관의 장에게 관련 자료의 제출을 요구할 수 있다.

① ㉠　　② ㉡　　③ ㉡, ㉢
④ ㉠, ㉢, ㉣　　⑤ ㉡, ㉢, ㉣

대표문제 　부동산종합공부

공간정보의 구축 및 관리 등에 관한 법령상 부동산종합공부에 관한 설명으로 틀린 것은?

기출응용 32회

① 지적소관청은 「건축법」 제38조에 따른 건축물대장의 내용에서 건축물의 표시와 소유자에 관한 사항(토지에 건축물이 있는 경우만 해당)을 부동산종합공부에 등록하여야 한다.
② 지적소관청은 「부동산등기법」 제48조에 따른 부동산의 권리에 관한 사항을 부동산종합공부에 등록하여야 한다.
③ 지적소관청은 부동산의 효율적 이용과 부동산과 관련된 정보의 종합적 관리·운영을 위하여 부동산종합공부를 관리·운영한다.
④ 지적소관청은 부동산종합공부를 영구히 보존하여야 하며, 부동산종합공부의 멸실 또는 훼손에 대비하여 이를 별도로 복제하여 관리하는 정보관리체계를 구축하여야 한다.
⑤ 부동산종합공부를 열람하려는 자는 지적소관청이나 읍·면·동의 장에게 신청할 수 있으며, 부동산종합공부기록사항의 전부 또는 일부에 관한 증명서를 발급받으려는 자는 시·도지사에게 신청하여야 한다.

> **POINT**
> 부동산종합공부의 등록사항, 관리 및 운영, 열람 및 발급 등을 종합적으로 알아두어야 합니다.
>
> **해설**
> 부동산종합공부를 열람하거나 부동산종합공부 기록사항의 전부 또는 일부에 관한 증명서(= 부동산종합증명서)를 발급받으려는 자는 지적소관청이나 읍·면·동의 장에게 신청할 수 있다(법 제76조의4).
>
> 정답 ⑤

35 공간정보의 구축 및 관리 등에 관한 법령상 부동산종합공부의 등록사항으로 틀린 것은?

① 부동산의 가격에 관한 사항은 「공인중개사의 업무 및 부동산 거래신고에 관한 법률」에 따른 부동산의 실거래가를 등록한다.
② 건축물의 표시와 소유자에 관한 사항은 「건축법」에 따른 건축물대장의 내용을 등록한다.
③ 토지의 이용 및 규제에 관한 사항은 「토지이용규제 기본법」에 따른 토지이용계획 확인서의 내용을 등록한다.
④ 토지의 표시와 소유자에 관한 사항은 「공간정보의 구축 및 관리 등에 관한 법률」에 따른 지적공부의 내용을 등록한다.
⑤ 부동산의 효율적 이용과 부동산과 관련된 정보의 종합적 관리·운영을 위하여 필요한 사항으로 「부동산등기법」 제48조에 따른 부동산의 권리에 관한 사항을 등록한다.

36 공간정보의 구축 및 관리 등에 관한 법령상 부동산종합공부에 관한 설명으로 옳은 것은?

① 시·도지사는 부동산종합공부의 등록사항 정정을 위하여 불일치 등록사항을 확인 및 관리하여야 한다.
② 부동산종합공부의 등록사항 정정에 관하여는 지적공부에 대한 등록사항 정정 규정을 준용하므로 토지소유자는 부동산종합공부의 토지의 표시에 관한 사항의 등록사항에 잘못이 있음을 발견하면 지적소관청에 그 정정을 신청할 수 있다.
③ 지적소관청은 부동산종합공부의 불일치 등록사항에 대하여는 등록사항을 정정하고, 등록사항을 관리하는 기관의 장에게 그 내용을 통지하여야 한다.
④ 지적소관청은 부동산종합공부의 정확한 등록 및 관리를 위하여 필요한 경우에는 관계 중앙행정기관에게 관련 자료의 제출을 요청할 수 있다.
⑤ 시·도지사는 지적소관청에 상시적으로 관련 정보를 제공하여야 한다.

37 다음은 공간정보의 구축 및 관리 등에 관한 법령상 부동산종합공부에 관한 설명이다. ( ) 안에 들어갈 내용으로 옳은 것은?

> 부동산종합공부를 열람하거나 부동산종합공부 기록사항의 전부 또는 일부에 관한 증명서를 발급받으려는 자는 (㉠) 열람·발급 신청서(전자문서로 된 신청서를 포함한다)를 (㉡) 또는 읍·면·동장에게 제출하여야 한다.

	㉠	㉡
①	지적공부	지적소관청
②	부동산종합공부	시·도지사, 지적소관청
③	지적공부·부동산종합공부	시·도지사, 지적소관청
④	지적공부·부동산종합공부	지적소관청
⑤	부동산종합공부	지적소관청

CHAPTER 03 토지의 이동 및 지적정리

빠른 정답 CHECK!(본책) p.220 / 정답 및 해설(책속의 책) p.24

제1절 | 토지이동의 종류

01 공간정보의 구축 및 관리 등에 관한 법령상 토지의 이동에 해당하는 것을 모두 고른 것은?

> ㉠ 지번변경
> ㉡ 행정구역의 개편
> ㉢ 개별공시지가의 변경
> ㉣ 소유자변경

① ㉠, ㉡
② ㉠, ㉢
③ ㉡, ㉣
④ ㉠, ㉢, ㉣
⑤ ㉡, ㉢, ㉣

02 공간정보의 구축 및 관리 등에 관한 법령상 신규등록에 관한 설명으로 옳은 것은?

① 신규등록하는 경우, 지적공부의 소유자란은 등기관서의 통지에 따라 등록한다.
② 신규등록신청 시 첨부해야 하는 서류를 그 지적소관청이 관리하는 경우에도 신청인은 이를 제출하여야 한다.
③ 공유수면매립에 의거 신규등록을 신청하는 경우, 신규등록사유를 기재한 신청서에 「공유수면 관리 및 매립에 관한 법률」에 따른 준공검사확인증 사본을 첨부하여 지적소관청에 제출하여야 한다.
④ 신규등록할 토지가 생긴 경우, 토지소유자는 그 사유가 발생한 날로부터 90일 이내에 지적소관청에 신규등록을 신청하여야 한다.
⑤ 토지소유자의 신청에 의하여 신규등록을 한 경우, 지적소관청은 토지표시에 관한 사항에 대하여 지체 없이 등기관서에 그 등기를 촉탁하여야 한다.

03 공간정보의 구축 및 관리 등에 관한 법령상 신규등록신청서에 첨부하여 지적소관청에 제출할 수 있는 서류를 모두 고른 것은?

> ㉠ 법원의 확정판결서 정본 또는 사본
> ㉡ 「공유수면 관리 및 매립에 관한 법률」에 따른 준공검사확인증 사본
> ㉢ 도시계획구역의 토지를 그 지방자치단체의 명의로 등록하는 경우에는 기획재정부장관과 협의한 문서의 사본
> ㉣ 토지등기사항증명서

① ㉠, ㉣　　　　　　　　　　　② ㉡, ㉢
③ ㉠, ㉡, ㉢　　　　　　　　　 ④ ㉡, ㉢, ㉣
⑤ ㉠, ㉡, ㉢, ㉣

04 공간정보의 구축 및 관리 등에 관한 법령상 등록전환에 관한 설명으로 틀린 것은?

① 등록전환되는 토지의 지번은 그 지번부여지역에서 인접 토지의 본번에 부번을 붙여서 부여하는 것이 원칙이다.
② 토지소유자는 등록전환사유가 발생한 날부터 60일 이내에 지적소관청에 등록전환을 신청하여야 한다.
③ 관계 법령에 따라 건축허가 등 개발행위 관련 허가를 받은 경우라도 건축물의 사용승인 등을 받아 지목변경을 할 수 있는 경우에만 등록전환 신청대상이 된다.
④ 관계 법령에 따른 개발행위허가 등을 받아 등록전환을 신청할 때에는 관계 법령에 따른 개발행위허가 등을 증명하는 서류의 사본을 첨부하여 지적소관청에 제출하여야 한다.
⑤ 등록전환사유에 관한 증빙서류를 지적소관청이 관리하는 경우에는 지적소관청의 확인으로써 그 서류의 제출에 갈음할 수 있다.

05 공간정보의 구축 및 관리 등에 관한 법령상 등록전환을 신청할 수 있는 경우가 <u>아닌</u> 것은?

① 도시·군관리계획선에 따라 토지를 분할하는 경우
② 토지이용상 불합리한 지상경계를 시정하기 위한 경우
③ 임야도 내의 대부분의 토지가 등록전환되어 나머지 토지를 임야도에 계속 존치하는 것이 불합리한 경우
④ 「산지관리법」에 따른 산지전용허가·신고, 산지일시사용허가·신고, 「건축법」에 따른 건축허가·신고 또는 그 밖의 관계 법령에 따른 개발행위 허가 등을 받은 경우
⑤ 임야도에 등록된 토지가 사실상 형질변경되었으나 지목변경을 할 수 없는 경우

06 공간정보의 구축 및 관리 등에 관한 법령상 등록전환에 관한 설명으로 옳은 것을 모두 고른 것은?

㉠ 등록전환 시에는 반드시 측량을 실시하고 측량성과를 토대로 면적을 측정하여 토지대장에 등록하여야 한다.
㉡ 임야대장의 면적과 등록전환될 면적의 차이가 법령에 규정된 허용범위 이내인 경우에는 임야대장의 면적을 등록전환 면적으로 결정한다.
㉢ 임야대장의 면적과 등록전환될 면적의 차이가 법령에 규정된 허용범위를 초과하는 경우에는 임야대장의 면적 또는 임야도의 경계를 토지소유자의 신청으로 정정하여야 한다.

① ㉠
② ㉡
③ ㉠, ㉡
④ ㉡, ㉢
⑤ ㉠, ㉡, ㉢

07 공간정보의 구축 및 관리 등에 관한 법령상 토지의 분할에 관한 설명으로 틀린 것은?

① 토지소유자는 소유권이전, 매매 등을 위하여 필요한 경우 토지의 분할을 신청할 수 있다.
② 지적공부에 등록된 1필지의 일부가 관계 법령에 따른 형질변경 등으로 용도가 다르게 된 때에는 지적소관청에 토지의 분할을 신청하여야 한다.
③ 경계점좌표등록부를 갖춰두는 지역의 토지분할을 위하여 면적을 정하는 때에는 분할 전후 면적에 증감이 없도록 한다.
④ 관계 법령에 따라 해당 토지에 대한 분할이 개발행위허가 등의 대상인 경우에는 분할을 한 이후에 개발행위허가 등을 신청할 수 있다.
⑤ 토지이용상 불합리한 지상경계를 시정하기 위한 경우에는 분할을 신청할 수 있다.

08 공간정보의 구축 및 관리 등에 관한 법령상 분할에 관한 설명으로 틀린 것은?
① 1필지의 일부가 형질변경 등으로 용도가 변경되어 분할을 신청하는 때에는 분할신청서와 지목변경신청서를 함께 제출하여야 한다.
② 분할 대상토지가 분할허가 대상인 경우에는 분할신청서에 그 허가서의 사본을 첨부하여 지적소관청에 제출하여야 한다.
③ 분할신청 시 제출하여야 할 서류를 지적소관청이 관리하는 경우에는 지적소관청의 확인으로써 그 서류의 제출에 갈음할 수 있다.
④ 분할 전과 후의 면적에는 증감이 없어야 한다.
⑤ 분할을 위하여 면적을 정함에 있어서 오차가 발생하는 경우에는 그 오차가 허용범위 이내인 경우에는 지적공부상의 면적 또는 경계를 정정하고, 허용범위를 초과하는 경우에는 그 오차를 분할 후의 각 필지의 면적에 따라 나눈다.

09 공간정보의 구축 및 관리 등에 관한 법령상 경계점좌표등록부가 있는 지역의 토지분할을 위하여 면적을 정할 때의 기준에 대한 내용이다. ( )에 들어갈 내용으로 옳은 것은? (단, 다른 조건은 고려하지 아니함)

- 분할 후 각 필지의 면적합계가 분할 전 면적보다 적은 경우에는 구하려는 (㉠) 부터 순차적으로 올려서 정하되, 분할 전 면적에 증감이 없도록 할 것
- 분할 후 각 필지의 면적합계가 분할 전 면적보다 많은 경우에는 구하려는 (㉡) 부터 순차적으로 버려서 정하되, 분할 전 면적에 증감이 없도록 할 것

① ㉠: 끝자리의 숫자가 작은 것 ㉡: 끝자리의 숫자가 큰 것
② ㉠: 끝자리의 다음 숫자가 작은 것 ㉡: 끝자리의 다음 숫자가 큰 것
③ ㉠: 끝자리의 숫자가 큰 것 ㉡: 끝자리의 숫자가 작은 것
④ ㉠: 끝자리의 다음 숫자가 큰 것 ㉡: 끝자리의 다음 숫자가 작은 것
⑤ ㉠: 끝자리의 숫자가 큰 것 ㉡: 끝자리의 다음 숫자가 작은 것

10 공간정보의 구축 및 관리 등에 관한 법령상 甲 소유의 토지 600m²의 일부를 乙에게 매도하기 위하여 분할하고자 한다. 이에 대한 설명으로 틀린 것은?

① 소유자는 매매계약일부터 60일 이내에 지적소관청에게 분할을 신청하여야 한다.
② 매도할 토지가 분할허가 대상인 경우에는 甲이 분할사유를 적은 신청서에 허가서 사본을 첨부하여야 한다.
③ 분할측량을 하는 때에는 분할되는 필지에 대하여 면적을 측정하여야 한다.
④ 분할에 따른 지상경계는 지상건축물을 걸리게 않게 결정하는 것이 원칙이다.
⑤ 소유권이전, 매매 등을 위하여 분할하는 경우 지상경계점에 경계점표지를 설치하여 측량할 수 있다.

11 공간정보의 구축 및 관리 등에 관한 법령상 합병에 관한 설명으로 <u>틀린</u> 것은?

① 토지소유자는 토지의 합병을 신청하고자 하는 때에는 합병사유를 적은 신청서를 지적소관청이나 읍·면·동장에 제출하여야 한다.
② 「주택법」에 따른 공동주택의 부지로서 합병하여야 할 토지가 있으면 그 사유가 발생한 날부터 60일 이내에 지적소관청에 합병을 신청하여야 한다.
③ 도로·제방·하천·구거·유지·공장용지·학교용지·철도용지·수도용지·공원·체육용지 등의 토지로서 합병하여야 할 토지가 있으면 그 사유가 발생한 날부터 60일 이내에 지적소관청에 합병을 신청하여야 한다.
④ 합병 후의 면적은 합병 전의 각 필지의 면적을 합산하여 그 필지의 면적으로 결정하므로 면적측정을 실시하지 않는다.
⑤ 합병 후의 경계나 좌표는 합병 전 각 필지의 경계 또는 좌표 중 합병으로 필요 없게 된 부분을 말소하여 결정하므로 지적측량을 실시하지 않는다.

12 공간정보의 구축 및 관리 등에 관한 법령에 따라 합병이 가능한 토지를 모두 고른 것은?

> ㉠ 등기원인과 등기연월일 및 접수번호가 다른 저당권이 설정되어 있는 2필지
> ㉡ 등기사항이 동일한 신탁등기가 있는 2필지
> ㉢ 소유자는 동일하지만 소유권이전등기 연월일이 서로 다른 2필지
> ㉣ 전세권이 설정된 토지와 저당권이 설정된 2필지

① ㉡
② ㉠, ㉡
③ ㉠, ㉢
④ ㉡, ㉢
⑤ ㉡, ㉢, ㉣

13 공간정보의 구축 및 관리 등에 관한 법령에 따라 합병할 수 있는 경우를 모두 고른 것은?

㉠ 등기되지 아니한 토지와 등기되지 아니한 토지인 경우
㉡ 지적도 및 임야도의 축척이 서로 다른 경우
㉢ 지번부여지역, 지목 또는 소유자가 다른 경우
㉣ 합병하려는 토지소유자의 주소가 서로 다른 경우
㉤ 합병하려는 토지의 소유자별 공유지분이 다른 경우

① ㉠
② ㉠, ㉣
③ ㉣, ㉤
④ ㉠, ㉣, ㉤
⑤ ㉡, ㉢, ㉤

14 공간정보의 구축 및 관리 등에 관한 법령상 합병에 관한 설명으로 틀린 것은?

① 합병하려는 토지소유자의 주소가 서로 다르더라도 지적소관청이 「전자정부법」에 따른 행정정보의 공동이용을 통하여 '토지등기사항증명서나 법인등기사항증명서(신청인이 법인인 경우만 해당), 주민등록표 초본(신청인이 개인인 경우만 해당)'을 확인한 결과 토지소유자가 동일인임을 확인할 수 있는 경우는 합병이 가능하다.
② 합병 후의 지번은 합병 대상지번 중 선순위의 지번을 그 지번으로 하되, 본번으로 된 지번이 있을 때에는 본번 중 선순위의 지번을 합병 후의 지번으로 한다.
③ 합병 대상필지에 대하여 합병을 하기 위해서는 지상경계점에 경계점표지를 설치한 후 지적측량을 하여야 한다.
④ 지적소관청은 합병에 따라 지적공부를 정리한 경우에는 지체 없이 관할 등기관서에 그 등기를 촉탁하여야 한다.
⑤ 합병절차를 거친 후 합필등기를 촉탁하였으나 지적소관청의 착오로 잘못 합병한 경우에는, 등기관은 합필등기촉탁을 각하하고 지체 없이 그 사유를 지적소관청에 통지하여야 한다.

15 공간정보의 구축 및 관리 등에 관한 법령상 지목변경 대상토지에 해당하는 것을 모두 고른 것은?

> ㉠ 건축물이나 토지의 용도가 변경된 경우
> ㉡ 토지이용상 불합리한 지상경계를 시정하기 위한 경우
> ㉢ 「국토의 계획 및 이용에 관한 법률」 등 관계 법령에 따른 토지의 형질변경 등의 공사가 준공된 경우
> ㉣ 도시개발사업 등의 원활한 사업추진을 위하여 사업시행자가 공사 준공 전에 토지의 합병을 신청하는 경우

① ㉠, ㉢
② ㉡, ㉣
③ ㉢, ㉣
④ ㉠, ㉡, ㉢
⑤ ㉠, ㉢, ㉣

16 공간정보의 구축 및 관리 등에 관한 법령상 지목변경신청에 관한 설명으로 틀린 것은?

① 토지소유자는 지목변경을 할 토지가 있으면 그 사유가 발생한 날부터 60일 이내에 지적소관청에 지목변경을 신청하여야 한다.
② 국유지나 공유지의 지목변경을 신청하는 경우에는 용도폐지 되었거나 사실상 공공용으로 사용되고 있지 아니함을 증명하는 서류의 사본을 첨부하여야 한다.
③ 지목변경신청에 따른 첨부서류를 해당 지적소관청이 관리하는 경우에는 지적소관청의 확인으로 그 서류의 제출에 갈음할 수 있다.
④ 전·답·과수원 상호간의 지목변경을 신청하는 경우에는 토지의 용도가 변경되었음을 증명하는 서류의 사본을 첨부하여 제출하여야 한다.
⑤ 개발행위허가·농지전용허가·보전산지전용허가 등 지목변경과 관련된 규제를 받지 아니하는 토지의 지목변경의 경우에는 용도가 변경되었음을 증명하는 서류의 첨부를 생략할 수 있다.

17 공간정보의 구축 및 관리 등에 관한 법령상 바다로 된 토지의 등록말소 및 회복등록과 관련된 설명으로 틀린 것은?

① 지적소관청은 지적공부에 등록된 토지가 지형의 변화 등으로 바다로 된 경우로서 원상으로 회복할 수 없는 때에는 지적공부에 등록된 토지소유자에게 지적공부의 등록말소 신청을 하도록 통지하여야 한다.
② 지적소관청은 토지소유자가 통지받은 날부터 60일 이내에 등록말소신청을 하지 아니하는 경우에는 직권으로 그 지적공부의 등록사항을 말소하여야 한다.
③ 바다로 된 토지의 등록을 말소하기 위하여 필요한 경우는 지적측량의 대상이 된다.
④ 지적소관청이 직권으로 지적공부의 등록사항을 말소하거나 회복등록하였을 때에는 그 정리 결과를 토지소유자 및 그 공유수면관리청에 통지하여야 한다.
⑤ 지적소관청은 회복등록을 하려면 그 지적측량성과 및 등록말소 당시의 지적공부 등 관계 자료에 따라야 한다.

18 공간정보의 구축 및 관리 등에 관한 법령상 바다로 된 토지의 등록말소에 관한 설명으로 옳은 것은?

① 바다에 인접한 토지가 유실되어 최고만조 때에 바닷물에 잠긴 경우, 과다한 비용을 요하지 아니하고 원상복구가 가능하더라도 토지가 소멸된 것으로 봐야 한다.
② 바다로 되어 원상회복할 수 없는 토지가 있는 경우 지적소관청은 지체 없이 직권으로 이를 말소하여야 한다.
③ 지적소관청이 직권으로 등록말소를 할 경우에는 시·도지사 또는 대도시 시장의 승인을 받아야 한다.
④ 바다로 되어 말소된 토지가 지형의 변화 등으로 다시 토지가 된 경우 토지소유자는 그 사유가 발생한 날부터 90일 이내에 토지의 회복등록을 지적소관청에 신청하여야 한다.
⑤ 지적소관청은 지적공부의 등록사항을 말소 또는 회복등록에 따른 사유로 표시 변경에 관한 등기를 할 필요가 있는 경우에는 지체 없이 관할 등기관서에 그 등기를 촉탁하여야 한다.

19 「공간정보의 구축 및 관리 등에 관한 법률」상 토지의 이동사유 발생 시 토지소유자가 지적소관청에 신청하도록 신청기간이 정해져 있지 <u>않은</u> 경우는?

① 바다로 된 토지에 대한 등록을 말소하도록 통지를 받은 경우
② 공유물분할판결에 따라 토지를 분할하는 경우
③ 공유수면매립지에 대한 신규등록을 하는 경우
④ 건축물의 용도변경으로 인하여 지목변경을 하는 경우
⑤ 1필지의 일부가 형질변경 등으로 용도가 변경되어 분할대상이 된 경우

대표문제 축척변경

공간정보의 구축 및 관리 등에 관한 법령상 축척변경에 관한 설명으로 <u>틀린</u> 것은?

기출응용 33회

① 축척변경에 관한 사항 및 지적재조사 기본계획의 수립에 관한 사항을 심의·의결하기 위하여 지적소관청에 축척변경위원회를 둔다.
② 축척변경위원회의 위원장은 위원 중에서 지적소관청이 지명한다.
③ 지적소관청은 축척변경에 관한 측량을 완료하였을 때에는 시행공고일 현재의 지적공부상의 면적과 측량 후의 면적을 비교하여 그 변동사항을 표시한 축척변경 지번별조서를 작성하여야 한다.
④ 지적소관청은 청산금의 결정을 공고한 날부터 20일 이내에 토지소유자에게 청산금의 납부고지 또는 수령통지를 하여야 한다.
⑤ 청산금의 납부 및 지급이 완료되었을 때에는 지적소관청은 지체 없이 축척변경의 확정공고를 하여야 한다.

POINT
축척변경의 절차를 숙지하여야 합니다.

해설
축척변경에 관한 사항을 심의·의결하기 위하여 지적소관청에 축척변경위원회를 둔다(법 제83조 제1항). 참고로, 지적재조사사업에 관한 주요 정책을 심의·의결하기 위하여 국토교통부장관 소속으로 중앙지적재조사위원회를 둔다(지적재조사에 관한 특별법 제28조 제1항).

정답 ①

20 「공간정보의 구축 및 관리 등에 관한 법률」상 축척변경에 관한 설명으로 <u>틀린</u> 것은?

① 축척변경이란 임야도에 등록된 경계점의 정밀도를 높이기 위하여 작은 축척을 큰 축척으로 변경하여 등록하는 것을 말한다.
② 지적소관청은 토지소유자의 신청이 없는 경우에도 축척변경사유에 해당하는 경우에는 직권으로 축척변경을 할 수 있다.
③ 지적소관청은 토지소유자의 신청 또는 직권으로 축척변경을 하려면 축척변경 시행지역의 토지소유자 3분의 2 이상의 동의를 받아야 한다.
④ 잦은 토지의 이동으로 인하여 1필지의 규모가 작아서 소축척으로는 지적측량성과의 결정이나 토지의 이동에 따른 정리를 하기가 곤란한 경우에 축척변경을 할 수 있다.
⑤ 하나의 지번부여지역 안에 서로 다른 축척의 지적도가 있는 때에도 축척변경을 할 수 있다.

21 「공간정보의 구축 및 관리 등에 관한 법률」상 축척변경에 관한 설명으로 <u>틀린</u> 것은?

① 지적소관청은 축척변경이 필요하다고 인정된 때에는 축척변경위원회의 의결을 거친 후 시·도지사 또는 대도시 시장의 승인을 받아 시행할 수 있다.
② 합병하고자 하는 토지가 축척이 다른 지적도에 각각 등록되어 있어 축척변경을 하는 경우에는 축척변경위원회의 의결 및 시·도지사 또는 대도시 시장의 승인절차를 거치지 아니한다.
③ 도시개발사업 등의 시행지역에 있는 토지로서 그 사업 시행에서 제외된 토지의 축척변경을 하는 경우에는 축척변경위원회의 의결 및 시·도지사 또는 대도시 시장의 승인절차를 거치지 아니한다.
④ 지적소관청은 시·도지사 또는 대도시시장으로부터 축척변경승인을 받았을 때에는 지체 없이 축척변경의 목적 등을 20일 이상 공고하여야 한다.
⑤ 지적소관청은 시행공고일부터 30일 이내에 시행공고일 현재 점유하고 있는 경계에 국토교통부령이 정하는 경계점표지를 설치하여야 한다.

22 「공간정보의 구축 및 관리 등에 관한 법률」상 축척변경절차에 관한 설명으로 틀린 것을 모두 고른 것은?

> ㉠ 축척변경을 위한 측량을 하려는 때에는 토지소유자 또는 점유자가 설치한 경계점표지를 기준으로 새로운 축척에 따라 면적·경계 또는 좌표를 정하여야 한다.
> ㉡ 지적소관청은 축척변경 시행지역의 각 필지별 지번과 지목은 종전에 따르고, 면적·경계 또는 좌표는 새로 정하여야 한다.
> ㉢ 축척변경위원회의 의결 및 시·도지사 또는 대도시 시장의 승인 없이 축척을 변경할 때에는 각 필지별 지번·지목 및 경계는 종전의 지적공부에 따르고 면적만 새로 정하여야 한다.
> ㉣ 축척변경측량 결과도에 따라 면적을 측정한 결과 축척변경 전의 면적과 축척변경 후의 면적의 오차가 허용범위 이내인 경우에는 축척변경 후의 면적을 결정면적으로 하고, 허용면적을 초과하는 경우에는 축척변경 전의 면적을 결정면적으로 한다.

① ㉠, ㉣
② ㉡, ㉢
③ ㉡, ㉣
④ ㉠, ㉡, ㉢
⑤ ㉠, ㉡, ㉣

23 「공간정보의 구축 및 관리 등에 관한 법률」상 축척변경에 따른 청산절차에 관한 설명으로 틀린 것은?

① 축척변경위원회는 시행공고일 현재를 기준으로 그 축척변경 시행지역의 토지에 대하여 지번별 m²당 금액을 미리 조사하여 지적소관청에 제출하여야 한다.
② 지적소관청은 청산금을 산정한 때에는 청산금조서를 작성하고, 청산금이 결정되었다는 뜻을 시·군·구 및 축척변경 시행지역에 있는 동·리의 게시판에 15일 이상 공고하여 일반인이 열람할 수 있게 하여야 한다.
③ 지적소관청은 청산금의 결정을 공고한 날부터 20일 이내에 토지소유자에게 청산금의 납부고지 또는 수령통지를 하여야 한다.
④ 납부고지를 받은 자는 그 고지를 받은 날부터 6개월 이내에 청산금을 지적소관청에 내야 하고, 지적소관청은 수령통지를 한 날부터 6개월 이내에 청산금을 지급하여야 한다.
⑤ 청산금을 산정한 결과 증가된 면적에 대한 청산금의 합계와 감소된 면적에 대한 청산금의 합계에 차액이 생긴 경우 초과액은 지방자치단체의 수입으로 하고, 부족액은 지방자치단체가 부담한다.

24 공간정보의 구축 및 관리 등에 관한 법령상 (   ) 안에 들어갈 내용으로 옳은 것은?

> 지적소관청은 축척변경에 관한 측량을 한 결과 측량 전에 비하여 면적의 증감이 있는 경우에는 그 증감면적에 대하여 청산을 하여야 한다. 다만, 토지소유자 (   )이 청산하지 아니하기로 합의하여 서면으로 제출한 경우는 그러하지 아니하다.

① 2분의 1 이상
② 3분의 2 이상
③ 4분의 3 이상
④ 4분의 1 이상
⑤ 전원

기출응용 33회
25 공간정보의 구축 및 관리 등에 관한 법령상 (   ) 안에 들어갈 내용으로 옳은 것은?

> - 청산금에 관하여 이의가 있는 자는 납부고지 또는 수령통지를 받은 날부터 (㉠) 이내에 지적소관청에 이의신청을 할 수 있다.
> - 이의신청을 받은 지적소관청은 (㉡) 이내에 축척변경위원회의 심의·의결을 거쳐 그 인용 여부를 결정한 후 지체 없이 그 내용을 이의신청인에게 통지하여야 한다.

① ㉠: 1개월   ㉡: 1개월
② ㉠: 1개월   ㉡: 3개월
③ ㉠: 3개월   ㉡: 1개월
④ ㉠: 3개월   ㉡: 3개월
⑤ ㉠: 3개월   ㉡: 6개월

26 공간정보의 구축 및 관리 등에 관한 법령상 축척변경에 관한 설명으로 <u>틀린</u> 것은? (단, 축척변경위원회의 의결 및 시·도지사 또는 대도시 시장의 승인을 받는 경우에 한함)

① 지적소관청은 축척변경 시행기간 중에는 축척변경 시행지역 안의 지적공부정리와 경계복원측량을 축척변경 확정공고일까지 정지하여야 한다.
② 지적소관청은 청산금을 내야 하는 자가 납부고지를 받은 날부터 1개월 이내에 청산금에 관한 이의신청을 하지 아니하고, 고지를 받은 날부터 3개월 이내에 지적소관청에 청산금을 내지 아니하면 「지방행정제재·부과금 징수 등에 관한 법률」에 따라 징수할 수 있다.
③ 축척변경 시행지역의 토지는 축척변경의 '확정공고일'에 토지의 이동이 있는 것으로 본다.
④ 지적소관청은 청산금을 지급받을 자가 행방불명 등으로 받을 수 없거나 받기를 거부할 때에는 그 청산금을 공탁할 수 있다.
⑤ 지적소관청은 축척변경에 따라 확정된 사항을 지적공부에 등록하는 경우, 토지대장은 확정공고된 축척변경 지번별 조서에 따라 등록하여야 한다.

기출응용 34회

27 공간정보의 구축 및 관리 등에 관한 법령상 지적소관청은 축척변경 확정공고를 하였을 때에는 지체 없이 축척변경에 따라 확정된 사항을 지적공부에 등록하여야 한다. 이 경우 지적도에 등록하는 기준으로 옳은 것은?

① 축척변경 확정측량 결과도 또는 경계점좌표에 따른다.
② 청산금납부고지서에 따른다.
③ 토지이동현황 조사계획서에 따른다.
④ 확정공고된 축척변경 지번별 조서에 따른다.
⑤ 축척변경 시행계획에 따른다.

28 공간정보의 구축 및 관리 등에 관한 법령상 지적소관청은 축척변경에 따른 청산금의 납부 및 지급이 완료되었을 때 지체 없이 축척변경의 확정공고를 하여야 한다. 이 경우 확정공고에 포함되어야 할 사항으로 틀린 것은? 34회

① 지역별 제곱미터당 금액조서
② 축척변경 지번별 조서
③ 청산금 조서
④ 토지의 소재 및 지역명
⑤ 지적도의 축척

기출응용 32회

29 「공간정보의 구축 및 관리 등에 관한 법률」상 축척변경위원회에 관한 설명으로 틀린 것은?

① 축척변경위원회는 5명 이상 10명 이내의 위원으로 구성하되, 위원의 3분의 2 이상을 토지소유자로 하여야 한다.
② 그 축척변경 시행지역의 토지소유자가 5명 이하인 때에는 토지소유자 전원을 위원으로 위촉하여야 한다.
③ 축척변경위원회의 위원은 해당 축척변경 시행지역의 토지소유자로서 지역 사정에 정통한 사람이나 지적에 관하여 전문지식을 가진 사람 중에서 지적소관청이 위촉한다.
④ 위원장은 위원 중에서 지적소관청이 지명한다.
⑤ 위원장은 축척변경위원회의 회의를 소집할 때에는 회의일시, 장소 및 심의안건을 회의 개최 5일 전까지 각 위원에게 서면으로 통지하여야 한다.

30 「공간정보의 구축 및 관리 등에 관한 법률」상 축척변경위원회의 심의·의결사항에 해당하는 것을 모두 고른 것은?

> ㉠ 축척변경 시행계획에 관한 사항
> ㉡ 축척변경의 승인에 관한 사항
> ㉢ 지번별 m^2당 금액의 결정에 관한 사항
> ㉣ 청산금의 이의신청에 관한 사항

① ㉠, ㉣　　　　　　　　　② ㉡, ㉢
③ ㉠, ㉡, ㉢　　　　　　　④ ㉠, ㉢, ㉣
⑤ ㉡, ㉢, ㉣

31 공간정보의 구축 및 관리 등에 관한 법령상 지적소관청이 지적공부의 등록사항에 잘못이 있는지를 직권으로 조사·측량하여 정정할 수 있는 경우를 모두 고른 것은? 30회

> ㉠ 지적공부의 작성 또는 재작성 당시 잘못 정리된 경우
> ㉡ 지적도에 등록된 필지의 경계가 지상경계와 일치하지 않아 면적의 증감이 있는 경우
> ㉢ 측량 준비 파일과 다르게 정리된 경우
> ㉣ 지적공부의 등록사항이 잘못 입력된 경우

① ㉢　　　　　　　　　　② ㉣
③ ㉠, ㉣　　　　　　　　④ ㉡, ㉢
⑤ ㉠, ㉢, ㉣

32 공간정보의 구축 및 관리 등에 관한 법령상 지적소관청이 토지의 표시를 직권으로 정정할 수 있는 경우를 모두 고른 것은?

> ㉠ 토지이동정리 결의서의 내용과 다르게 정리된 경우
> ㉡ 지적측량성과와 다르게 정리된 경우
> ㉢ 등기부상의 토지의 표시가 지적공부와 부합하지 아니한 경우
> ㉣ 지적도 및 임야도에 등록된 필지가 면적의 증감 없이 경계의 위치만 잘못된 경우

① ㉢
② ㉠, ㉡
③ ㉠, ㉣
④ ㉡, ㉢
⑤ ㉠, ㉡, ㉣

33 공간정보의 구축 및 관리 등에 관한 법령상 (　　) 안에 들어갈 내용으로 옳은 것은?

> 토지소유자는 지적공부의 등록사항에 잘못이 있음을 발견하면 (　　)에게 그 정정을 신청할 수 있다.

① 지적측량수행자
② 지적소관청
③ 지적소관청이나 읍·면·동장
④ 시·도지사 또는 대도시 시장
⑤ 국토교통부장관

34 공간정보의 구축 및 관리 등에 관한 법령상 지적공부 등록사항의 정정에 관한 설명으로 옳은 것은?

① 지적측량수행자가 지적공부의 등록사항에 잘못이 있음을 발견했을 때에는 지적소관청에 그 정정을 신청할 수 있다.
② 토지소유자는 지적공부의 등록사항에 잘못이 있음을 발견하면 지적소관청이나 읍·면·동장에게 그 정정을 신청할 수 있다.
③ 지적소관청은 지적공부의 등록사항을 정정하기 위해서는 국토교통부장관의 승인을 얻어야 한다.
④ 미등기토지에 대하여 토지소유자의 성명, 주민등록번호, 주소 등에 관한 사항이 잘못된 경우에는 등기사항증명서 또는 가족관계기록사항에 관한 증명서 등에 따라 이를 정정할 수 있다.
⑤ 지적공부의 등록사항 중 경계나 면적 등 측량을 수반하는 토지의 표시가 잘못된 경우에는 지적소관청은 그 정정이 완료될 때까지 지적측량을 정지시킬 수 있다.

35 공간정보의 구축 및 관리 등에 관한 법령상 지적공부의 등록사항 정정에 관한 설명으로 틀린 것은?

① 토지소유자가 경계 또는 면적의 변경을 가져오는 등록사항에 대한 정정신청을 하는 때에는 정정사유를 적은 신청서에 등록사항 정정 측량성과도를 첨부하여 지적소관청에 제출하여야 한다.
② 토지소유자의 신청에 의한 정정으로 인접토지의 경계가 변경되는 경우에는 인접 토지소유자의 승낙서나 이에 대항할 수 있는 확정판결서 정본을 제출하여야 한다.
③ 등기된 토지의 지적공부 등록사항 정정 내용이 토지의 표시에 관한 사항인 경우 등기필증, 등기사항증명서 또는 등기관서에서 제공한 등기전산정보자료에 따라 정정하여야 한다.
④ 등록사항 정정 신청사항이 미등기토지의 소유자 성명에 관한 사항으로서 명백히 잘못 기재된 경우에는 가족관계기록사항에 관한 증명서에 의하여 정정할 수 있다.
⑤ 등록사항 정정 대상토지에 대한 대장을 열람하게 하거나 등본을 발급하는 때에는 '등록사항 정정 대상토지'라고 적은 부분을 흑백의 반전(反轉)으로 표시하거나 붉은색으로 적어야 한다.

36 공간정보의 구축 및 관리 등에 관한 법령상 토지의 이동신청 및 지적정리 등에 관한 설명이다. (   ) 안에 들어갈 내용으로 옳은 것은? 27회

> 지적소관청은 토지의 표시가 잘못되었음을 발견하였을 때에는 (㉠) 등록사항 정정에 필요한 서류와 등록사항 정정 측량성과도를 작성하고, 「공간정보의 구축 및 관리 등에 관한 법률 시행령」 제84조 제2항에 따라 토지이동정리 결의서를 작성한 후 대장의 사유란에 (㉡)라고 적고, 토지소유자에게 등록사항 정정신청을 할 수 있도록 그 사유를 통지하여야 한다.

① ㉠: 지체 없이   ㉡: 등록사항 정정 대상토지
② ㉠: 지체 없이   ㉡: 지적불부합 토지
③ ㉠: 7일 이내   ㉡: 토지표시 정정 대상토지
④ ㉠: 30일 이내   ㉡: 지적불부합 토지
⑤ ㉠: 30일 이내   ㉡: 등록사항 정정 대상토지

제2절 | 지적정리의 개시 유형

37 공간정보의 구축 및 관리 등에 관한 법령상 도시개발사업 등 시행지역의 토지이동신청에 관한 특례에 대한 설명으로 틀린 것은?

① 「도시개발법」에 따른 도시개발사업의 착수를 지적소관청에 신고하려는 자는 도시개발사업 등의 착수(시행)·변경·완료 신고서에 사업계획도를 첨부하여야 한다.
② 「농어촌정비법」에 따른 농어촌정비사업의 사업시행자가 지적소관청에 토지의 이동을 신청한 경우 토지의 이동은 토지의 형질변경 등의 공사가 준공된 때에 이루어진 것으로 본다.
③ 「도시 및 주거환경정비법」에 따른 정비사업의 착수·변경 또는 완료 사실의 신고는 그 사유가 발생한 날부터 15일 이내에 하여야 한다.
④ 「주택법」에 따른 주택건설사업의 시행자가 파산 등의 이유로 토지의 이동 신청을 할 수 없을 때에는 그 주택의 시공을 보증한 자 또는 입주예정자 등이 신청할 수 있다.
⑤ 「택지개발촉진법」에 따른 택지개발사업의 사업시행자가 지적소관청에 토지의 이동을 신청할 경우, 신청 대상지역이 환지를 수반하는 경우에는 지적소관청에 신고한 사업착수신고로써 이를 갈음할 수 있다.

38 「공간정보의 구축 및 관리 등에 관한 법률」상 토지소유자가 하여야 하는 신청을 대위할 수 있는 자가 아닌 것은?

① 국가 또는 지방자치단체가 취득하는 토지의 경우에는 그 토지를 관리하는 행정기관의 장 또는 지방자치단체의 장
② 「민법」 제404조(채권자의 대위신청)의 규정에 따른 채권자
③ 사무용 건축물 부지에 대한 토지의 이동신청에 있어서 그 건물의 관리인
④ 공공사업 등으로 인하여 학교용지·도로·철도용지·제방 등의 지목으로 되는 토지의 경우에는 그 사업시행자
⑤ 「주택법」에 따른 공동주택의 부지의 경우에는 「집합건물의 소유 및 관리에 관한 법률」에 따른 사업시행자

39 공간정보의 구축 및 관리 등에 관한 법령상 토지이동신청 및 신청 특례 등에 관한 설명으로 옳은 것은?

① 농어촌정비사업으로 인하여 토지의 이동이 있는 때에는 그 사업시행자 및 토지의 소유자가 지적소관청에 그 이동을 신청하여야 한다.
② 등록사항 정정 대상토지를 제외하고 일정한 요건을 갖춘 경우 이 법에 따라 토지소유자를 대위하여 토지의 이동을 신청할 수 있다.
③ 도시개발사업 등 토지개발사업의 시행자는 그 사업의 착수·변경 또는 완료사실을 그 사유가 발생한 날부터 15일 이내에 시·도지사에게 신고하여야 한다.
④ 도시개발사업으로 인하여 사업의 착수신고가 된 토지는 그 사업이 완료되는 때까지 사업시행자 및 토지의 소유자 외의 자가 토지의 이동을 신청할 수 없다.
⑤ 사업의 완료신고가 되기 전에 사업의 착수 또는 변경의 신고가 된 토지의 소유자는 해당 토지의 이동을 원하는 경우 해당 사업의 시행자에게 토지의 이동을 신청할 수 있다.

기출응용 34회
40 공간정보의 구축 및 관리 등에 관한 법령상 도시개발사업등의 시행자가 그 사업의 착수·변경 및 완료 사실을 지적소관청에 신고하여야 하는 사업으로 틀린 것은?

① 「지적재조사에 관한 특별법」에 따른 지적재조사사업
② 「주택법」에 따른 주택건설사업
③ 「택지개발촉진법」에 따른 택지개발사업
④ 「지역 개발 및 지원에 관한 법률」에 따른 지역개발사업
⑤ 「도로법」에 따른 고속도로 및 일반국도 건설사업

41 공간정보의 구축 및 관리 등에 관한 법령상 토지이동시기에 관한 설명으로 틀린 것은?

① 지적형식주의에 따라 토지이동의 효력은 지적공부에 등록한 때 발생한다.
② 「산지관리법」에 따른 산지전용허가·신고에 의한 등록전환의 효력은 지적공부에 등록한 때 발생한다.
③ 도시개발사업 등 토지개발사업지역은 토지의 형질변경 등의 공사가 준공된 때 토지의 이동이 있는 것으로 본다.
④ 축척변경 시행지역 안의 토지는 축척변경의 시행공고일에 토지의 이동이 있는 것으로 본다.
⑤ 행정구역의 명칭이 변경된 경우에는 지적공부에서 변경등록을 하지 않더라도 토지의 소재가 변경된 것으로 본다.

제3절 | 지적정리 및 등기촉탁

42 공간정보의 구축 및 관리 등에 관한 법령상 지적정리에 관한 설명으로 틀린 것은?

① 토지소유자는 토지의 이동을 신청하는 경우에는 토지이동사유를 적은 신청서를 지적소관청에 제출하여야 한다.
② 토지의 이동으로 지적공부를 정리하는 경우, 이미 작성된 지적공부에 정리할 수 없는 때에는 이를 새로 작성하여야 한다.
③ 지적소관청은 토지소유자의 변동에 따라 지적공부를 정리하려는 경우에는 소유자정리 결의서를 작성하여야 한다.
④ 소유자정리 결의서는 토지대장·임야대장 또는 경계점좌표등록부별로 구분하여 작성한다.
⑤ 지적소관청은 토지의 이동이 있는 경우에는 토지이동정리 결의서를 작성하여야 한다.

> **대표문제** 토지소유자 정리

공간정보의 구축 및 관리 등에 관한 법령상 토지소유자의 정리 등에 관한 설명으로 <u>틀린</u> 것은? 29회

① 지적소관청은 등기부에 적혀 있는 토지의 표시가 지적공부와 일치하지 아니하면 토지소유자를 정리할 수 없다.
② 「국유재산법」에 따른 총괄청이나 같은 법에 따른 중앙관서의 장이 소유자 없는 부동산에 대한 소유자 등록을 신청하는 경우 지적소관청은 지적공부에 해당 토지의 소유자가 등록되지 아니한 경우에만 등록할 수 있다.
③ 지적공부에 신규등록하는 토지의 소유자에 관한 사항은 등기관서에서 등기한 것을 증명하는 등기필증, 등기완료통지서, 등기사항증명서 또는 등기관서에서 제공한 등기전산정보자료에 따라 정리한다.
④ 지적소관청은 필요하다고 인정하는 경우에는 관할 등기관서의 등기부를 열람하여 지적공부와 부동산등기부가 일치하는지 여부를 조사·확인하여야 한다.
⑤ 지적소관청 소속 공무원이 지적공부와 부동산등기부의 부합 여부를 확인하기 위하여 등기전산정보자료의 제공을 요청하는 경우 그 수수료는 무료로 한다.

POINT
소유자 정리에 관한 대장과 등기부의 관계를 파악하여야 합니다.

해설
지적공부에 신규등록하는 토지의 소유자는 지적소관청이 직접 조사하여 등록한다(법 제88조 제1항 단서).

정답 ③

43 공간정보의 구축 및 관리 등에 관한 법령상 지적공부의 토지소유자 정리에 관한 설명으로 옳은 것은?

① 지적공부에 등록된 토지의 표시에 관한 사항은 등기관서에서 등기한 것을 증명하는 등기필증, 등기완료통지서, 등기사항증명서 및 등기전산정보자료에 의하여 정리한다.
② 공유수면을 매립하여 준공인가된 토지를 신규등록하는 경우, 지적공부에 등록하는 토지의 소유자는 등기관서의 등기완료통지에 따라 등록한다.
③ 토지를 신규등록하는 경우 토지의 소유자는 지적소관청이 직접 조사하여 등록한다.
④ 지적공부와 부동산등기부의 부합 여부를 조사·확인하여 부합하지 않은 사항이 있는 때에는 지적소관청이 토지소유자와 그 밖의 이해관계인에게 그 부합에 필요한 신청을 요구할 수 있으나 이를 직권으로 정정할 수는 없다.
⑤ 지적소관청이 관할 등기관서의 등기완료통지 및 등기전산정보자료를 받은 경우 등기부에 적혀 있는 토지의 표시가 지적공부의 등록사항과 부합하지 않은 때에는 직권으로 이를 정정하고 소유자를 정리하여야 한다.

44 공간정보의 구축 및 관리 등에 관한 법령상 지적소관청은 토지의 이동 등으로 토지의 표시 변경에 관한 등기를 할 필요가 있는 경우에는 지체 없이 관할 등기관서에 그 등기를 촉탁하여야 한다. 등기촉탁 대상이 아닌 것은?

① 지적소관청이 직권으로 조사·측량하여 지적공부의 등록사항을 정정한 경우
② 지적소관청이 직권으로 바다로 된 토지의 등록을 말소한 경우
③ 하나의 지번부여지역에 서로 다른 축척의 지적도가 있어 축척을 변경한 경우
④ 지적소관청이 직권으로 신규등록하여 토지의 표시를 정리한 경우
⑤ 지적소관청이 직권으로 지번부여지역의 전부 또는 일부에 대하여 지번을 새로 부여한 경우

45 공간정보의 구축 및 관리 등에 관한 법령에 따른 등기촉탁에 관한 설명으로 **틀린** 것은?

① 등기촉탁이란 토지의 지번·지목·면적·소유자 등을 변경 정리한 경우에 토지소유자를 대신하여 지적소관청이 관할 등기관서에 등기신청을 하는 것을 말한다.
② 신규등록을 제외한 합병·토지분할·지번변경 등은 등기촉탁 대상이다.
③ 등록사항의 오류를 지적소관청이 직권으로 조사·측량하여 정정한 경우도 등기촉탁의 대상이 된다.
④ 지적공부에 등록된 토지가 지형의 변화 등으로 바다가 되어 원상회복할 수 없거나 다른 지목의 토지로 될 가능성이 없어 지적공부의 등록을 말소한 경우에도 등기촉탁 사유가 된다.
⑤ 지적소관청의 등기촉탁은 국가가 국가를 위하여 하는 등기로 본다고 「공간정보의 구축 및 관리 등에 관한 법률」에 규정되어 있다.

46 공간정보의 구축 및 관리 등에 관한 법령상 지적소관청이 지적정리 등의 사실을 토지소유자에게 통지할 필요가 <u>없는</u> 것은?

① 지번부여지역의 일부가 행정구역의 개편으로 다른 지번부여지역에 속하게 되어 새로 지번을 부여하여 지적공부에 등록한 때
② 토지표시의 변경에 관한 등기를 할 필요가 있는 경우로서 토지의 표시변경등기를 촉탁한 때
③ 등기관서의 등기완료통지에 의하여 지적공부에 등록된 토지소유자의 변경사항을 정리한 때
④ 바다로 된 토지에 대하여 지적소관청이 직권으로 지적공부를 말소한 때
⑤ 지적공부의 전부 또는 일부가 멸실·훼손되어 이를 복구한 때

47 공간정보의 구축 및 관리 등에 관한 법령상 지적정리 등의 통지에 관한 설명으로 틀린 것은?

① 지적소관청이 직권으로 조사·측량하여 지번·지목·면적·경계 또는 좌표를 지적공부에 등록한 경우 토지소유자에게 그 사실을 통지하여야 한다.
② 토지의 표시에 관한 변경등기가 필요한 경우, 지적소관청은 등기신청이 등기관서에 접수된 날부터 15일 이내에 토지소유자에게 그 사실을 통지하여야 한다.
③ 지적소관청이 지적공부의 전부 또는 일부가 멸실되거나 훼손되어 이를 복구 등록한 경우, 해당 토지소유자에게 그 사실을 통지하여야 한다.
④ 토지의 표시에 관한 변경등기가 필요하지 아니한 경우, 지적소관청은 지적공부에 등록한 날부터 7일 이내에 토지소유자에게 지적정리의 사실을 통지하여야 한다.
⑤ 지적소관청이 시·도지사나 대도시 시장의 승인을 받아 지번부여지역의 일부에 대한 지번을 변경하여 지적공부에 등록한 경우 해당 토지소유자에게 통지하여야 한다.

48 다음은 공간정보의 구축 및 관리 등에 관한 법령상 지적소관청이 토지소유자에게 지적정리 등을 통지하여야 하는 시기에 관한 내용이다. (   ) 안에 들어갈 사항으로 옳은 것은?

- 토지의 표시에 관한 변경등기가 필요한 경우: 그 등기완료의 통지서를 접수한 날부터 (㉠) 이내
- 토지의 표시에 관한 변경등기가 필요하지 아니한 경우: 지적공부에 등록한 날부터 (㉡) 이내

	㉠	㉡
①	15일	7일
②	7일	15일
③	30일	30일
④	60일	30일
⑤	30일	60일

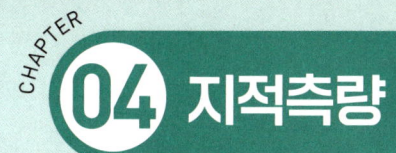

CHAPTER 04 지적측량

제1절 | 지적측량의 의의 및 대상

대표문제 — 지적측량

공간정보의 구축 및 관리 등에 관한 법령상 지적측량을 실시하여야 하는 경우로 **틀린** 것은?

① 지적공부의 등록사항을 정정하는 경우로서 측량을 할 필요가 있는 경우
② 경계점을 지상에 복원하는 경우
③ 지상건축물 등의 현황을 지상의 경계와 대비하여 표시하는 데에 필요한 경우
④ 바다가 된 토지의 등록을 말소하는 경우로서 측량을 할 필요가 있는 경우
⑤ 지적기준점을 정하는 경우

POINT
지적측량을 실시해야 하는 경우(13가지)를 알아두어야 합니다.

해설
지상건축물 등의 현황을 '지적도 및 임야도에 등록된 경계'와 대비하여 표시하는 데에 필요한 경우 실시하는 측량을 지적현황측량이라고 한다.

이론+ 지적측량의 실시(법 제23조 제1항)

기초측량	지적기준점을 정하는 경우
검사측량	지적측량성과를 검사하는 경우
복구측량	지적공부를 복구하기 위하여 측량이 필요한 경우
신규등록측량	토지를 신규등록하기 위하여 측량이 필요한 경우
등록전환측량	토지를 등록전환하기 위하여 측량이 필요한 경우
분할측량	토지를 분할하기 위하여 측량이 필요한 경우
등록말소측량	바다가 된 토지의 등록을 말소하기 위하여 측량이 필요한 경우
축척변경측량	축척변경을 하기 위하여 측량이 필요한 경우
등록사항정정측량	지적공부의 등록사항을 정정하기 위하여 측량이 필요한 경우

지적확정측량	도시개발사업 등 토지개발사업이 끝나 토지의 표시를 새로 정하기 위하여 측량이 필요한 경우
지적재조사측량	지적재조사사업에 따라 토지의 표시를 새로 정하기 위하여 측량이 필요한 경우
경계복원측량	경계점을 지상에 복원하는 경우
지적현황측량	지상건축물 등의 현황을 지적도 및 임야도에 등록된 경계와 대비하여 표시하는 데에 필요한 경우

정답 ③

기출응용 33회

01 공간정보의 구축 및 관리 등에 관한 법령상 지적측량을 실시하여야 하는 경우를 모두 고른 것은?

㉠ 토지소유자가 신규등록신청을 하기 위하여 측량을 할 필요가 있는 경우
㉡ 지적공부의 일부가 멸실되어 이를 복구하기 위하여 측량을 할 필요가 있는 경우
㉢ 「지적재조사에 관한 특별법」에 따른 지적재조사사업에 따라 토지의 이동이 있어 측량을 할 필요가 있는 경우
㉣ 도시개발사업 등의 시행지역에서 토지의 이동이 있어 지적측량을 할 필요가 있는 경우

① ㉠, ㉡, ㉢
② ㉠, ㉡, ㉣
③ ㉠, ㉢, ㉣
④ ㉡, ㉢, ㉣
⑤ ㉠, ㉡, ㉢, ㉣

02 공간정보의 구축 및 관리 등에 관한 법령상 지적측량의 대상이 되는 것을 모두 고른 것은?

> ㉠ 지적측량수행자가 실시한 지적측량성과를 검사하는 경우
> ㉡ 축척변경을 하는 경우로서 지적측량을 할 필요가 있는 경우
> ㉢ 토지소유자가 바다가 된 토지에 대하여 지적공부의 등록말소를 신청하기 위하여 측량을 할 필요가 있는 경우
> ㉣ 토지를 합병하는 경우로서 지적측량을 할 필요가 있는 경우

① ㉠, ㉢
② ㉡, ㉢
③ ㉠, ㉡, ㉢
④ ㉡, ㉢, ㉣
⑤ ㉠, ㉡, ㉢, ㉣

03 토지를 매매하고자 할 때, 매수인의 요청에 의하여 매도인이 매매 대상토지에 대한 지적공부상의 경계를 지상(地上)에 확인시켜 주고자 할 경우 의뢰하여야 하는 지적측량은?

① 지적현황측량
② 등록전환측량
③ 지적확정측량
④ 경계복원측량
⑤ 축척변경측량

04 공간정보의 구축 및 관리 등에 관한 법령상 세부측량에 해당하지 않는 것은?

① 임야대장 및 임야도에 등록된 토지를 토지대장 및 지적도에 옮겨 등록하기 위하여 필요한 경우 실시하는 측량
② 도시 및 주거환경정비사업 지역에서 필지별 경계를 정하기 위해 지적기준점표지를 설치하기 위한 측량
③ 토지를 분할하기 위하여 필요한 경우 실시하는 측량
④ 지상건축물 등의 현황을 지적도면에 등록된 경계와 대비하여 표시하기 위한 측량
⑤ 경계점을 지상에 복원하기 위한 측량

05 공간정보의 구축 및 관리 등에 관한 법령상 지적삼각점측량을 실시하는 절차로 옳은 것은?

① 준비 및 현지답사 ⇨ 계획수립 ⇨ 선점 및 조표 ⇨ 관측 및 계산 ⇨ 성과표의 작성
② 계획수립 ⇨ 준비 및 현지답사 ⇨ 관측 및 계산 ⇨ 선점 및 조표 ⇨ 성과표의 작성
③ 계획수립 ⇨ 준비 및 현지답사 ⇨ 선점 및 조표 ⇨ 관측 및 계산 ⇨ 성과표의 작성
④ 준비 및 현지답사 ⇨ 계획수립 ⇨ 관측 및 계산 ⇨ 선점 및 조표 ⇨ 성과표의 작성
⑤ 계획수립 ⇨ 준비 및 현지답사 ⇨ 선점 및 조표 ⇨ 성과표의 작성 ⇨ 관측 및 계산

06 공간정보의 구축 및 관리 등에 관한 법령상 지적기준점성과의 관리 등에 관한 설명으로 틀린 것은?

① 지적삼각점성과는 특별시장·광역시장·도지사 또는 특별자치도지사(이하 '시·도지사'라 한다)가 관리한다.
② 지적삼각보조점성과는 시·도지사가 관리한다.
③ 지적도근점성과는 지적소관청이 관리한다.
④ 시·도지사나 지적소관청은 지적기준점성과와 그 측량기록을 보관하고 일반인이 열람할 수 있도록 하여야 한다.
⑤ 지적소관청은 지형·지물 등의 변동으로 인하여 지적삼각점성과가 다르게 된 때에는 지체 없이 그 측량성과를 수정하고 그 내용을 시·도지사에게 통보하여야 한다.

기출응용 33회

07 공간정보의 구축 및 관리 등에 관한 법령상 지적기준점성과와 그 측량기록의 보관 및 열람 등에 관한 설명으로 틀린 것은?

① 시·도지사나 지적소관청은 지적기준점성과와 그 측량기록을 보관하고 일반인이 열람할 수 있도록 하여야 한다.
② 지적삼각점성과를 열람하거나 등본을 발급받으려는 자는 시·도지사나 지적소관청에게 신청하여야 한다.
③ 지적삼각보조점성과를 열람하거나 등본을 발급받으려는 자는 지적소관청에 신청하여야 한다.
④ 지적도근점성과를 열람하거나 등본을 발급받으려는 자는 지적소관청에 신청하여야 한다.
⑤ 지적기준점성과의 열람 및 등본 발급신청을 받은 지적측량수행자는 이를 열람하게 하거나 등본을 발급하여야 한다.

제 2 절 | 지적측량절차

대표문제 지적측량절차

공간정보의 구축 및 관리 등에 관한 법령상 지적측량의뢰 등에 관한 설명으로 틀린 것은?

① 토지소유자는 토지를 분할하는 경우로서 지적측량을 할 필요가 있는 경우에는 지적측량수행자에게 지적측량을 의뢰하여야 한다.
② 지적측량을 의뢰하려는 자는 지적측량의뢰서(전자문서로 된 의뢰서를 포함한다)에 의뢰 사유를 증명하는 서류(전자문서를 포함한다)를 첨부하여 지적소관청에게 제출하여야 한다.
③ 지적측량수행자는 지적측량의뢰를 받은 때에는 측량기간, 측량일자 및 측량수수료 등을 적은 지적측량 수행계획서를 그 다음 날까지 지적소관청에 제출하여야 한다.
④ 지적기준점을 설치하지 않고 측량 또는 측량검사를 하는 경우 지적측량의 측량기간은 5일, 측량검사기간은 4일을 원칙으로 한다.
⑤ 지적측량의뢰인과 지적측량수행자가 서로 합의하여 따로 기간을 정하는 경우에는 그 기간에 따르되, 전체 기간의 4분의 3은 측량기간으로, 전체 기간의 4분의 1은 측량검사기간으로 본다.

> **POINT**
> 지적측량의 전체적인 절차를 알아두어야 합니다.
>
> **해설**
> 지적측량을 의뢰하려는 자는 지적측량의뢰서(전자문서로 된 의뢰서를 포함한다)에 의뢰사유를 증명하는 서류(전자문서를 포함한다)를 첨부하여 지적측량수행자에게 제출하여야 한다(규칙 제25조 제1항).
>
> 정답 ②

08 공간정보의 구축 및 관리 등에 관한 법령상 지적측량 및 지적측량절차에 관한 설명으로 옳은 것을 모두 고른 것은?

> ㉠ 지적측량수행자는 지적측량업의 등록을 한 자와 한국국토정보공사를 말한다.
> ㉡ 토지소유자 등 이해관계인은 검사측량 및 지적재조사측량을 제외한 지적측량을 하여야 할 필요가 있는 때에는 지적측량수행자에게 해당 지적측량을 의뢰하여야 한다.
> ㉢ 지적측량수행자는 지적측량의뢰를 받은 때에는 측량기간·측량일자 및 측량수수료 등을 적은 지적측량 수행계획서를 그 다음 날까지 시·도지사에 제출하여야 한다.

① ㉠
② ㉡
③ ㉠, ㉡
④ ㉡, ㉢
⑤ ㉠, ㉡, ㉢

09 공간정보의 구축 및 관리 등에 관한 법령상 지적측량 의뢰에 대한 설명이다. (   ) 안에 들어갈 내용으로 옳은 것은?

> 토지소유자 등 이해관계인은 (㉠) 및 (㉡)을 제외한 지적측량을 하여야 할 필요가 있는 때에는 지적측량수행자에게 해당 지적측량을 의뢰하여야 한다.

	㉠	㉡
①	검사측량	지적재조사측량
②	지적현황측량	경계복원측량
③	검사측량	지적현황측량
④	지적재조사측량	경계복원측량
⑤	등록전환측량	축척변경측량

10 공간정보의 구축 및 관리 등에 관한 법령상 지적측량성과의 검사에 관한 설명으로 <u>틀린</u> 것은?

① 지적측량수행자가 지적측량을 하였으면 시·도지사, 대도시 시장 또는 지적소관청으로부터 측량성과에 대한 검사를 받아야 한다.
② 지적측량수행자는 측량부·측량결과도·면적측정부·측량성과 파일 등 측량성과에 관한 자료를 지적소관청에 제출하여 그 성과의 정확성에 관한 검사를 받아야 한다.
③ 지적삼각점측량성과 및 경위의측량방법으로 실시한 국토교통부장관이 정하여 고시하는 면적 규모 이상의 지적확정측량성과는 시·도지사 또는 대도시 시장의 검사를 받아야 한다.
④ 지적공부를 정리하지 않는 경계복원측량 및 지적확정측량은 검사를 받지 아니한다.
⑤ 지적측량수행자는 검사를 받지 아니한 지적측량성과도를 측량의뢰인에게 발급할 수 없다.

11 공간정보의 구축 및 관리 등에 관한 법령상 지적측량의 기간에 관한 설명이다. (   ) 안에 들어갈 내용으로 옳은 것은?

> 지적측량의 측량기간은 (㉠)로 하며, 측량검사기간은 (㉡)로 한다. 다만, 세부측량을 하기 위하여 지적기준점을 설치하여 측량 또는 측량검사를 하는 경우 지적기준점이 15점 이하인 경우에는 4일을, 15점을 초과하는 경우에는 4일에 15점을 초과하는 (㉢)마다 1일을 가산한다. 이와 같은 기준에도 불구하고, 지적측량의뢰인과 지적측량수행자가 서로 합의하여 따로 기간을 정하는 경우에는 그 기간에 따르되, 전체 기간의 (㉣)은 측량기간으로, 전체 기간의 (㉤)은 측량검사기간으로 본다.

	㉠	㉡	㉢	㉣	㉤
①	5일	4일	4점	4분의 3	4분의 1
②	5일	4일	4점	5분의 3	5분의 2
③	5일	5일	5점	4분의 3	4분의 1
④	4일	5일	5점	4분의 3	4분의 1
⑤	4일	5일	4점	5분의 3	5분의 2

12 공간정보의 구축 및 관리 등에 관한 법령상 읍·면지역에서 토지의 분할측량을 하고자 할 경우 측량기간 및 측량검사기간을 합하여 모두 며칠이 소요되는가? (단, 지적기준점을 설치하는 경우는 제외함)

① 4일
② 5일
③ 9일
④ 10일
⑤ 12일

13 공간정보의 구축 및 관리 등에 관한 법령상 세부측량을 하기 위하여 지적기준점 20점을 설치하는 경우 측량기간으로 며칠을 가산하는가? (단, 측량검사기간은 제외함)

① 2일
② 5일
③ 6일
④ 10일
⑤ 11일

14 토지소유자 甲은 1필지에 대한 분할측량을 지적측량수행자에게 의뢰하였다. 아래 내용일 경우 측량검사기간을 제외한 측량기간의 계산으로 옳은 것은?

> 토지소유자 甲이 측량을 의뢰한 토지소재지는 읍·면지역이며, 지적측량기준점 20점을 설치하여 분할측량을 실시하여야 한다.

① 5일
② 7일
③ 10일
④ 11일
⑤ 12일

15 토지소유자 甲은 1필지에 대한 분할측량을 지적측량수행자에게 의뢰하였다. 아래 내용일 경우 측량검사기간을 포함한 측량 및 측량검사기간의 전체 기간으로 옳은 것은?

> 토지소유자 甲이 측량을 의뢰한 토지소재지는 읍·면지역이며, 지적측량기준점 20점을 설치하여 분할측량을 실시하여야 한다.

① 5일　　　　　　② 9일
③ 11일　　　　　　④ 19일
⑤ 21일

16 공간정보의 구축 및 관리 등에 관한 법령에 따라 지적측량의뢰인과 지적측량수행자가 서로 합의하여 토지의 분할을 위한 측량기간과 측량검사기간을 합쳐 20일로 정하였다. 이 경우 측량기간은? (단, 지적기준점의 설치가 필요 없는 지역임)

① 5일　　　　　　② 8일
③ 10일　　　　　　④ 12일
⑤ 15일

제3절 | 지적위원회 및 지적측량 적부심사

17 공간정보의 구축 및 관리 등에 관한 법령상 중앙지적위원회의 구성 및 회의 등에 관한 설명으로 틀린 것은?

① 중앙지적위원회는 위원장 1명과 부위원장 1명을 제외한 5명 이상 10명 이하의 위원으로 구성한다.
② 위원장은 국토교통부의 지적업무 담당 국장이, 부위원장은 국토교통부의 지적업무 담당 과장이 된다.
③ 중앙지적위원회의 간사는 국토교통부의 지적업무담당 공무원 중에서 국토교통부장관이 임명하며, 회의 준비, 회의록 작성 및 회의 결과에 따른 업무 등 중앙지적위원회의 서무를 담당한다.
④ 중앙지적위원회의 회의는 재적위원 과반수의 출석으로 개의(開議)하고, 출석위원 과반수의 찬성으로 의결한다.
⑤ 위원장이 중앙지적위원회의 회의를 소집할 때에는 회의 일시·장소 및 심의 안건을 회의 5일 전까지 각 위원에게 서면으로 통지하여야 한다.

18 공간정보의 구축 및 관리 등에 관한 법령상 지적위원회에 관한 설명으로 틀린 것은?

① 지적측량에 대한 적부심사 청구사항을 심의·의결하기 위하여 특별시·광역시·특별자치시·도 또는 특별자치도에 지방지적위원회를 둔다.
② 중앙지적위원회의 위원장 및 부위원장을 제외한 위원의 임기는 2년으로 한다.
③ 중앙지적위원회의 회의는 재적위원 과반수의 출석으로 개의(開議)하고, 출석위원 과반수 찬성으로 의결한다.
④ 중앙지적위원회의 위원은 지적에 관한 학식과 경험이 풍부한 사람 중에서 국토교통부장관이 임명하거나 위촉한다.
⑤ 위원장이 부득이한 사유로 직무를 수행할 수 없을 때에는 부위원장이 그 직무를 대행하고, 위원장 및 부위원장이 모두 부득이한 사유로 직무를 수행할 수 없을 때에는 국토교통부장관이 미리 지명한 위원이 그 직무를 대행한다.

19 공간정보의 구축 및 관리 등에 관한 법령상 지적위원회 및 지적측량의 적부심사 등에 관한 설명으로 틀린 것은?

① 토지소유자, 이해관계인 또는 지적측량수행자는 지적측량성과에 대하여 다툼이 있는 경우에는 관할 시·도지사를 거쳐 지방지적위원회에 지적측량 적부심사를 청구할 수 있다.
② 시·도지사는 지방지적위원회의 의결서를 받은 날부터 7일 이내에 지적측량 적부심사 청구인 및 이해관계인에게 그 의결서를 통지하여야 한다.
③ 시·도지사로부터 의결서를 받은 자가 지방지적위원회의 의결에 불복하는 경우에는 그 의결서를 받은 날부터 90일 이내에 국토교통부장관을 거쳐 중앙지적위원회에 재심사를 청구할 수 있다.
④ 지방지적위원회는 지적측량에 대한 적부심사청구사항과 지적기술자의 업무정지처분에 관한 사항을 심의·의결한다.
⑤ 중앙지적위원회는 관계인을 출석하게 하여 의견을 들을 수 있으며, 필요하면 현지조사를 할 수 있다.

20 공간정보의 구축 및 관리 등에 관한 법령상 중앙지적위원회의 심의·의결사항에 해당하는 것을 모두 고른 것은?

> ㉠ 측량기술자 중 지적기술자의 양성에 관한 사항
> ㉡ 지적재조사 기본계획의 수립 및 변경에 관한 사항
> ㉢ 지적기술자의 업무정지 처분 및 징계요구에 관한 사항
> ㉣ 지적측량기술의 연구·개발 및 보급에 관한 사항

① ㉠, ㉣
② ㉡, ㉢
③ ㉢, ㉣
④ ㉠, ㉢, ㉣
⑤ ㉠, ㉡, ㉢, ㉣

21 공간정보의 구축 및 관리 등에 관한 법령상 중앙지적위원회의 위원이 중앙지적위원회의 심의·의결에서 제척(除斥)되는 경우에 해당하지 <u>않는</u> 것은?

① 위원이 중앙지적위원회에서 해당 안건에 대하여 현지조사 결과를 보고 받거나 관계인의 의견을 들은 경우
② 위원이 해당 안건에 대하여 증언, 진술 또는 감정을 한 경우
③ 위원이 해당 안건의 당사자와 친족이거나 친족이었던 경우
④ 위원이 속한 법인·단체 등이 해당 안건의 당사자의 대리인이거나 대리인이었던 경우
⑤ 위원의 배우자이었던 사람이 해당 안건의 당사자와 공동권리자 또는 공동의무자인 경우

대표문제 지적측량 적부심사 및 적부재심사

공간정보의 구축 및 관리 등에 관한 법령상 지적측량의 적부심사 등에 관한 설명으로 옳은 것은?
32회

① 지적측량 적부심사청구를 받은 지적소관청은 30일 이내에 다툼이 되는 지적측량의 경위 및 그 성과, 해당 토지에 대한 토지이동 및 소유권 변동 연혁, 해당 토지 주변의 측량기준점, 경계, 주요 구조물 등 현황 실측도를 조사하여 지방지적위원회에 회부하여야 한다.
② 지적측량 적부심사청구를 회부받은 지방지적위원회는 부득이한 경우가 아닌 경우 그 심사청구를 회부받은 날부터 90일 이내에 심의·의결하여야 한다.
③ 지방지적위원회는 부득이한 경우에 심의기간을 해당 지적위원회의 의결을 거쳐 60일 이내에서 한 번만 연장할 수 있다.
④ 시·도지사는 지방지적위원회의 지적측량 적부심사 의결서를 받은 날부터 7일 이내에 지적측량 적부심사 청구인 및 이해관계인에게 그 의결서를 통지하여야 한다.
⑤ 의결서를 받은 자가 지방지적위원회의 의결에 불복하는 경우에는 그 의결서를 받은 날부터 90일 이내에 시·도지사를 거쳐 중앙지적위원회에 재심사를 청구할 수 있다.

POINT
지적측량 적부심사 및 적부재심사 절차를 숙지해두어야 합니다.

해설
① 지적측량 적부심사청구를 받은 시·도지사는 30일 이내에 다툼이 되는 지적측량의 경위 및 그 성과, 해당 토지에 대한 토지이동 및 소유권 변동 연혁, 해당 토지 주변의 측량기준점, 경계, 주요 구조물 등 현황 실측도를 조사하여 지방지적위원회에 회부하여야 한다(법 제29조 제2항).
② 지적측량 적부심사청구를 회부받은 지방지적위원회는 부득이한 경우가 아닌 경우 그 심사청구를 회부받은 날부터 60일 이내에 심의·의결하여야 한다(법 제29조 제3항 본문).
③ 지적측량 적부심사청구를 회부받은 지방지적위원회는 부득이한 경우에 심의기간을 해당 지적위원회의 의결을 거쳐 30일 이내에서 한 번만 연장할 수 있다(법 제29조 제3항 단서).
⑤ 의결서를 받은 자가 지방지적위원회의 의결에 불복하는 경우에는 그 의결서를 받은 날부터 90일 이내에 국토교통부장관을 거쳐 중앙지적위원회에 재심사를 청구할 수 있다(법 제29조 제6항).

정답 ④

22 공간정보의 구축 및 관리 등에 관한 법령상 지적측량 적부심사제도에 관한 설명으로 옳은 것은?

① 토지소유자나 이해관계인은 지적측량성과에 대하여 다툼이 있는 경우에 지적측량 적부심사를 청구할 수 있지만, 지적측량수행자는 적부심사를 청구할 수 없다.
② 지적측량 적부심사청구를 받은 시·도지사는 60일 이내에 지방지적위원회에 회부하여야 한다.
③ 지적측량 적부심사청구를 회부받은 지방지적위원회는 부득이한 경우에도 그 심사청구를 회부받은 날부터 60일 이내에 심의·의결하여야 한다.
④ 시·도지사는 지방지적위원회의 의결서를 받은 경우에는 지체 없이 청구인 및 이해관계인에게 그 의결서를 통지하여야 한다.
⑤ 의결서를 받은 자가 지방지적위원회의 의결에 불복하는 경우에는 그 의결서를 받은 날부터 90일 이내에 국토교통부장관을 거쳐 중앙지적위원회에게 재심사를 청구할 수 있다.

23 공간정보의 구축 및 관리 등에 관한 법령상 지적측량의 적부심사절차에 관한 설명으로 틀린 것은?

① 토지소유자 또는 이해관계인이 지적측량 적부심사를 청구하려는 경우에는 지적측량을 의뢰하여 발급받은 지적측량성과를 심사청구서에 첨부하여 시·도지사를 거쳐 지방지적위원회에 제출하여야 한다.
② 지적측량수행자 소속 지적기술자가 적부심사를 청구하는 경우에는 직접 실시한 지적측량성과를 심사청구서에 첨부하여 시·도지사를 거쳐 지방지적위원회에 제출하여야 한다.
③ 지방지적위원회는 관계인을 출석하게 하여 의견을 들을 수 있으며, 필요하면 현지조사를 할 수 있다.
④ 지적측량 적부재심사 절차에 따라 중앙지적위원회로부터 의결서를 받은 국토교통부장관은 그 의결서를 관할 시·도지사에게 송부하여야 한다.
⑤ 중앙지적위원회의 의결서를 받은 시·도지사는 직접 그 내용에 따라 지적공부의 등록사항을 정정하거나 측량성과를 수정하여야 한다.

24 공간정보의 구축 및 관리 등에 관한 법령상 지적측량의 적부심사에 관한 설명으로 <u>틀린</u> 것은?

① 지방지적위원회는 지적측량 적부심사를 의결하였으면 위원장과 참석위원 전원이 서명 및 날인한 지적측량 적부심사 의결서를 지체 없이 시·도지사에게 송부하여야 한다.
② 시·도지사가 지적측량 적부심사 의결서를 지적측량 적부심사 청구인 및 이해관계인에게 통지할 때에는 재심사를 청구할 수 있음을 서면으로 알려야 한다.
③ 지적측량 적부심사의 재심사청구를 하려는 자는 재심사청구서에 지방지적위원회의 지적측량 적부심사 의결서 사본을 첨부하여 국토교통부장관에게 제출하여야 한다.
④ 지방지적위원회 또는 중앙지적위원회의 의결서 사본을 받은 지적소관청은 그 내용에 따라 지적공부의 등록사항을 정정하거나 측량성과를 수정하여야 한다.
⑤ 지방지적위원회의 의결이 있은 후 기간 내에 재심사를 청구하지 아니하거나 중앙지적위원회의 의결이 있는 경우에는 해당 지적측량성과에 대하여 다시 지적측량 적부심사청구를 할 수 없다.

25 경계분쟁이 있는 중개대상 토지에 대하여 중앙지적위원회의 지적측량 적부재심사 결과 '지적공부에 등록된 경계 및 면적을 정정하라'는 의결주문의 내용이 기재된 의결서 사본이 지적소관청에 접수되었다. 이에 대한 지적소관청의 처리방법으로 옳은 것은?

① 지적공부에 등록된 토지의 면적증감이 없는 경우에만 정정할 수 있다.
② 당해 지적소관청이 직권으로 지체 없이 경계 및 면적을 정정하여야 한다.
③ 토지소유자의 정정신청이 있을 경우에만 정정할 수 있다.
④ 잘못 등록된 토지의 표시사항이 상당기간 경과된 경우에는 정정할 수 없다.
⑤ 확정판결 및 이해관계인의 승낙서 또는 이에 대항할 수 있는 판결서의 정본에 의해서만 정정할 수 있다.

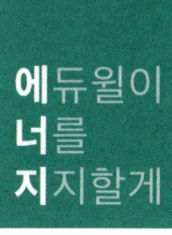

미래를 예측하는 최선의 방법은
미래를 창조하는 것이다.

– 앨런 케이(Alan Kay)

부동산등기법

CHAPTER 01 등기제도 총칙
CHAPTER 02 등기의 기관과 그 설비
CHAPTER 03 등기절차 총론
CHAPTER 04 각종 권리의 등기절차
CHAPTER 05 각종의 등기절차

최근 5개년 출제경향 분석

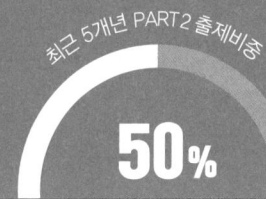

최근 5개년 PART 2 출제비중 **50%**

CHAPTER	문항 수					비중	✦ 빈출 키워드
	31회	32회	33회	34회	35회		
CH.01	0	1	0	2	0	5%	등기할 사항인 물건 및 권리, 등기의 유효요건, 등기의 효력
CH.02	1	1	1	1	0	6.7%	관할에 관한 특례, 구분건물에 관한 등기
CH.03	4	4	3	5	4	33.3%	등기신청적격, 등기절차의 개시유형, 등기신청의 각하, 이의신청
CH.04	5	5	5	3	6	40%	소유권에 관한 등기, (근)저당권에 관한 등기, 전세권에 관한 등기
CH.05	2	1	3	1	2	15%	말소등기, 가등기, 부기등기

* 복합문제이거나, 법률이 개정 및 제정된 경우 분류 기준에 따라 위 수치와 달라질 수 있습니다.

CHAPTER 01 등기제도 총칙

제1절 | 등기의 의의 및 특징

01 우리나라 부동산등기제도에 관한 설명으로 틀린 것은?

① 등기관은 등기사무를 전산정보처리조직을 이용하여 등기부에 등기사항을 기록하는 방식으로 처리하여야 한다.

② 등기부를 편성할 때에는 원칙적으로 1필의 토지 또는 1개의 건물에 대하여 1개의 등기기록을 두지만, 1동의 건물을 구분한 건물에 있어서는 1동의 건물에 속하는 전부에 대하여 1개의 등기기록을 사용한다.

③ 등기는 당사자의 신청 또는 등기관의 직권에 따라 한다. 다만, 법률에 규정이 있는 경우 관공서의 촉탁으로 등기를 할 수 있다.

④ 성립요건주의를 취하는 현행「민법」하에서도 법률의 규정에 따라 소유권을 취득하는 경우에는 등기를 요하지 않는 것이 원칙이다.

⑤ 매수인이 등기기록을 믿고 부동산을 매수하였지만 소유권을 취득하지 못하는 경우가 있을 수 있다.

02 현행 「부동산등기법」의 규정에 관한 설명으로 옳은 것을 모두 고른 것은?

㉠ '등기부'란 1필의 토지 또는 1개의 건물에 관한 등기정보자료를 말한다.
㉡ '등기부부본자료'란 등기부와 동일한 내용으로 보조기억장치에 기록된 자료를 말한다.
㉢ '인터넷등기소'란 이 규칙에서 정한 바에 따라 등기사항의 증명과 열람, 전자문서를 이용한 등기신청 등을 할 수 있도록 전산정보처리조직에 의하여 구축된 인터넷 활용 공간을 말한다.
㉣ '등기기록'이란 전산정보처리조직에 의하여 입력·처리된 등기정보자료를 대법원규칙으로 정하는 바에 따라 편성한 것을 말한다.

① ㉡, ㉢
② ㉡, ㉣
③ ㉠, ㉢, ㉣
④ ㉡, ㉢, ㉣
⑤ ㉠, ㉡, ㉢, ㉣

제2절 | 등기할 사항

03 등기할 수 있는 것을 모두 고른 것은?

㉠ 조적조 및 컨테이너 구조 슬레이트지붕 주택
㉡ 호텔로 수선되고, 해안가 해저면에 있는 암반에 앵커로 고정된 폐유조선
㉢ 조립식 패널구조의 신축물
㉣ 옥외풀장
㉤ 「도로법」상의 도로

① ㉠, ㉢
② ㉠, ㉤
③ ㉠, ㉡, ㉤
④ ㉡, ㉢, ㉣
⑤ ㉡, ㉣, ㉤

04 등기에 관한 설명으로 틀린 것은?

① 건물의 공유지분에 대하여는 전세권을 설정할 수 없다.
② 1필지 토지의 특정된 일부분에 대하여 분할을 선행하지 않으면 전세권을 설정할 수 없다.
③ 사권(私權)의 목적이 되는 부동산이면 공용제한을 받더라도 등기의 대상이 될 수 있다.
④ 1동의 건물에 대하여 분할의 절차를 밟기 전에도 건물 일부에 대한 임차권설정등기는 가능하다.
⑤ 유치권은 확인판결을 받았다 하더라도 등기할 수 없다.

05 「부동산등기법」상 등기할 수 있는 권리를 모두 고른 것은?

㉠ 임차권	㉡ 분묘기지권
㉢ 유치권	㉣ 구분지상권
㉤ 전세권부저당권	㉥ 주위토지통행권

① ㉠, ㉣
② ㉠, ㉢, ㉥
③ ㉠, ㉣, ㉤
④ ㉡, ㉢, ㉤
⑤ ㉢, ㉤, ㉥

기출응용 32회
06 등기할 수 있는 사항끼리 묶은 것은?

① 토지의 일부에 대한 소유권이전등기, 토지의 공유지분에 대한 지상권설정등기
② 건물의 일부에 대한 전세권설정등기, 토지의 지분에 대한 가압류등기
③ 토지의 일부에 대한 소유권이전가등기, 토지의 공유지분에 대한 전세권설정등기
④ 건물의 일부에 대한 가처분등기, 건물의 일부에 대한 임차권설정등기
⑤ 건물의 일부에 대한 소유권이전등기, 건물의 공유지분에 대한 가압류등기

07 등기할 사항에 해당하는 것을 모두 고른 것은?

> ㉠ 처분금지가처분등기 후 그에 반하는 소유권이전등기
> ㉡ 건물의 일부에 대한 저당권설정등기
> ㉢ 공유지분에 대한 가압류등기

① ㉠
② ㉡
③ ㉠, ㉢
④ ㉡, ㉢
⑤ ㉠, ㉡, ㉢

08 등기에 관한 설명으로 옳은 것은?
① 공유물분할판결은 등기해야 물권변동의 효력이 발생한다.
② 상속에 의한 물권의 취득은 등기를 요하지 않지만 포괄유증의 경우에는 등기를 하여야 물권변동의 효력이 발생한다.
③ 공유물의 분할을 제한하는 약정은 등기 없이도 지분의 양수인에게 대항할 수 있다.
④ 판례에 따르면 계약을 해제한 경우 이전등기를 말소하지 않더라도 소유권은 매도인에게 복귀한다고 한다.
⑤ 특정유증의 경우, 수증자는 유증자의 사망 시에 유언에 의한 권리를 취득한다.

09 등기를 하여야 물권변동의 효력이 발생하는 경우를 모두 고른 것은?

> ㉠ 부동산을 무상으로 증여받은 경우
> ㉡ 소유권이전등기청구소송의 이행판결이 있는 경우
> ㉢ A회사가 B회사를 합병함으로써 B회사 명의의 부동산에 대한 소유권이전
> ㉣ 점유취득시효로 토지소유권을 취득하는 경우

① ㉠, ㉣
② ㉡, ㉣
③ ㉠, ㉡, ㉣
④ ㉠, ㉢, ㉣
⑤ ㉡, ㉢, ㉣

제3절 | 등기의 유효요건 및 등기의 효력

대표문제 등기의 효력

등기의 효력에 관한 설명으로 <u>틀린</u> 것은? (다툼이 있으면 판례에 따름) 기출응용 33회

① 사망자 명의의 신청으로 마쳐진 이전등기에 대해서는 그 등기의 유효를 주장하는 자가 현재의 실체관계와 부합함을 증명할 책임이 있다.
② 등기관이 등기를 마친 경우 그 등기는 접수한 때부터 효력이 발생한다.
③ 소유권이전등기청구권 보전을 위한 가등기에 기한 본등기가 된 경우 소유권이전의 효력은 본등기 시에 발생한다.
④ 소유권이전등기청구권 보전을 위한 가등기권리자는 그 본등기를 명하는 판결이 확정된 경우, 가등기에 기한 본등기를 마치기 전 가등기만으로 가등기된 부동산에 마쳐진 무효인 중복소유권보존등기의 말소를 청구할 수 있다.
⑤ 폐쇄된 등기기록에 기록되어 있는 등기사항에 관한 경정등기는 할 수 없다.

POINT
가등기에는 실체법상의 효력이 인정되지 않음을 알아두어야 합니다.

해설
가등기만으로는 실체법상 효력이 인정되지 아니하므로, 소유권이전등기청구권 보전을 위한 가등기권리자는 그 본등기를 명하는 판결이 확정된 경우라도 가등기에 기한 본등기를 마치기 전 가등기만으로는 가등기된 부동산에 마쳐진 무효인 중복소유권보존등기의 말소를 청구할 수 없다(대판 2001. 3.23, 2000다51285).

정답 ④

10 등기의 효력에 관한 설명으로 틀린 것은? (다툼이 있으면 판례에 따름) 26회

① 등기를 마친 경우 그 등기의 효력은 대법원규칙으로 정하는 등기신청정보가 전산정보처리조직에 저장된 때 발생한다.
② 대지권을 등기한 후에 한 건물의 권리에 관한 등기는 건물만에 관한 것이라는 뜻의 부기등기가 없으면 대지권에 대하여 동일한 등기로서 효력이 있다.
③ 같은 주등기에 관한 부기등기 상호간의 순위는 그 등기 순서에 따른다.
④ 소유권이전등기청구권을 보전하기 위한 가등기에 대하여는 가압류등기를 할 수 없다.
⑤ 등기권리의 적법추정은 등기원인의 적법에서 연유한 것이므로 등기원인에도 당연히 적법추정이 인정된다.

11 등기의 유효요건에 관한 설명으로 틀린 것은?

① 등기는 물권변동의 효력발생요건이지 효력존속요건은 아니므로 권리의 등기가 부적법하게 말소되더라도 그 등기상의 권리는 소멸하지 않는다.
② 등기기록이 멸실되더라도 등기가 나타내는 권리는 소멸하지 않는다.
③ 등기기록의 표제부에 기록된 건물의 건축시기, 구조 등이 실체관계와 다소 차이가 있더라도 사회통념상 동일성 혹은 유사성이 인정된다면 그 등기는 유효하다.
④ 중간생략등기에 관한 합의가 있었던 것처럼 관계서류를 위조하여 등기를 마친 경우라도 그것이 실체관계와 부합하는 한 효력이 인정된다.
⑤ 위조된 서류에 의하여 마쳐진 등기는 비록 실제관계에 부합하더라도 무효이다.

12 등기에 관한 설명으로 옳은 것을 모두 고른 것은?

⊙ 등기기록상의 등기원인이 실제와 다른 경우, 즉 증여계약을 매매계약으로 기록한 경우라도 실체관계와 부합하는 한 당해 소유권이전등기의 효력은 인정된다.
⊙ 미등기부동산의 양수인이 직접 자기 명의로 한 소유권보존등기는 절차적으로 위법한 등기이므로 무효이다.
⊙ 등기원인의 무효로 인하여 진정한 소유자가 소유권을 회복하는 방법으로 소유권말소등기를 하지 않고 소유권이전등기를 한 경우 그 등기는 유효이다.

① ㉠
② ㉡
③ ㉠, ㉢
④ ㉡, ㉢
⑤ ㉠, ㉡, ㉢

13 다음 중 내용이 옳은 것을 모두 고른 것은? (다툼이 있으면 판례에 따름)

㉠ 공작물시설로 등재된 해상관광용 호텔선박에 대하여 소유권보존등기를 마친 경우, 그 등기는 무효이다.
㉡ 사망자 명의의 신청으로 마쳐진 이전등기에 대해서는 그 등기의 무효를 주장하는 자가 현재의 실체관계와 부합하지 않음을 증명할 책임이 있다.
㉢ 乙 소유의 부동산에 대하여 甲의 등기부취득시효가 완성된 후 甲 명의의 등기가 적법한 원인 없이 말소되더라도 甲의 소유권은 소멸하지 않는다.
㉣ 공유수면하의 토지에 대하여 소유권보존등기를 마친 경우, 그 등기의 효력은 인정된다.

① ㉠
② ㉠, ㉢
③ ㉡, ㉢
④ ㉡, ㉣
⑤ ㉠, ㉡, ㉢

14 등기한 권리의 순위에 관한 설명으로 옳은 것을 모두 고른 것은?

> ㉠ 같은 부동산에 관하여 등기한 권리의 순위는 법률에 다른 규정이 없으면 등기한 순서에 따른다.
> ㉡ 등기의 순서는 등기기록 중 같은 구에서 한 등기 상호간에는 접수번호에 따르고, 다른 구에서 한 등기는 순위번호에 따른다.
> ㉢ 대지권에 대한 등기로서 효력이 있는 등기와 대지권의 목적인 토지의 등기기록 중 해당 구에 한 등기의 순서는 순위번호에 따른다.
> ㉣ 부기등기의 순위는 주등기의 순위에 따르고, 같은 주등기에 관한 부기등기 상호간의 순위는 그 등기 순서에 따른다.

① ㉠, ㉢　　　　　　　　　　② ㉠, ㉣
③ ㉡, ㉣　　　　　　　　　　④ ㉢, ㉣
⑤ ㉠, ㉡, ㉢

15 등기한 권리의 순위에 관한 설명으로 **틀린** 것은? (다툼이 있으면 판례에 따름)

① 부동산에 대한 소유권이전담보가등기와 저당권설정등기 상호간의 순위는 접수번호에 따른다.
② 대지권에 대한 등기로서 효력이 있는 등기와 대지권의 목적인 토지의 등기기록 중 해당 구에 한 등기의 순서는 접수번호에 따른다.
③ 위조된 근저당권해지증서에 의해 1번 근저당권등기가 말소된 후 2번 근저당권이 설정된 경우, 말소된 1번 근저당권등기가 회복되면 그 등기는 2번 근저당권에 우선한다.
④ 가등기 후에 제3자 명의의 소유권이전등기가 이루어진 경우, 가등기에 기한 본등기가 이루어지면 본등기는 제3자 명의 등기에 우선한다.
⑤ 2번 저당권이 설정된 후 1번 저당권 일부이전의 부기등기가 이루어진 경우, 배당에 있어서 2번 저당권이 그 부기등기에 우선한다.

16 등기의 효력에 관한 설명으로 틀린 것은?

① 사망자를 등기의무자로 하여 마쳐진 등기라도 그 등기가 상속인들의 의사에 따라 행해진 등기라면 유효한 등기라 할 수 있다.
② 어떤 등기가 있으면 그 등기의 유효·무효를 막론하고 그것과 양립할 수 없는 등기를 할 수 없는데, 이를 후등기 저지력이라고 한다.
③ 전세권의 존속기간이 만료된 경우, 그 전세권설정등기를 말소하지 않고 동일한 범위를 대상으로 하는 다른 전세권설정등기를 수리할 수 없다.
④ 공유물의 분할을 명하는 확정판결을 받은 자는 공유물분할판결에 따른 지분이전등기를 할 때 그 부동산의 소유권을 취득한다.
⑤ 부동산에 대한 가압류등기와 저당권설정등기 상호간의 순위는 접수번호에 따른다.

17 등기의 추정적 효력에 관한 설명으로 틀린 것은?

① 추정적 효력이란 어떤 등기가 있으면 그에 대응하는 실체적 권리관계가 존재하는 것으로 추정되는 효력을 말한다.
② 소유권이전등기가 마쳐진 경우, 그 등기명의인은 직전 소유자에 대하여 적법한 등기원인에 의하여 소유권을 취득한 것으로 추정된다.
③ 등기의 추정력은 권리의 등기에는 인정되지만, 부동산의 표시등기에는 인정되지 않는다.
④ 판례는 등기기록에 기록된 등기원인에도 등기의 추정력이 미친다고 본다.
⑤ 乙 소유의 토지에 甲 명의의 소유권이전등기청구권 보전을 위한 가등기의 등기원인이 대물변제의 예약으로 기록된 경우, 그 등기원인에 추정력이 인정된다고 본다.

18 등기의 효력에 관한 설명으로 옳은 것을 모두 고른 것은? (다툼이 있으면 판례에 따름)

㉠ 매각허가결정에 의한 소유권이전등기가 마쳐진 경우 법원의 적법한 매각허가결정이 있었다는 사실까지 추정된다.
㉡ 소유권보존등기명의인이 보존등기 전의 소유자로부터 소유권을 양수한 것이라고 주장하고 전 소유자는 양도사실을 부인하는 경우 보존등기의 추정력은 깨어지므로 그 보존등기명의인 측에서 양수사실을 입증할 책임이 있다.
㉢ 상속인이 자기명의로 소유권이전등기를 하지 않고 그 부동산을 양도하여 피상속인으로부터 직접 양수인 앞으로 소유권이전등기를 한 경우 그 등기는 무효이다.
㉣ 담보가등기권리자는 그 담보물에 대한 경매절차에서 그 가등기의 순위에 의하여 우선변제를 받을 수 있는 권리가 있다.

① ㉠, ㉢
② ㉢, ㉣
③ ㉠, ㉡, ㉢
④ ㉠, ㉡, ㉣
⑤ ㉡, ㉢, ㉣

19 등기기록에서 甲으로부터 乙 명의로 증여를 원인으로 한 소유권이전등기가 마쳐져 있고, 乙을 채무자로 하여 丙 명의의 저당권이 설정되어 있다. 등기의 추정력에 관한 설명으로 옳은 것을 모두 고른 것은? (다툼이 있는 경우 판례에 따름)

㉠ 현재 소유자는 乙로 추정되며, 乙이 미성년자라도 마찬가지이다.
㉡ 甲과의 관계에서 乙은 소유자로 추정되지 않는다.
㉢ 丙의 乙에 대한 피담보채권의 존재도 추정된다.
㉣ 甲에서 乙로의 증여의 사실은 추정되지 않는다.

① ㉣
② ㉠, ㉢
③ ㉠, ㉣
④ ㉡, ㉢
⑤ ㉠, ㉡, ㉣

CHAPTER 02 등기의 기관과 그 설비

제1절 | 등기소 및 등기관

01 등기소에 관한 설명으로 틀린 것은?

① 등기사무는 등기할 목적인 부동산 소재지를 관할하는 등기소에 신청하는 것이 원칙이다.
② 등기소장은 등기소에서 정상적인 등기사무의 처리가 어려운 경우에는 기간을 정하여 등기사무의 정지를 명령할 수 있다.
③ 등기사무 정지기간 중의 등기신청을 간과하고 마쳐진 등기는 실체관계와 일치하더라도 무효이다.
④ 관할을 위반한 등기신청을 등기관이 간과하고 실행한 경우, 실체관계의 부합 여부와 관계없이 당연무효이므로 등기관은 직권으로 말소할 수 있다.
⑤ 행정구역이나 그 명칭의 변경이 있는 경우에는 등기기록에 기록한 행정구역 또는 그 명칭은 당연히 변경된 것으로 본다.

02 「부동산등기법」상 관련 사건의 관할에 관한 특례에 관한 설명으로 틀린 것은?

① 관할 등기소가 다른 여러 개의 부동산과 관련하여 등기목적과 등기원인이 동일한 경우에는 그중 하나의 관할 등기소에서 해당 신청에 따른 등기사무를 담당할 수 있다.
② 동일한 채권에 관하여 여러 개의 부동산에 관한 권리를 목적으로 하는 등기목적과 등기원인이 동일한 공동저당등기의 신청이 있는 경우, 그 부동산의 관할 등기소가 다르더라도 그중 하나의 관할 등기소에서 해당 신청에 따른 등기사무를 담당할 수 있다.
③ 여러 개의 부동산에 관한 공동전세등기나 전전세등기의 신청이 있는 경우, 그 부동산의 관할 등기소가 다르더라도 등기목적과 등기원인이 동일한 경우에는 그중 하나의 관할 등기소에서 해당 신청에 따른 등기사무를 담당할 수 있다.
④ 소유자가 다른 여러 부동산에 대한 공동저당등기를 신청한 경우, 그 부동산의 관할 등기소가 다르면 그중 하나의 관할 등기소에서 해당 신청에 따른 등기사무를 담당할 수 없다.
⑤ 등기관이 당사자의 신청으로 승역지에 지역권설정등기를 하는 경우 요역지의 관할 등기소가 다르더라도 직권으로 요역지지역권등기를 할 수 있다.

03 「부동산등기법」상 관련 사건의 관할에 관한 특례에 관한 설명으로 틀린 것은?

① 관련 사건의 관할에 관한 특례에 따라 등기신청을 하는 경우에는 이를 신청정보의 내용으로 등기소에 제공하여야 한다.
② 관련 사건의 관할에 관한 특례에 따라 등기신청을 할 때에는 여러 개의 부동산에 관한 신청정보를 일괄하여 제공하는 방법으로 할 수 있다.
③ 관련 사건의 관할에 관한 특례에 따라 공동저당의 등기를 신청하는 경우에는 해당 부동산 전부에 관한 사항을 신청정보의 내용으로 등기소에 제공하여야 한다.
④ 소유자가 다른 여러 부동산에 대한 공동저당등기의 이전·변경·말소등기를 신청한 경우, 그 부동산의 관할 등기소가 다르더라도 그중 하나의 관할 등기소에서 해당 신청에 따른 등기사무를 담당할 수 있다.
⑤ 공동저당 목적으로 새로 추가되는 부동산이 종전에 등기한 부동산과 다른 등기소의 관할에 속하는 경우에는 종전의 등기소에 추가되는 부동산에 대한 저당권설정등기의 신청을 할 수 없다.

04 「부동산등기법」상 관련 사건의 관할에 관한 특례에 관한 설명으로 **틀린** 것은? 상중하

① 공동저당 일부의 소멸 또는 변경의 신청은 공동저당등기를 신청한 등기소에 하여야 한다.
② 관련 사건의 관할에 관한 특례에 따라 등기신청을 한 경우 등기신청이 잘못된 부분의 보정이나 취하는 등기를 신청한 등기소에 하여야 한다.
③ 관련 사건의 관할에 관한 특례에 따라 마쳐진 등기에 대한 경정등기의 신청은 그 등기를 처리한 등기소에 하여야 한다.
④ 등기의 착오나 빠진 부분이 관련 사건의 관할에 관한 특례에 따라 등기를 마친 등기관의 잘못으로 인한 경우에는 그 등기소의 등기관이 직권으로 그 등기를 경정하여야 한다.
⑤ 등기기록에 오기나 빠진 부분이 명백한 경우에는 부동산 소재지 관할 등기소의 등기관도 직권으로 경정할 수 있다.

05 「부동산등기법」상 관련 사건의 관할에 관한 특례에 관한 설명이다. (   ) 안에 들어갈 내용으로 옳은 것은? 상중하

> 등기관이 당사자의 신청이나 직권에 의한 등기를 하고 (   ), 공동저당, 공동전세등기 또는 대법원규칙으로 정하는 바에 따라 다른 부동산에 대하여 등기를 하여야 하는 경우에는 그 부동산의 관할 등기소가 다른 때에도 해당 등기를 할 수 있다.

① 지상권
② 승역지지역권
③ 요역지지역권
④ 임차권
⑤ 권리질권

06 「부동산등기법」상 관련 사건의 관할에 관한 특례에 관한 설명으로 **틀린** 것은?

① 상속 또는 유증으로 인한 등기신청의 경우에는 부동산의 관할 등기소가 아닌 등기소도 그 신청에 따른 등기사무를 담당할 수 있다.
② 상속 또는 유증으로 인한 소유권이전등기를 신청하는 경우에는 부동산의 관할 등기소가 아닌 등기소도 그 신청에 따른 등기사무를 담당할 수 있다.
③ 법정상속분에 따라 상속등기(= 소유권이전등기)를 마친 후에 상속재산 협의분할 등이 있는 경우에는 부동산의 관할 등기소가 아닌 등기소도 그 신청에 따른 등기사무를 담당할 수 있다.
④ 등기관이 관련 사건의 관할에 관한 특례에 따라 등기를 한 경우에는 갑구 또는 을구의 권리자 및 기타사항란에 관련 사건의 관할에 관한 특례에 따라 사건을 접수받은 등기소에서 그 등기를 하였다는 뜻을 기록하여야 한다.
⑤ 등기관이 관련 사건의 관할에 관한 특례에 따라 등기를 한 경우에는 해당 등기를 한 등기소의 관할에 속한 부동산에 대해서도 그 뜻을 기록하여야 한다.

07 등기소에 관한 설명으로 **틀린** 것은?

① 대법원장은 등기소에서 정상적인 등기사무의 처리가 어려운 경우에는 기간을 정하여 등기사무의 정지를 명령하거나 대법원규칙으로 정하는 바에 따라 등기사무의 처리를 위하여 필요한 처분을 명령할 수 있다.
② 대법원장은 대법원규칙으로 정하는 바에 따라 등기사무의 정지명령에 관한 권한을 법원행정처장에게, 등기사무의 처분명령에 관한 권한을 법원행정처장 또는 지방법원장에게 위임할 수 있다.
③ 대법원장은 어느 등기소의 관할에 속하는 사무를 다른 등기소에 위임하게 할 수 있다.
④ 1필지의 토지가 여러 등기소의 관할 구역에 걸쳐 있을 때에는 그 부동산에 대한 최초의 등기신청을 하고자 하는 자의 신청에 따라 각 등기소를 관할하는 상급법원의 장이 관할 등기소를 지정한다.
⑤ 단지를 구성하는 여러 동의 건물 중 일부 동의 건물의 대지가 다른 등기소의 관할에 속하는 경우에도 관할의 지정이 문제된다.

08 등기관에 관한 설명으로 틀린 것은?

① 등기관이란 법원서기관, 등기사무관, 등기주사, 등기주사보 중에서 대법원장의 지정을 받아 현실적으로 등기사무를 처리하는 자를 말한다.
② 등기관은 등기사무를 전산정보처리조직을 이용하여 등기부에 등기사항을 기록하는 방식으로 처리하여야 한다.
③ 등기관은 접수번호의 순서에 따라 등기사무를 처리하여야 한다.
④ 등기관이 등기사무를 처리한 때에는 등기사무를 처리한 등기관이 누구인지 알 수 있는 조치로서 각 등기관이 미리 부여받은 식별부호를 기록한다.
⑤ 등기관이 등기를 마쳤을 때에는 등기부부본자료를 작성하여야 한다.

제2절 | 등기부 등

09 현행 「부동산등기법」상 등기부의 편성방법 및 구성에 관한 설명으로 틀린 것은?

① 「부동산등기법」상 등기부는 토지등기부, 건물등기부 및 집합건물등기부로 구분한다.
② 등기부를 편성할 때에는 1필의 토지 또는 1개의 건물에 대하여 1개의 등기기록을 둔다.
③ 1동 건물을 구분한 건물에 있어서는 1동의 건물에 속하는 전부에 대하여 1개의 등기기록을 사용한다.
④ 구분건물에 대한 등기사항증명서의 발급 및 열람에 관하여는 1동의 건물의 표제부와 해당 전유부분에 관한 등기기록을 1개의 등기기록으로 본다.
⑤ 표제부에는 부동산의 표시에 관한 사항과 그 변경에 관한 사항을 기록한다.

10 집합건물의 등기부의 구성에 관한 설명으로 틀린 것은?

① 1동 건물의 표제부는 '1동 건물의 표시'와 '대지권의 목적인 토지의 표시'로 구성된다.
② 전유부분 건물의 표제부는 '전유부분 건물의 표시'와 '대지권의 표시'로 구성된다.
③ 전유부분 건물의 표제부에는 공용부분에 대한 면적의 합계가 함께 등기되어 구분소유자의 소유면적을 알 수 있다.
④ 갑구와 을구에는 순위번호란, 등기목적란, 접수란, 등기원인란, 권리자 및 기타사항란을 둔다.
⑤ 등기기록을 개설할 때에는 1필의 토지 또는 1개의 건물마다 부동산 고유번호를 부여하고, 구분건물에 대하여는 전유부분마다 부동산 고유번호를 부여한다.

11 등기기록의 갑구 및 을구에 기록할 사항이 아닌 것은?

① 대위신청에 의하여 마쳐진 등기인 경우, 대위채권자의 표시와 대위원인
② 등기명의인이 법인 아닌 사단인 경우, 그 대표자의 성명·주민등록번호·주소
③ 신청정보의 접수번호 및 접수연월일
④ 구분건물에 대지권이 있는 경우, 그 대지권의 표시에 관한 사항
⑤ 건물의 등기기록에 대지권등기를 한 경우, 그 대지권의 목적인 토지의 등기기록에 하는 대지권이라는 뜻의 등기

12 등기기록의 갑구에 기록할 수 있는 등기를 모두 고른 것은?

> ⊙ 소유권에 대한 가처분등기
> ⓒ 부동산의 분합에 따른 부동산의 표시변경등기
> ⓒ 근저당권설정청구권보전의 가등기
> ⓔ 근저당권에 기한 임의경매개시결정등기

① ⊙
② ⓒ
③ ⊙, ⓒ
④ ⊙, ⓔ
⑤ ⓒ, ⓔ

13 등기기록의 을구에 기록할 수 있는 등기를 모두 고른 것은?

> ⊙ 소유권이전청구권보전의 가등기
> ⓒ 전세권에 대한 가압류등기
> ⓒ 건물증축으로 인한 부동산의 표시변경등기
> ⓔ 권리질권등기

① ⊙
② ⊙, ⓔ
③ ⓒ, ⓒ
④ ⓒ, ⓔ
⑤ ⊙, ⓒ, ⓔ

제3절 | 구분건물에 관한 등기

14 구분건물의 등기에 관한 설명으로 <u>틀린</u> 것은?

① 구분건물로 등기할 수 있는 객관적 요건을 갖춘 경우라도 건물소유자는 구분건물로 등기하여야 하는 것은 아니다.
② 등기할 건물이 구분건물인 경우에 등기관은 1동 건물의 등기기록의 표제부에 소재와 지번, 건물명칭 및 번호를 기록하고, 전유부분의 등기기록의 표제부에 소재, 지번 및 건물번호를 기록하여야 한다.
③ 구분한 건물의 표제부에 전유부분에 해당하는 건물의 표시를 하고 그 전유부분의 대지권의 표시는 전유부분의 건물의 표제부에 한다.
④ 집합건물의 규약상 공용부분은 일정한 요건을 갖춘 경우에는 전유부분으로 소유권보존등기를 할 수 있다.
⑤ 구분소유자 중 일부가 1동의 건물에 속하는 구분건물 중 일부만에 관하여 소유권보존등기를 신청하는 경우에는 나머지 구분건물의 표시에 관한 등기를 동시에 신청하여야 한다.

15 규약상 공용부분의 등기에 관한 설명으로 <u>틀린</u> 것은?

① 구분소유권의 목적이 될 수 있는 건물 또는 부속건물을 규약으로써 공용부분으로 정할 수 있다.
② 규약상 공용부분인 뜻의 등기는 신청정보에 그 뜻을 정한 규약 또는 공정증서를 첨부하여 소유권의 등기명의인이 단독으로 신청한다.
③ 등기관이 규약상 공용부분이라는 뜻을 등기할 때에는 그 등기기록 중 표제부에 공용부분이라는 뜻을 기록하고 각 구의 소유권과 그 밖의 권리에 관한 등기를 말소하는 표시를 하여야 한다.
④ 규약에 따라 공용부분으로 등기된 후 그 규약이 폐지된 경우, 그 공용부분 취득자는 지체 없이 소유권이전등기를 신청하여야 한다.
⑤ 등기관이 공용부분 취득자의 신청에 따라 소유권보존등기를 하였을 때에는 공용부분이라는 뜻의 등기를 말소하는 표시를 하여야 한다.

16 집합건물 등기기록의 표제부에 기록하지 않는 사항을 모두 고른 것은?

㉠ 전유부분의 등기기록의 표제부에 건물번호
㉡ 대지권이 있는 경우, 전유부분의 등기기록의 표제부에 대지권의 표시에 관한 사항
㉢ 대지권등기를 하는 경우, 1동 건물의 등기기록의 표제부에 소유권이 대지권이라는 뜻
㉣ 대지권이 있는 경우, 1동 건물의 등기기록의 표제부에 대지권의 목적인 토지의 표시에 관한 사항

① ㉠
② ㉢
③ ㉠, ㉢
④ ㉡, ㉢
⑤ ㉢, ㉣

17 구분건물에 관한 설명으로 옳은 것은?

① 1동 건물을 구분한 건물에 있어서는 1동 건물에 속하는 각 구분건물마다 1개의 등기기록을 사용한다.
② 구분건물의 등기기록은 1동의 건물에 대한 표제부를 두고 전유부분마다 갑구, 을구만을 둔다.
③ 대지권에 대한 등기로서 효력이 있는 등기와 대지권의 목적인 토지의 등기기록 중 해당 구에 한 등기의 순서는 순위번호에 따른다.
④ 대지권을 등기한 후에 한 건물의 권리에 관한 등기는 대지권에 대하여 동일한 등기로서 효력이 있다. 다만, 그 등기에 건물만에 관한 것이라는 뜻의 부기가 되어 있을 때에는 그러하지 아니하다.
⑤ 1동의 건물의 표제부 중 대지권의 목적인 토지의 표시란에는 대지권의 목적인 토지의 일련번호, 대지권의 종류, 대지권의 비율 등을 기록하여야 한다.

18 대지권등기에 관한 설명으로 틀린 것은?

① 대지권을 등기한 건물에 대하여 소유권에 관한 등기를 신청하는 경우에 신청정보에 대지권을 기록하여야 한다.
② 대지권이 등기된 구분건물의 등기기록에는 건물만을 목적으로 하는 저당권설정등기를 할 수 없다.
③ 대지권등기가 마쳐진 후에도 건물만을 목적으로 하는 임차권설정등기를 할 수 있다.
④ 집합건물에 있어서 특정 전유부분의 대지권에 대하여는 전세권설정등기를 할 수 없다.
⑤ 토지의 소유권이 대지권인 경우에 대지권이라는 뜻의 등기가 되어 있는 토지의 등기기록에는 소유권이전등기를 할 수 있다.

19 구분건물의 등기에 관한 설명으로 틀린 것은?

① 토지의 소유권이 대지권인 경우에 대지권이라는 뜻의 등기가 되어 있는 토지의 등기기록에 전세권설정등기를 할 수 있다.
② 대지권의 변경이 있는 경우, 구분건물의 소유권의 등기명의인은 1동의 건물에 속하는 다른 구분건물의 소유권의 등기명의인을 대위하여 대지권변경등기를 신청할 수 있다.
③ 1동의 건물에 속하는 구분건물 중 일부만에 관하여 소유권보존등기를 신청하는 경우에는 나머지 구분건물의 소유권보존등기를 동시에 신청하여야 한다.
④ 토지지상권이 대지권인 경우에 대지권이라는 뜻의 등기가 되어 있는 토지의 등기기록에는 특별한 사정이 없는 한 지상권이전등기를 할 수 없다.
⑤ 토지지상권이 대지권인 경우에 대지권이라는 뜻의 등기가 되어 있는 토지의 등기기록에는 특별한 사정이 없는 한 저당권설정등기를 할 수 있다.

20 집합건물의 등기에 관한 설명으로 옳은 것은?

① 구분건물로서 그 대지권의 변경이 있는 경우에는 구분건물의 소유권의 등기명의인은 1동의 건물에 속하는 다른 구분건물의 소유권의 등기명의인을 대위하여 대지권의 변경등기를 신청할 수 없다.
② 등기관은 대지권의 목적인 토지의 등기기록에 대지권이라는 뜻의 등기를 할 때에는 해당 구에 어느 권리가 대지권이라는 뜻을 기록하여야 한다.
③ 등기관이 구분건물의 대지권등기를 하는 경우에는 건축물대장 소관청의 촉탁으로 대지권의 목적인 토지의 등기기록에 소유권, 지상권, 전세권 또는 임차권이 대지권이라는 뜻을 기록하여야 한다.
④ 구분건물의 등기기록에 대지권이 등기된 후 건물만에 관해 저당권설정계약을 체결한 경우, 그 설정계약을 원인으로 구분건물만에 관한 저당권설정등기를 할 수 있다.
⑤ 토지의 소유권이 대지권인 경우 토지의 등기기록에 대지권이라는 뜻의 등기가 되어 있더라도, 그 토지에 대한 새로운 저당권설정계약을 원인으로 하여, 그 토지의 등기기록에 저당권설정등기를 할 수 있다.

21 대지권의 등기에 관한 설명으로 **틀린** 것은?

① 대지권등기 시 그 토지등기기록에 소유권 외의 권리에 관한 등기가 있을 경우, 등기관은 1동 건물의 표제부와 전유부분의 표제부에 토지등기기록에 별도의 등기가 있다는 뜻을 기록하여야 한다.
② 구분건물의 등기기록에 대지권의 등기를 하기 전에 그 건물에 관하여 소유권보존등기와 소유권이전등기 외의 소유권에 관한 등기 또는 소유권 외의 권리에 관한 등기가 있을 때에는 그 등기에 건물만에 관한 것이라는 뜻을 기록하여야 한다.
③ 대지사용권의 비율은 원칙적으로 전유부분의 면적비율에 의한다.
④ 구분건물을 건축한 자가 대지사용권을 가지고 있는 경우에 대지권에 관한 등기를 하지 아니하고 구분건물에 관하여서만 소유권이전등기를 마쳤을 때에는 현재의 구분소유자와 공동으로 대지사용권에 관한 이전등기를 신청할 수 있다.
⑤ 위 ④의 대지사용권의 이전등기는 대지권에 관한 등기와 동시에 신청하여야 한다.

제4절 | 등기부 등의 보존, 관리 및 공개

대표문제 | 등기부

전산이기된 등기부 등에 관한 설명으로 틀린 것은? 33회

① 등기부는 영구(永久)히 보존해야 한다.
② 등기부는 법관이 발부한 영장에 의하여 압수하는 경우에는 대법원규칙으로 정하는 보관·관리 장소 밖으로 옮길 수 있다.
③ 등기관이 등기를 마쳤을 때는 등기부부본자료를 작성해야 한다.
④ 등기원인을 증명하는 정보에 대하여는 이해관계 있는 부분만 열람을 청구할 수 있다.
⑤ 등기관이 등기기록의 전환을 위해 등기기록에 등기된 사항을 새로운 등기기록에 옮겨 기록한 때에는 종전 등기기록을 폐쇄해야 한다.

> **POINT**
> 등기부의 보존, 반출, 열람·발급에 관하여 정리하여야 합니다.
>
> **해설**
> 등기부(폐쇄등기부를 포함한다)는 대법원규칙으로 정하는 장소인 중앙관리소에 보관·관리하여야 한다(규칙 제10조 제1항). 전쟁·천재지변이나 그 밖에 이에 준하는 사태를 피하기 위한 경우 외에는 그 장소 밖으로 옮기지 못하므로(법 제14조 제3항) 법원의 명령 또는 촉탁이 있거나 법관이 발부한 영장에 의하여 압수하는 경우라도 등기부의 이동은 허용되지 않는다. 다만, 신청서나 그 밖의 부속서류에 대하여는 법원의 명령 또는 촉탁이 있거나 법관이 발부한 영장에 의하여 압수하는 경우에는 그러하지 아니하다(법 제14조 제4항).
>
> 정답 ②

22 등기부 등에 관한 설명으로 <u>틀린</u> 것은?

① A토지를 B토지에 합병하여 등기관이 합필등기를 한 때에는 A토지에 관한 등기기록을 폐쇄하여야 한다.
② 폐쇄한 등기기록은 영구히 보존해야 한다.
③ 등기부부본자료는 등기부와 동일한 내용으로 보조기억장치에 기록된 자료이다.
④ 구분건물등기기록에는 1동의 건물에 대하여 표제부, 갑구, 을구를 두고 전유부분에는 갑구, 을구만 둔다.
⑤ 등기사항증명서 발급신청 시 매매목록은 그 신청이 있는 경우에만 등기사항증명서에 포함하여 발급한다.

기출응용 33회
23 등기부 등의 이동 및 이동금지에 관한 내용으로 <u>틀린</u> 것은?

① 등기부는 대법원규칙으로 정하는 장소인 중앙관리소에 보관·관리하여야 하며, 전쟁·천재지변이나 그 밖에 이에 준하는 사태를 피하기 위한 경우 외에는 그 장소 밖으로 옮기지 못한다.
② 등기부는 법원의 명령 또는 촉탁이 있거나 법관이 발부한 영장에 의하여 압수하는 경우에는 등기소 밖으로 옮길 수 있다.
③ 등기부의 부속서류는 전쟁·천재지변이나 그 밖에 이에 준하는 사태를 피하기 위한 경우 외에는 등기소 밖으로 옮기지 못한다.
④ 신청서나 그 밖의 부속서류는 법원의 명령 또는 촉탁이 있거나 법관이 발부한 영장에 의하여 압수하는 경우에는 등기소 밖으로 옮길 수 있다.
⑤ 등기관이 전쟁·천재지변 그 밖에 이에 준하는 사태를 피하기 위하여 신청서나 그 밖의 부속서류를 등기소 밖으로 옮긴 경우에는 지체 없이 그 사실을 지방법원장이나 지원장에게 보고하여야 한다.

24 등기사항증명서 발급 및 열람에 관한 설명으로 <u>틀린</u> 것은?

① 누구든지 수수료를 내고 등기기록에 기록되어 있는 사항의 전부 또는 일부의 열람과 이를 증명하는 등기사항증명서의 발급을 청구할 수 있다.
② 누구든지 수수료를 내고 등기기록의 부속서류나 신청서 기타 부속서류에 대하여 등기사항증명서의 발급을 청구할 수 있다.
③ 등기신청이 접수된 부동산에 관하여는 등기관이 그 등기를 마칠 때까지 등기사항증명서를 발급하지 못한다.
④ 신청서나 그 밖의 부속서류의 열람 업무는 법원행정처장이 정하는 바에 따라 인터넷을 이용하여 처리할 수 있다.
⑤ 신청서나 그 밖의 부속서류의 열람신청은 해당 등기신청의 당사자와 열람을 위임받은 자격자대리인이 할 수 있다.

기출응용 33회
25 등기사항증명서의 발급 및 열람청구에 관한 설명으로 옳은 것은?

① 등기소를 방문하여 등기사항증명서를 발급받고자 하는 사람은 신청서를 제출하여야 하는데, 이 경우 발급청구는 관할 등기소에만 할 수 있다.
② 등기소를 방문하거나 인터넷을 이용하는 방법으로 등기사항증명서를 발급받고자 하는 사람은 신청서를 제출하여야 한다.
③ 신탁원부, 공동담보(전세)목록, 도면 또는 매매목록은 별도의 신청이 없더라도 등기사항증명서에 포함하여 발급하여야 한다.
④ 구분건물에 대한 등기사항증명서의 발급에 관하여는 1동의 건물의 표제부와 해당 전유부분에 관한 등기기록을 1개의 등기기록으로 본다.
⑤ 등기기록의 부속서류나 신청서 기타 부속서류는 이해관계 있는 부분에 대하여 열람 및 등기사항증명서의 발급을 신청할 수 있다.

26 현행 부동산등기법령상 발급할 수 있는 등기사항증명서의 종류에 해당하지 <u>않는</u> 것을 모두 고른 것은?

> ㉠ 등기사항전부증명서(말소사항 포함)
> ㉡ 등기사항전부증명서(현재 유효사항)
> ㉢ 등기사항일부증명서(특정인 지분)
> ㉣ 등기사항일부증명서(지분취득이력)
> ㉤ 등기사항일부증명서(현재 근저당권설정현황)

① ㉤
② ㉠, ㉡
③ ㉠, ㉤
④ ㉡, ㉢
⑤ ㉡, ㉣

27 「부동산등기법」상 등기부 등에 관한 설명으로 <u>틀린</u> 것은?

① 등기부의 부속서류가 손상·멸실의 염려가 있을 때에는 대법원장은 그 방지를 위하여 필요한 처분을 명령할 수 있다.
② 인터넷에 의한 등기기록의 열람 및 등기사항증명서의 발급에는 신청서의 제출을 요하지 않는다.
③ 누구든지 자신의 등기신청사건에 대하여 그 진행상태를 인터넷을 통하여 확인할 수 있다.
④ 폐쇄한 등기기록의 열람 및 등기사항증명서의 발급은 관할 등기소가 아닌 등기소에도 청구할 수 있다.
⑤ 폐쇄한 등기기록에 대해서는 등기사항의 열람은 가능하지만 등기사항증명서의 발급은 청구할 수 없다.

CHAPTER 03 등기절차 총론

제1절 | 등기절차의 개시

01 등기의 신청에 관한 설명으로 <u>틀린</u> 것은?

① 등기는 법률에 다른 규정이 있는 경우를 제외하고 당사자의 신청 또는 관공서의 촉탁에 따라 한다.
② 등기는 신청인 또는 그 대리인이 등기소에 출석하여 신청정보 및 첨부정보를 적은 서면을 제출하는 방법으로 신청할 수 있다.
③ 전자표준양식(e-Form)에 의하여 신청인 또는 그 대리인이 등기소에 출석하여 신청정보 및 첨부정보를 적은 서면을 제출하는 방법으로 신청할 수 있다.
④ 등기는 대법원규칙으로 정하는 바에 따라 전산정보처리조직을 이용하여 신청정보 및 첨부정보를 보내는 방법으로도 신청할 수 있다.
⑤ 관공서의 촉탁등기는 그 실질이 직권등기이므로 촉탁에 따른 등기절차는 법률에 다른 규정이 없는 경우에는 직권등기에 따른 등기에 관한 규정을 준용한다.

02 등기신청의무에 관한 설명으로 <u>틀린</u> 것은?

① 건물을 신축한 경우 소유자는 준공검사일로부터 60일 이내에 소유권보존등기를 신청하여야 한다.
② 부동산매매계약을 체결한 경우 매수인은 잔금지급일로부터 60일 이내에 소유권이전등기를 신청하지 않으면 과태료의 처분을 받는다.
③ 甲이 乙로부터 무상으로 토지를 증여받았다면 증여의 효력이 발생한 날로부터 60일 이내에 소유권이전등기를 신청하지 않으면 과태료의 처분을 받는다.
④ 건물대지의 지번과 면적의 변경이 있는 경우 소유자는 그 변경일로부터 1개월 이내에 변경등기를 신청하여야 한다.
⑤ 토지의 분할이 있는 경우 그 토지소유권의 등기명의인은 그 사실이 있는 때부터 1개월 이내에 부동산의 표시변경등기를 신청하여야 한다.

03 부동산등기신청의 의무에 관한 설명으로 옳은 것을 모두 고른 것은?

㉠ 존재하지 아니하는 건물에 대한 등기가 있을 때 그 소유권의 등기명의인은 지체 없이 그 건물의 멸실등기를 신청하여야 한다.
㉡ 등기된 토지의 전부가 물리적으로 멸실된 경우 소유권의 등기명의인은 60일 이내에 멸실등기를 신청하여야 한다.
㉢ 대지권의 변경이 있는 경우 소유권의 등기명의인은 1개월 이내에 변경등기를 신청하여야 한다.
㉣ 건물의 분할이나 합병이 있는 경우에는 그 건물소유권의 등기명의인은 그 사실이 있는 때부터 1개월 이내에 부동산의 표시변경등기를 신청하여야 한다.

① ㉠, ㉡
② ㉡, ㉢
③ ㉠, ㉡, ㉣
④ ㉠, ㉢, ㉣
⑤ ㉡, ㉢, ㉣

04 '지체 없이' 신청해야 하는 등기를 모두 고른 것은?

㉠ 존재하는 건물이 전부 멸실된 경우, 그 건물소유권의 등기명의인이 해야 할 멸실등기
㉡ 집합건물에 있어서 규약에 따른 공용부분이라는 뜻의 등기가 이루어진 후에 그 규약이 폐지된 경우, 그 공용부분의 취득자가 해야 할 소유권보존등기
㉢ 존재하지 아니하는 건물에 대한 등기가 있는 경우 실행하는 멸실등기
㉣ 토지의 지목(地目)이 변경된 경우, 그 토지소유권의 등기명의인이 해야 할 변경등기

① ㉠, ㉡
② ㉠, ㉢
③ ㉡, ㉢
④ ㉡, ㉣
⑤ ㉡, ㉢, ㉣

05 등기절차의 개시에 관한 설명으로 틀린 것은?

① 매각대금을 다 낸 경우 등기관은 직권으로 매수인(경락인) 명의의 소유권이전등기를 실행한다.
② 국가 또는 지방자치단체가 등기의무자인 경우, 국가 또는 지방자치단체는 등기권리자의 청구에 따라 지체 없이 해당 등기를 등기소에 촉탁하여야 한다.
③ 국가 또는 지방자치단체가 등기권리자인 경우, 국가 또는 지방자치단체는 등기의무자의 승낙을 받아 해당 등기를 지체 없이 등기소에 촉탁하여야 한다.
④ 관공서가 등기를 촉탁하는 경우 등기의무자의 권리에 관한 등기필정보의 제공을 요하지 않는다.
⑤ 관공서가 상속재산에 대해 체납처분으로 인한 압류등기를 촉탁하는 경우, 상속인을 갈음하여 상속으로 인한 권리이전의 등기를 함께 촉탁할 수 있다.

기출응용 32회
06 관공서의 촉탁등기에 관한 설명으로 틀린 것은?

① 관공서가 등기를 촉탁하는 경우, 우편에 의한 등기촉탁은 허용된다.
② 관공서가 부동산에 관한 거래의 주체인 경우, 촉탁에 의하지 아니하고 등기권리자와 등기의무자의 공동으로 등기를 신청할 수 있다.
③ 관공서 또는 법원의 촉탁으로 실행되어야 할 등기를 신청한 경우, 그 등기신청은 각하된다.
④ 공매처분 등을 원인으로 관공서가 소유권이전등기를 촉탁하는 경우, 등기의무자의 주소를 증명하는 정보의 제공을 요하지 않는다.
⑤ 관공서가 등기촉탁을 하는 경우, 등기기록과 대장상의 부동산의 표시가 부합하지 않으면 그 등기촉탁을 각하하여야 한다.

07 관공서의 촉탁등기를 모두 고른 것은?

㉠ 임차권등기명령에 의한 주택임차권등기
㉡ 체납처분에 따른 압류등기
㉢ 대지권이라는 뜻의 등기
㉣ 매각(경매)에 있어서 매수인이 인수하지 아니한 부동산 위의 부담등기의 말소등기

① ㉠, ㉣
② ㉡, ㉣
③ ㉠, ㉡, ㉣
④ ㉠, ㉢, ㉣
⑤ ㉡, ㉢, ㉣

08 등기관이 직권으로 할 수 있는 등기를 모두 고른 것은? (단, 이해관계인이 있는 경우 그 자의 승낙이 있는 것으로 봄)

㉠ 법 제29조 제2호(사건이 등기할 것이 아닌 경우)에 위반한 등기의 말소등기
㉡ 매매계약을 원인으로 한 소유권이전등기 시 등기의무자의 주소변경등기
㉢ 등기의무자의 소재불명으로 인한 제권판결을 받은 경우의 말소등기
㉣ 말소등기를 하는 경우 그 말소할 권리를 목적으로 하는 제3자 명의의 등기의 말소등기

① ㉠, ㉣
② ㉡, ㉢
③ ㉠, ㉡, ㉢
④ ㉠, ㉡, ㉣
⑤ ㉡, ㉢, ㉣

09 등기관의 직권등기가 <u>아닌</u> 것은? (단, 이해관계인이 있는 경우 그 자의 승낙이 있는 것으로 봄)

① 전세권설정등기를 말소하는 경우 그 전세권을 목적으로 하는 저당권의 말소등기
② 환매에 의한 권리취득의 등기를 하는 경우 환매특약등기의 말소등기
③ 혼동에 의하여 소멸하는 권리의 말소등기
④ 미등기부동산에 대하여 법원의 처분제한등기의 촉탁이 있는 경우 실행하는 소유권보존등기
⑤ 가등기에 기하여 본등기를 하는 경우 본등기와 양립할 수 없는 제3자 명의의 중간처분등기의 말소등기

10 미등기부동산에 대하여 등기관의 직권에 의한 소유권보존등기를 할 수 있는 경우를 모두 고른 것은?

㉠ 법원의 가압류등기의 촉탁이 있는 경우
㉡ 체납처분으로 인한 과세관청의 압류등기의 촉탁이 있는 경우
㉢ 임차권등기명령에 따른 주택임차권등기의 촉탁이 있는 경우
㉣ 수용으로 인한 사업시행자의 소유권이전등기 촉탁이 있는 경우

① ㉠, ㉡ 　　② ㉠, ㉢
③ ㉡, ㉢ 　　④ ㉢, ㉣
⑤ ㉠, ㉡, ㉢

11 등기관이 소유권이전등기를 할 때에 등기명의인의 주소변경으로 신청정보상의 등기의무자의 표시가 등기기록과 일치하지 아니하는 경우, 등기관의 처분으로 옳은 것은?

① 등기신청인에게 소유권이전등기와 등기명의인의 표시변경등기를 동시에 신청하도록 보정명령을 하여야 한다.
② 등기신청인에게 등기명의인의 표시변경등기를 신청하도록 보정명령을 하여야 한다.
③ 등기명의인의 표시변경등기를 생략하고 직접 소유권이전등기를 실행한다.
④ 첨부정보로 제공된 주소를 증명하는 정보에 등기의무자의 등기기록상의 주소가 신청정보상의 주소로 변경된 사실이 명백히 나타나면 직권으로 등기명의인표시의 변경등기를 하여야 한다.
⑤ 신청정보상의 등기의무자의 표시와 등기기록상의 등기의무자의 표시가 일치하지 않으므로 법 제29조 제7호 위반으로 각하하여야 한다.

제2절 | 등기의 신청

12 등기명의인에 관한 설명으로 <u>틀린</u> 것을 모두 고른 것은?

㉠ 동(洞) 명의로 동민(洞民)들이 법인 아닌 사단을 설립한 경우에는 그 대표자가 동 명의로 등기를 신청할 수 있다.
㉡ 특별법에 따라 설립된 농업협동조합의 부동산은 조합원의 합유로 등기하여야 한다.
㉢ 종중, 문중 그 밖에 대표자나 관리인이 있는 법인 아닌 사단이나 재단에 속하는 부동산의 등기에 관하여는 그 사단이나 재단을 등기권리자 또는 등기의무자로 한다.
㉣ 지방자치단체도 등기신청의 당사자능력이 인정되므로 읍·면 명의의 등기도 인정된다.

① ㉠, ㉡
② ㉡, ㉣
③ ㉢, ㉣
④ ㉠, ㉡, ㉣
⑤ ㉡, ㉢, ㉣

13 등기명의인이 될 수 있는 자를 모두 고른 것은? (다툼이 있으면 판례·등기예규에 따름)

> ㉠ 외국인(법령이나 조약에 제한이 없는 경우)
> ㉡ 재단법인 甲乙학원에서 운영하는 丙丁고등학교
> ㉢ 부모가 생존하고 있는 미성년자
> ㉣ 태아

① ㉠, ㉢
② ㉠, ㉣
③ ㉡, ㉢
④ ㉠, ㉡, ㉢
⑤ ㉡, ㉢, ㉣

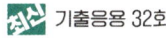 기출응용 32회

14 등기신청에 관한 설명으로 틀린 것은?

① 종중이 소유한 부동산을 등기하는 경우에는 갑구란에 종중명칭 외에 대표자의 성명·주소·주민등록번호가 함께 기록된다.
② 「민법」상 조합을 등기의무자로 한 근저당권설정등기는 신청할 수 없지만, 채무자로 표시한 근저당권설정등기는 신청할 수 있다.
③ 사립대학이 부동산을 기증받은 경우라도 학교 명의로 소유권이전등기를 할 수 없다.
④ 합유자 중 1인을 채무자로 하여 그 자의 지분에 가압류등기를 할 수 없다.
⑤ 법인 아닌 사단인 종중이 건물을 매수한 경우, 종중의 대표자는 종중 명의로 소유권이전등기를 신청할 수 있다.

15 법인 아닌 사단 명의의 부동산등기신청에 관한 설명으로 틀린 것은?

① 대표자나 관리인이 있는 법인 아닌 사단에 속하는 부동산에 관한 등기를 신청할 때에는 그 사단의 대표자를 등기권리자나 등기의무자로 한다.
② 법인 아닌 사단이나 재단은 그 사단 또는 재단 명의로 대표자나 관리인이 등기를 신청한다.
③ 법인 아닌 사단을 등기의무자로 등기신청할 때에는 사원총회결의서를 첨부정보로 제공하여야 한다.
④ 법인 아닌 사단 명의로 등기하는 경우에는 대표자의 성명·주소·주민등록번호를 함께 기록한다.
⑤ 법인 아닌 사단 명의로 등기를 신청하는 경우에는 정관이나 그 밖의 기타의 규약을 첨부하여야 한다.

16 법인 아닌 사단이나 재단이 당사자가 되어 등기를 신청하는 경우, 등기소에 제공할 첨부정보가 아닌 것은?

① 사원총회 결의가 있음을 증명하는 정보(법인 아닌 사단이 등기권리자인 경우로 한정한다)
② 대표자나 관리인의 인감증명(법인 아닌 사단·재단이 등기의무자인 경우로 한정한다)
③ 정관이나 그 밖의 규약
④ 대표자나 관리인임을 증명하는 정보
⑤ 대표자나 관리인의 주소 및 주민등록번호를 증명하는 정보

17 공동으로 신청하여야 하는 등기를 모두 고른 것은?

> ㉠ 저당권자가 저당권이 설정된 부동산의 소유권을 취득한 경우 저당권말소등기신청
> ㉡ 변제로 인한 피담보채권의 소멸에 의해 저당권설정등기의 말소등기신청
> ㉢ 소유권보존등기의 말소등기신청
> ㉣ 확정판결에 의한 소유권이전등기의 말소등기신청

① ㉡
② ㉠, ㉡
③ ㉡, ㉢
④ ㉡, ㉣
⑤ ㉠, ㉡, ㉣

18 절차법상의 등기권리자나 등기의무자의 지정으로 <u>틀린</u> 것은?

① 전세권설정등기를 신청하는 경우 전세권자가 등기권리자가 된다.
② 전세권을 목적으로 저당권설정등기를 신청하는 경우 전세권자가 등기의무자가 된다.
③ 전세금의 증액으로 인한 전세권변경등기 신청에 있어서 전세권자는 등기권리자가 된다.
④ 채권최고액의 감액으로 인한 근저당권변경등기에 있어서 근저당권설정자는 등기의무자가 된다.
⑤ 소유권이전가등기 후 그 부동산의 소유권이 제3자에게 이전되었다면 위 가등기에 기한 본등기의 등기의무자는 가등기 당시의 소유자, 즉 가등기의무자가 된다.

19 등기권리자와 등기의무자에 관한 설명으로 틀린 것은?

① 실체법상 등기권리자란 실체법상 등기의무자에 대해 등기신청에 협력할 것을 요구하는 등기청구권을 가진 자를 말한다.
② 절차법상 등기의무자에 해당하는지 여부는 등기기록상 형식적으로 판단하고, 실체법상 권리의무에 대해서는 고려하지 않는다.
③ 실체법상 등기권리자와 절차법상 등기권리자는 대체로 일치하지만 항상 일치하는 것은 아니다.
④ 甲이 자신의 부동산에 설정해 준 乙 명의의 전세권설정등기를 말소하는 경우 절차법상 등기권리자는 甲이다.
⑤ 甲에서 乙로, 乙에서 丙으로 순차로 소유권이전등기가 이루어졌으나 乙 명의의 등기가 원인무효임을 이유로 甲이 丙을 상대로 丙 명의의 등기 말소를 명하는 확정판결을 얻은 경우, 그 판결에 따른 등기에 있어서 절차법상의 등기권리자는 甲이다.

20 절차법상 등기권리자와 등기의무자에 관한 설명으로 옳은 것을 모두 고른 것은?

㉠ 채무자 甲에서 乙로 소유권이전등기가 이루어졌으나 甲의 채권자 丙이 등기원인이 사해행위임을 이유로 그 소유권이전등기의 말소판결을 받은 경우, 그 판결에 따른 등기에 있어서 등기권리자는 甲이다.
㉡ 부동산이 甲 ⇨ 乙 ⇨ 丙 순으로 매도되었으나 등기 명의가 甲에게 남아 있어 丙이 乙을 대위하여 소유권이전등기를 신청하는 경우, 등기권리자는 丙이 된다.
㉢ 甲 소유로 등기된 토지에 설정된 乙 명의의 전세권을 丙에게 이전하는 등기를 신청하는 경우, 등기의무자는 乙이다.

① ㉡
② ㉢
③ ㉠, ㉡
④ ㉠, ㉢
⑤ ㉡, ㉢

21 적법한 등기신청절차가 아닌 것은?

① 매도인과 매수인이 공동으로 소유권이전등기를 신청하였다.
② 매수인이 매도인을 대리하여 소유권이전등기를 신청하였다.
③ 법무사가 매도인과 매수인 쌍방을 대리하여 소유권이전등기를 신청하였다.
④ 저당권자와 물상보증인이 공동으로 근저당권설정등기를 신청하였다.
⑤ 甲은 자기 소유의 토지에 건물을 건축한 후에 이를 매도하고 매수인과 공동으로 매수인 명의의 소유권보존등기를 신청하였다.

22 판결로 인한 소유권이전등기신청에 관한 설명으로 틀린 것은?

① 등기절차의 이행 또는 인수를 명하는 판결에 의한 등기는 승소한 등기권리자 또는 등기의무자가 단독으로 신청한다.
② 공유물을 분할하는 판결에 의한 등기는 등기권리자 또는 등기의무자가 단독으로 신청한다.
③ 판결에 의하여 승소한 자는 단독으로 등기를 신청할 수 있는데 이 경우의 판결은 확정판결이어야 한다.
④ 승소한 등기권리자가 그 판결에 의하여 등기를 신청하지 않는 경우, 패소한 등기의무자는 그 판결에 기하여 등기권리자 명의의 등기를 신청할 수 있다.
⑤ 소유권이전등기절차의 이행을 명하는 확정판결을 받았다면 그 확정시기에 관계없이 판결에 의한 소유권이전등기신청을 할 수 있다.

23 판결에 의한 소유권이전등기신청에 관한 설명으로 옳은 것을 모두 고른 것은?

> ㉠ 소유권이전등기절차 이행을 명하는 판결이 확정된 후 10년이 경과하여도 그 판결에 의한 소유권이전등기를 신청할 수 있다.
> ㉡ 소유권이전등기의 이행판결에 가집행이 붙은 경우 판결이 확정되지 아니하여도 가집행선고에 의한 소유권이전등기를 신청할 수 있다.
> ㉢ 공유물분할판결이 확정되면 그 소송의 피고도 단독으로 공유물분할을 원인으로 한 지분이전등기를 신청할 수 있다.

① ㉠
② ㉡
③ ㉠, ㉢
④ ㉡, ㉢
⑤ ㉠, ㉡, ㉢

24 판결에 의한 등기신청에 관한 설명으로 <u>틀린</u> 것은?

① 등기권리자가 등기의무자의 소재불명으로 인하여 공동으로 등기의 말소를 신청할 수 없는 때에는 공시최고 후 제권판결을 받아 신청서에 그 등본을 첨부하여 등기권리자만으로 등기의 말소를 신청할 수 있다.
② 승소한 등기권리자가 그 판결에 의하여 등기를 신청하지 않는 경우, 패소한 등기의무자는 승소한 등기권리자를 대위하여 등기를 신청할 수 없다.
③ 확정판결에 의하여 등기의 말소를 신청하는 경우, 그 말소되는 등기에 대하여 등기상 이해관계인이 있더라도 그 자의 승낙서 등을 첨부할 필요는 없다.
④ 공증인 작성의 공정증서에 부동산에 관한 등기신청의무를 이행하기로 하는 조항이 기재되어 있더라도 등기권리자는 이 공정증서에 의하여 단독으로 등기를 신청할 수 없다.
⑤ 판결에 의한 소유권이전등기를 신청하는 경우 판결정본과 확정증명서를 첨부정보로 제공하여야 한다.

대표문제 단독신청

단독으로 등기신청할 수 있는 것을 모두 고른 것은? (단, 판결 등 집행권원에 의한 신청은 제외함)

기출응용 32회

㉠ 포괄유증을 원인으로 하는 수증자의 소유권이전등기신청
㉡ 토지를 수용한 한국수자원공사의 소유권이전등기신청
㉢ 전세권의 전세금을 증액하는 전세권자의 변경등기신청
㉣ 가등기명의인의 가등기말소등기신청

① ㉠
② ㉠, ㉡
③ ㉡, ㉢
④ ㉡, ㉣
⑤ ㉠, ㉢, ㉣

POINT
성질상 상대방이 없는 경우로서 단독신청, 판결에 의한 단독신청 기타 법률의 규정에 따른 단독신청을 구분해두어야 합니다.

해설
㉠ 포괄유증을 원인으로 하는 수증자의 소유권이전등기는 수증자를 등기권리자로 하고 상속인 또는 유언집행자를 등기의무자로 하여 공동으로 신청한다.
㉡ 수용으로 인한 소유권이전등기는 등기권리자가 단독으로 신청할 수 있으므로(법 제99조 제1항), 한국수자원공사는 등기권리자로서 소유권이전등기를 단독으로 신청할 수 있다.
㉢ 전세권의 전세금을 증액하는 전세권의 변경등기는 전세권설정자와 전세권자가 공동으로 신청한다.
㉣ 가등기명의인은 단독으로 가등기의 말소등기를 신청할 수 있다.

정답 ④

25 단독신청할 수 있는 등기를 모두 고른 것은?

㉠ 토지수용으로 인한 소유권이전등기
㉡ 토지의 분할로 인한 부동산의 표시변경등기
㉢ 법인의 합병으로 인한 소유권이전등기
㉣ 전세권자의 소재불명으로 제권판결을 받은 후에 행하는 전세권말소등기

① ㉠, ㉢
② ㉡, ㉣
③ ㉠, ㉡, ㉣
④ ㉡, ㉢, ㉣
⑤ ㉠, ㉡, ㉢, ㉣

26 등기신청에 관한 설명으로 옳은 것은?

① 말소등기신청 시 등기의 말소에 대하여 등기상 이해관계 있는 제3자의 승낙이 있는 경우, 그 제3자 명의의 등기는 등기권리자의 단독신청으로 말소된다.
② 수용으로 인한 소유권이전등기를 하는 경우, 등기권리자는 그 목적물에 설정되어 있는 근저당권설정등기의 말소등기를 단독으로 신청하여야 한다.
③ 가등기권리자는 가등기의무자의 승낙을 받아 단독으로 가등기를 신청할 수 없다.
④ 등기명의인의 표시변경등기는 등기권리자와 등기의무자가 공동으로 신청한다.
⑤ 등기명의인인 사람의 사망으로 권리가 소멸한다는 약정이 등기되어 있는 경우에 사람의 사망으로 그 권리가 소멸하였을 때에는, 등기권리자는 그 사실을 증명하여 단독으로 해당 등기의 말소를 신청할 수 있다.

27 상속인에 의한 등기신청에 관한 설명으로 틀린 것은?

① 등기원인이 발생한 후에 등기권리자 또는 등기의무자에 대하여 상속이 있는 경우에는 상속인이 그 등기를 신청할 수 있다.
② 매매계약 후 소유권이전등기신청 전에 매도인이 사망한 경우 상속등기를 마친 후에 매매를 원인으로 한 매수인 명의의 소유권이전등기를 하여야 한다.
③ 매매계약을 체결한 법인이 합병으로 소멸한 경우 합병 후 존속한 법인 명의의 소유권이전등기를 생략하고 직접 매수인 명의로 소유권이전등기를 신청한다.
④ 상속인에 의한 등기신청은 신청정보에 상속을 증명하는 시·구·읍·면의 장의 서면이나 그 밖의 상속을 증명할 만한 서면을 첨부하여야 한다.
⑤ 상속인인에 의한 등기신청은 신청정보의 등기의무자의 표시가 등기기록과 일치하지 아니한 경우라도 각하되지 않는다.

기출응용 33회

28 甲이 乙에게 부동산을 매도하고 소유권이전등기를 신청하기 전에 사망한 경우, 乙 명의로의 소유권이전등기신청방법으로 옳은 것을 모두 고른 것은?

> ㉠ 甲이 등기의무자, 매수인 乙이 등기권리자가 되어 공동으로 등기를 신청한다.
> ㉡ 甲의 상속인 앞으로 상속등기를 요하지 않는다.
> ㉢ 등기원인을 상속으로 기록하고, 등기원인일자는 甲의 사망일을 기록한다.
> ㉣ 신청정보에 기록한 등기의무자의 표시와 등기기록의 등기의무자의 표시가 부합하지 않더라도 등기신청을 각하할 수 없다.

① ㉠, ㉢
② ㉡, ㉣
③ ㉢, ㉣
④ ㉠, ㉡, ㉢
⑤ ㉡, ㉢, ㉣

29 채권자대위에 의한 등기신청에 관한 설명으로 옳은 것은?

① 채권자의 채권자는 채권자의 대위권을 다시 대위하여 등기를 신청할 수 없다.
② 채권자대위권에 의한 등기신청의 경우, 대위채권자는 채무자의 등기신청권을 채무자의 이름으로 행사한다.
③ 신청정보에 대위원인을 기록하지만, 대위원인을 증명하는 정보를 제공할 필요는 없다.
④ 대위신청에 의하여 표제부 및 갑구·을구에 등기를 함에 있어서는 대위자의 성명(명칭), 주소 또는 사무소의 소재지 및 대위원인을 기록하여야 한다.
⑤ 채권자의 대위신청에 의하여 등기관이 등기를 완료한 때에는 등기필정보를 작성하여 등기권리자에게 통지하여야 한다.

 기출응용 33회

30 채권자 甲이 채권자대위권에 의하여 채무자 乙을 대위하여 등기신청하는 경우에 관한 설명으로 옳은 것을 모두 고른 것은?

㉠ 乙에게 등기신청권이 없으면 甲은 대위등기를 신청할 수 없다.
㉡ 대위등기신청에서는 甲이 등기신청인이다.
㉢ 대위등기를 신청할 때 대위원인을 증명하는 정보의 제공을 요하지 않는다.
㉣ 대위신청에 따른 등기를 마친 경우, 등기관은 乙에게 등기완료 사실을 통지하지 않는다.

① ㉠, ㉡
② ㉡, ㉣
③ ㉠, ㉡, ㉣
④ ㉠, ㉢, ㉣
⑤ ㉡, ㉢, ㉣

31 등기의 대위신청에 관한 설명으로 옳은 것은?

① 수익자는 수탁자를 대위하여 신탁의 등기를 신청할 수 없다.
② 구분건물로서 그 대지권의 변경이나 소멸이 있는 경우에는 구분건물의 소유권의 등기명의인은 1동의 건물에 속하는 다른 구분건물의 소유권의 등기명의인을 대위하여 그 등기를 신청할 수 있다.
③ 건물이 멸실된 경우에 건물의 소유자가 60일 이내에 멸실등기를 신청하지 아니한 때에는 그 토지의 소유자가 건물소유자를 대위하여 멸실등기를 신청할 수 있다.
④ 금전채권자는 채무자를 대위하여 등기를 신청할 수 없다.
⑤ 1동의 건물에 속하는 구분건물 중 일부만에 관하여 소유권보존등기를 신청하는 소유자는 나머지 구분건물의 소유자를 대위하여 그 건물의 소유권보존등기를 신청할 수 있다.

32 대리인에 의한 등기신청에 관한 설명으로 틀린 것은?

① 전자표준양식(e-Form)에 의한 등기신청은 전자신청이므로 변호사나 법무사에 한하여 등기신청의 대리인이 될 수 있다.
② 자기계약과 쌍방대리의 방식으로 등기를 신청하는 것도 허용된다.
③ 방문신청의 방법으로 등기를 신청하는 경우 대리인의 자격에 관해서는 특별한 제한이 없다.
④ 대리인에 의하여 등기를 신청하는 경우에는 대리인의 성명과 주소를 신청정보의 내용으로 등기소에 제공하여야 한다.
⑤ 대리인의 등기신청에 의하여 등기를 실행하는 경우, 등기기록에는 등기권리자의 표시만 기록하고 대리인의 표시는 기록하지 않는다.

33 전산정보처리조직에 의한 등기신청(이하 '전자신청'이라 함)에 관한 설명으로 옳은 것은?

① 전자증명서를 발급받은 법인 및 법인 아닌 사단이나 재단은 전자신청을 할 수 있다.
② 전자신청을 위한 사용자등록은 부동산 소재지의 관할 등기소에 하여야 한다.
③ 사용자등록을 한 법무사에게 전자신청에 관한 대리권을 수여한 등기권리자도 사용자등록을 하여야 법무사가 대리하여 전자신청을 할 수 있다.
④ 사용자등록 신청서에는 「인감증명법」에 따라 신고한 인감을 날인하고, 그 인감증명과 함께 주소를 증명하는 서면을 첨부하여야 한다.
⑤ 등기관이 등기를 완료한 때에는 서면에 의하여 등기필정보 및 등기완료사실을 통지하여야 한다.

34 전자신청에 관한 설명으로 틀린 것은?

① 전산정보처리조직을 이용하여 등기를 신청하는 경우에는 출석주의 위반으로 인한 각하사유를 적용하지 아니한다.
② 자격자대리인(변호사나 법무사)만 타인을 대리하여 전자신청을 할 수 있다.
③ 사용자등록을 한 자연인은 전자신청을 할 수 있는데, 외국인도 이에 포함된다.
④ 전자신청의 방법으로 소유권이전등기를 신청하는 경우 인감증명정보의 제공을 요하지 않는다.
⑤ 전자신청의 취하는 전산정보처리조직을 이용해서 하여야 한다. 이 경우 별도의 사용자인증을 받아야 하는 것은 아니다.

35 「부동산등기법」상 전자신청에 대한 설명으로 <u>틀린</u> 것은?

① 전자신청을 위한 사용자등록의 유효기간은 3년으로 한다. 이는 자격자대리인 외의 자의 경우에도 동일하다.

② 사용자등록의 유효기간 만료일 3개월 전부터 만료일까지는 그 유효기간의 연장을 신청할 수 있으며, 그 연장기간은 3년으로 한다.

③ 사용자등록의 연장은 전자문서로 신청할 수 있다.

④ 등기신청 시 첨부정보를 '컴퓨터 등 정보처리능력을 가진 장치에 의하여 전자적인 형태로 작성되어 송신·수신 또는 저장되는 정보' 등 전자문서로 등기소에 제공할 수 있는 경우 전자신청이 가능하다.

⑤ 등기신청 시 첨부정보를 '전자적 형태로 작성되지 아니한 문서를 정보처리능력을 가진 장치가 처리할 수 있는 형태로 변환한 정보' 등 전자문서로 등기소에 제공할 수 있는 경우 전자신청이 가능하다.

제3절 | 신청정보 및 첨부정보

36 등기신청정보의 작성 및 제공방법에 관한 설명으로 틀린 것은?

① 같은 등기소에 동시에 여러 건의 등기신청을 하는 경우에 첨부정보의 내용이 같은 것이 있을 때에는 먼저 접수되는 신청에만 그 첨부정보를 제공한다.
② 등기목적과 등기원인이 동일한 여러 개의 부동산에 대한 신청정보를 일괄하여 제공할 수 있다.
③ 신청인이 다수인 경우에 신청서를 정정할 때에는 신청인 전원이 정정인을 날인하여야 한다.
④ 방문신청을 하는 경우에 신청서가 여러 장일 때에는 신청인 또는 그 대리인이 간인을 하여야 하고, 등기권리자 또는 등기의무자가 여러 명일 때에는 전원이 간인하는 방법으로 한다.
⑤ 신청서에 서명하였을 때에는 각 장마다 연결되는 서명으로 간인을 대신할 수 있다.

37 다음 중 1건의 신청정보로 일괄하여 신청하거나 촉탁할 수 있는 경우를 모두 고른 것은?

㉠ 여러 개의 부동산에 관한 등기가 등기목적과 등기원인이 동일한 경우
㉡ 같은 채권의 담보를 위하여 소유자가 다른 여러 개의 부동산에 대한 저당권설정등기를 신청하는 경우
㉢ 매각처분으로 인한 매수인 앞으로의 소유권이전등기와 매수인이 인수하지 아니한 부동산의 부담에 관한 기입을 말소하는 등기 및 경매개시결정등기를 말소하는 등기를 촉탁하는 경우
㉣ 공매처분으로 인한 권리이전등기와 공매처분으로 인해 소멸한 권리의 말소등기 및 체납처분에 관한 압류등기의 말소등기를 촉탁하는 경우

① ㉢, ㉣
② ㉠, ㉡, ㉢
③ ㉠, ㉢, ㉣
④ ㉡, ㉢, ㉣
⑤ ㉠, ㉡, ㉢, ㉣

38 매매를 원인으로 한 토지소유권이전등기를 신청하는 경우에 「부동산등기규칙」상 신청정보의 내용으로 등기소에 제공하는 사항이 <u>아닌</u> 것은?

① 등기의무자의 등기필정보
② 토지의 표시에 관한 사항 중 지목
③ 토지의 표시에 관한 사항 중 표시번호
④ 신청인이 법인인 경우에 그 대표자의 성명과 주소
⑤ 대리인에 의하여 등기를 신청하는 경우에 그 대리인의 성명과 주소

39 등기신청정보의 제공사항에 관한 설명으로 <u>틀린</u> 것은?

① 임의적 제공사항에 해당하는 내용이 등기원인에 정해져 있는 경우, 이를 신청정보로 제공해야 하는 것은 아니다.
② 임의적 제공사항을 등기하면 제3자에 대하여 대항력이 발생한다.
③ 환매특약의 등기를 신청하는 경우 등기원인에 환매기간이 정하여져 있는 경우에만 이를 제공하여야 한다.
④ 등기원인에 공유물분할금지약정이 있는 때에는 이를 제공하여야 한다.
⑤ 구분건물에 관하여 대지권이 있는 경우, 그 대지권의 표시를 제공하여야 한다.

40 신청정보의 필요적 제공사항이 <u>아닌</u> 것은?

① 부동산의 표시로서 소재, 지번
② 전세권설정등기의 존속기간
③ 등기원인과 그 연월일
④ 저당권설정등기의 채권액과 채무자
⑤ 신청인의 성명(명칭), 주민등록번호(등록번호) 및 주소

41 등기의무자의 등기필정보의 제공에 관한 설명으로 <u>틀린</u> 것은?

① 등기필정보의 제공은 공동신청 또는 승소한 등기의무자의 단독신청에 의하여 권리에 관한 등기를 신청하는 경우로 한정한다.
② 소유권보존등기 또는 상속으로 인한 소유권이전등기를 신청할 경우, 등기필정보의 제공을 요하지 않는다.
③ 등기절차의 인수를 명하는 판결에 따라 승소한 등기의무자가 단독으로 등기를 신청하는 경우, 등기필정보의 제공을 요하지 않는다.
④ 등기권리자가 판결에 의하여 소유권이전등기를 신청할 경우, 등기필정보의 제공을 요하지 않는다.
⑤ 유증을 원인으로 하는 소유권이전등기를 신청할 경우, 등기필정보를 제공하여야 한다.

42 등기신청 중 등기의무자의 권리에 관한 등기필정보를 제공하는 경우를 모두 고른 것은? (단, 판결에 의한 등기신청의 경우는 제외함)

㉠ 소유권보존등기
㉡ 근저당권설정등기
㉢ 부동산의 표시변경등기
㉣ 전세권이전등기

① ㉠, ㉢
② ㉠, ㉣
③ ㉡, ㉢
④ ㉡, ㉣
⑤ ㉢, ㉣

43 등기의무자의 등기필정보가 멸실된 경우의 등기신청절차에 관한 설명으로 틀린 것은?

① 등기필정보가 멸실된 경우라도 절대 이를 재발급하지 않는다.
② 등기의무자 또는 그 법정대리인이 신청서 중 등기의무자의 작성부분에 확정일자인을 받아 그 부본 1통을 제출함으로써 등기필정보의 제공에 갈음할 수 있다.
③ 변호사가 대리인으로서 등기를 신청하는 경우, 등기의무자 또는 그 법정대리인으로부터 위임받았음을 확인하는 서면을 등기소에 제공하여야 한다.
④ 등기의무자 또는 그 법정대리인이 등기소에 출석하여 등기관으로부터 등기의무자 또는 그 법정대리인임을 확인받음으로써 등기필정보의 제공에 갈음할 수 있다.
⑤ 국내부동산을 처분하려는 재외국민이나 외국인의 수임인이 대리신청하는 경우에는 그 처분권한 일체를 위임받은 내용의 위임장에 등기필정보 멸실의 뜻을 기재하고 공증을 받아 그 위임장부본 1통을 제출함으로써 등기필정보의 제공에 갈음할 수 있다.

기출응용 32회

44 2025년에 사인(私人) 간 토지소유권이전등기 신청 시, 등기원인을 증명하는 서면에 검인을 받아야 하는 경우를 모두 고른 것은?

> ㉠ 임의경매
> ㉡ 명의신탁해지약정
> ㉢ 공유물분할협의
> ㉣ 진정명의회복

① ㉠, ㉡ ② ㉠, ㉢
③ ㉡, ㉢ ④ ㉡, ㉣
⑤ ㉠, ㉡, ㉣

45 「농지법」상 농지에 대하여 소유권이전등기를 신청할 때 농지취득자격증명을 제공하는 경우는?

① 취득시효완성을 원인으로 소유권이전등기를 신청하는 경우
② 공유물분할을 원인으로 하는 소유권이전등기를 신청하는 경우
③ 「신탁법」상 신탁계약으로 인한 소유권이전등기를 신청하는 경우
④ 수용으로 인한 소유권이전등기를 신청하는 경우
⑤ 진정명의회복을 원인으로 소유권이전등기를 신청하는 경우

46 등기신청 시 '등기권리자'의 주소를 증명하는 정보를 첨부정보로 제공하지 <u>않는</u> 경우는?

① 소유권이전등기신청
② 멸실등기신청
③ 근저당권설정등기신청
④ 전세권이전등기신청
⑤ 소유권보존등기신청

47 등기신청 시 '등기의무자'의 주소증명정보를 첨부정보로 제공하는 경우를 모두 고른 것은? (단, 판결이나 경·공매에 의한 경우는 제외함)

> ㉠ 소유권이전등기를 신청하는 경우
> ㉡ 소유권말소등기를 신청하는 경우
> ㉢ 신청정보의 등기의무자의 표시에 관한 사항 중 주민등록번호는 등기기록과 일치하고 주소가 일치하지 아니하여 등기의무자의 동일성 확인이 필요한 경우

① ㉠   ② ㉢   ③ ㉠, ㉡
④ ㉠, ㉢   ⑤ ㉠, ㉡, ㉢

48 부동산등기용 등록번호에 관한 설명으로 옳은 것은?

① 법인 아닌 사단의 등록번호는 주된 사무소 소재지 관할 등기소의 등기관이 부여한다.
② 법인의 등록번호는 주된 사무소 소재지를 관할하는 시장·군수 또는 구청장이 부여한다.
③ 주민등록번호가 없는 재외국민의 등록번호는 대법원 소재지 관할 등기소의 등기관이 부여한다.
④ 외국인의 등록번호는 체류지를 관할하는 시장·군수 또는 구청장이 부여한다.
⑤ 국내에 영업소나 사무소의 설치등기를 하지 아니한 외국법인의 등록번호는 국토교통부장관이 지정·고시한다.

49 부동산표시를 증명하는 정보로서 대장정보의 제공에 관한 설명으로 틀린 것은?

① 토지의 일부를 목적으로 전세권설정등기를 신청하는 경우, 그 부분을 표시한 토지대장을 첨부정보로서 등기소에 제공하여야 한다.
② 토지에 대한 소유권이전등기를 신청하는 경우에는 토지대장·임야대장 정보나 그 밖에 부동산의 표시를 증명하는 정보를 첨부정보로 제공하여야 한다.
③ 토지에 대한 표시변경등기를 신청하는 경우, 등기원인을 증명하는 정보로 토지대장 정보를 제공할 수 있다.
④ 토지의 멸실등기를 신청하는 경우에는 그 멸실을 증명하는 토지대장 정보나 임야대장 정보를 첨부정보로서 등기소에 제공하여야 한다.
⑤ 건물에 대한 소유권보존등기를 신청하는 경우 건물의 표시를 증명하는 건축물대장 정보나 그 밖의 정보를 첨부정보로서 등기소에 제공하여야 한다.

50 등기신청 중 건물의 도면이나 토지에 대한 지적도를 제공할 필요가 없는 것은?

① 토지의 소유권보존등기신청
② 건물 일부에 전세권등기가 있는 경우에 그 건물의 분할등기신청
③ 대지 위에 여러 개의 건물이 있는 경우의 건물소유권보존등기신청
④ 토지의 일부에 대한 전세권설정등기신청
⑤ 구분건물의 소유권보존등기신청

제4절 | 등기신청에 대한 등기관의 처분

51 등기신청의 접수에 관한 설명으로 <u>틀린</u> 것은?

① 등기관이 신청정보를 받았을 때에는 접수장에 접수번호를 적어야 하는데, 접수번호는 전국 모든 등기소를 통합하여 부여한다.
② 접수번호는 매년 새로 부여하여야 한다.
③ 등기의 신청은 신청정보가 전산정보처리조직에 저장된 때에 접수된 것으로 본다.
④ 동일한 부동산에 관하여 동시에 여러 개의 신청을 받으면 동일한 접수번호를 부여하여야 한다.
⑤ 등기관은 접수번호의 순서에 따라 등기를 실행하여야 하는데, 이에 대한 예외는 인정되지 않는다.

52 법률상 등기의 동시신청을 요하는 경우가 <u>아닌</u> 것은?

① 환매특약부매매로 인한 소유권이전등기와 환매특약등기
② 신탁계약으로 인한 소유권이전등기와 신탁등기
③ 등기명의인의 표시변경등기와 소유권이전등기
④ 1동의 건물에 속하는 구분건물 중 일부만의 소유권보존등기와 나머지 구분건물의 표시에 관한 등기
⑤ 건물의 신축으로 인하여 구분건물이 아닌 건물이 구분건물로 된 경우에 그 신축건물의 소유권보존등기와 구분건물이 아닌 건물을 구분건물로 변경하는 건물의 표시변경등기

대표문제 각하사유

등기관이 등기신청을 각하해야 하는 경우를 모두 고른 것은?

> ㉠ 일부지분에 대한 소유권보존등기를 신청한 경우
> ㉡ 농지를 지상권의 목적으로 하는 등기를 신청한 경우
> ㉢ 법원의 촉탁으로 실행되어야 할 등기를 신청한 경우
> ㉣ 저당권을 피담보채권과 분리하여 다른 채권의 담보로 하는 등기를 신청한 경우

① ㉠, ㉡
② ㉠, ㉡, ㉣
③ ㉠, ㉢, ㉣
④ ㉡, ㉢, ㉣
⑤ ㉠, ㉡, ㉢, ㉣

POINT
법 제29조 제2호의 '사건이 등기할 것이 아닌 경우'를 숙지해두어야 합니다.

해설
㉡ 농지를 전세권의 목적으로 하는 등기를 신청할 수는 없지만, 농지를 목적으로 지상권을 설정할 수는 있다.

이론+ 법 제29조 제2호의 사건이 등기할 것이 아닌 경우(규칙 제52조)

> 등기관이 등기신청을 각하해야 하는 사유 중 법 제29조 제2호의 '사건이 등기할 것이 아닌 경우'란 다음의 어느 하나에 해당하는 경우를 말한다.
> 1. 등기능력 없는 물건 또는 권리에 대한 등기를 신청한 경우
> 2. 법령에 근거가 없는 특약사항의 등기를 신청한 경우
> 3. 구분건물의 전유부분과 대지사용권의 분리처분 금지에 위반한 등기를 신청한 경우
> 4. 농지를 전세권설정의 목적으로 하는 등기를 신청한 경우
> 5. 저당권을 피담보채권과 분리하여 양도하거나, 피담보채권과 분리하여 다른 채권의 담보로 하는 등기를 신청한 경우
> 6. 일부지분에 대한 소유권보존등기를 신청한 경우
> 7. 공동상속인 중 일부가 자신의 상속지분만에 대한 상속등기를 신청한 경우
> 8. 관공서 또는 법원의 촉탁으로 실행되어야 할 등기를 신청한 경우
> 9. 이미 보존등기된 부동산에 대하여 다시 보존등기를 신청한 경우
> 10. 그 밖에 신청취지 자체에 의하여 법률상 허용될 수 없음이 명백한 등기를 신청한 경우

정답 ③

53 「부동산등기법」 제29조 제2호의 '사건이 등기할 것이 아닌 경우'에 해당하는 것을 모두 고른 것은?

> ㉠ 가등기상의 권리의 처분을 금지하는 가처분등기
> ㉡ 가등기에 기한 본등기를 금지하는 가처분등기
> ㉢ 가처분등기 후 그에 반하는 소유권이전등기
> ㉣ 「하천법」상 하천에 대한 지상권설정등기신청

① ㉠, ㉡   ② ㉠, ㉢   ③ ㉡, ㉣
④ ㉠, ㉢, ㉣   ⑤ ㉡, ㉢, ㉣

54 등기신청 중 법 제29조 제2호 '사건이 등기할 것이 아닌 경우'에 해당하지 않는 것은?

① 지역권을 요역지와 분리하여 양도하는 등기를 신청한 경우
② 저당권을 피담보채권과 분리하여 양도하거나, 피담보채권과 분리하여 다른 채권의 담보로 하는 등기를 신청한 경우
③ 구분건물의 전유부분과 대지사용권의 분리처분금지에 위반한 등기
④ 합유자 중 1인의 지분에 대한 가압류등기를 촉탁한 경우
⑤ 위조한 개명허가서를 첨부한 등기명의인 표시변경등기신청

55 등기가 가능한 것을 모두 고른 것은?

> ㉠ 전세권설정등기가 마쳐진 주택에 대하여 동일인(= 전세권자)을 권리자로 하는 주택임차권등기명령에 따른 주택임차권등기를 촉탁한 경우
> ㉡ 소유권보존등기의 가등기
> ㉢ 일부 공유지분에 대한 전세권설정등기
> ㉣ 리모델링 공사대금 담보 목적의 건물에 대한 유치권설정등기

① ㉠   ② ㉠, ㉡   ③ ㉠, ㉢
④ ㉡, ㉢   ⑤ ㉡, ㉢, ㉣

56 등기신청의 각하사유에 해당하는 것을 모두 고른 것은?

㉠ 관공서의 공매처분으로 인한 권리이전의 등기를 매수인이 신청한 경우
㉡ 전세권의 양도금지특약을 등기신청한 경우
㉢ 매매로 인한 소유권이전등기 이후에 환매특약등기를 신청한 경우
㉣ 소유권이전등기의무자의 등기기록상 주소가 신청정보의 주소로 변경된 사실이 명백한 때

① ㉠, ㉡
② ㉠, ㉢
③ ㉡, ㉢
④ ㉢, ㉣
⑤ ㉠, ㉢, ㉣

57 등기신청의 각하사유에 해당하지 <u>않는</u> 것은?

① 등기를 방문신청할 때에 당사자나 그 대리인이 출석하지 아니한 경우
② 신청정보의 제공이 대법원규칙으로 정한 방식에 맞지 아니한 경우
③ 소유권 외의 권리가 등기되어 있는 일반건물에 대해 멸실등기를 신청한 경우
④ 신청정보의 부동산 또는 등기의 목적인 권리의 표시가 등기기록과 일치하지 아니한 경우
⑤ 신청할 권한이 없는 자가 신청한 경우

58 사건이 등기할 것에 해당하는 것을 모두 고른 것은?

㉠ 대지권이 등기된 구분건물의 등기기록에는 건물만에 관한 소유권이전등기를 신청한 경우
㉡ 소유권의 일부에 대하여 근저당권설정등기를 신청하는 경우
㉢ 법원의 매각처분으로 인한 소유권이전등기를 매수인이 신청한 경우
㉣ 이미 보존등기된 부동산에 대하여 다시 보존등기를 신청한 경우

① ㉠
② ㉡
③ ㉠, ㉢
④ ㉠, ㉣
⑤ ㉡, ㉢

59 등기관이 직권으로 말소할 수 <u>없는</u> 등기는?

① 위조된 甲의 인감증명에 의한 甲으로부터 乙로의 소유권이전등기
② 甲 소유 농지에 대한 乙의 전세권설정등기
③ 채권자 乙의 신청에 의한 甲 소유토지에 대한 가압류등기
④ 甲 소유 건물에 대한 乙의 주위토지통행권등기
⑤ 공동상속인 甲과 乙 중 乙의 상속지분만에 대한 상속등기

60 등기관이 직권으로 말소할 수 있는 등기는? (단, 모든 등기는 실체관계와 부합함)

① 인감증명이 제공되지 않았음에도 마쳐진 근저당권설정등기
② 무권대리인의 신청에 의하여 마쳐진 전세권설정등기
③ 처분금지가처분등기 이후에 마쳐진 소유권이전등기
④ 위조된 첨부정보에 의하여 마쳐진 소유권이전등기
⑤ 매수인(경락인)의 신청으로 마쳐진 매각으로 인한 소유권이전등기

61 신청정보 및 첨부정보를 접수한 후 등기관의 조치로 틀린 것은?

① 신청인이 보정을 명한 날의 다음 날까지 그 잘못된 부분을 보정하였을 때에는 등기관은 그 등기신청을 각하하지 아니한다.
② 각하결정등본을 교부하거나 송달할 때에는 등기신청서 이외의 첨부서류도 함께 교부하거나 송달하여야 한다.
③ 등기관은 접수번호 순서대로 등기를 하여야 하지만, 집단사건이나 법률적 판단이 어려운 사건과 같이 후순위로 접수된 사건이 상당히 지연될 것이 예상된 경우에는 이들 신청사건보다 나중에 접수된 사건을 먼저 처리할 수 있다.
④ 등기관이 등기사무를 처리한 때에는 등기사무를 처리한 등기관이 누구인지 알 수 있도록 각 등기관이 등기전자서명을 하여 미리 부여받은 식별부호를 기록하는 방법으로 한다.
⑤ 등기관이 식별부호를 기록함으로써 등기절차는 마쳐지는데, 이때부터 그 등기는 효력이 발생한다.

62 등기신청의 취하에 관한 설명으로 틀린 것은?

① 등기권리자와 등기의무자가 공동으로 신청한 경우 어느 일방에 의하여 등기를 취하할 수는 없다.
② 등기신청의 취하는 등기관이 등기를 마치기 전까지 할 수 있다.
③ 취하는 서면 또는 전자적 방법으로 할 수 있으며, 임의대리인이 취하하는 경우에는 특별수권이 있어야 한다.
④ 여러 개의 부동산에 관한 등기를 동일한 신청정보로써 일괄신청한 경우 그중 일부의 부동산에 대하여서만 등기신청을 취하하는 것도 가능하다.
⑤ 전자신청의 방법으로 등기를 신청한 경우, 전산정보처리조직을 이용하거나 등기소에 직접 방문하여 취하정보를 등기소에 제공하는 방법으로 등기신청을 취하할 수 있다.

63 「부동산등기법」상 (   ) 안에 공통적으로 들어갈 내용으로 옳은 것은?

- 등기부의 전부 또는 일부가 손상된 경우에 그 등기부를 복구하기 위하여 등기관이 등기를 마쳤을 때에는 (   )을(를) 작성하여야 한다.
- (   )(이)란 등기부와 동일한 내용으로 보조기억장치에 기록된 자료를 말한다.

① 등기필정보
② 등기부부본자료
③ 등기사항증명서
④ 등기완료통지서
⑤ 등기기록

기출응용 34회

64 「부동산등기법」상 등기필정보에 관한 설명으로 옳은 것을 모두 고른 것은?

㉠ 등기필정보는 아라비아 숫자와 그 밖의 부호의 조합으로 이루어진 일련번호와 비밀번호로 구성한다.
㉡ 등기권리자가 등기필정보의 통지를 원하지 아니하는 경우, 등기를 마친 후 등기명의인에게 등기필정보를 통지하지 않는다.
㉢ 법정대리인이 등기를 신청하여 본인이 새로운 권리자가 된 경우, 등기필정보는 특별한 사정이 없는 한 본인에게 통지한다.
㉣ 관공서가 등기권리자를 위하여 등기를 촉탁하는 경우를 비롯하여 관공서의 촉탁으로 등기를 마친 경우는 등기필정보를 작성하지 아니한다.

① ㉠, ㉡
② ㉠, ㉣
③ ㉡, ㉢
④ ㉡, ㉣
⑤ ㉠, ㉡, ㉢

65 등기필정보를 작성하지 <u>않는</u> 경우는?

① 전세권설정가등기를 마친 경우
② 권리자를 추가하는 변경(경정)등기를 마친 경우
③ 근저당권설정등기를 마친 경우
④ 전세권말소등기를 마친 경우
⑤ 소유권보존등기를 마친 경우

66 다음 중 등기필정보를 작성하는 등기는?

① 승소한 등기의무자의 단독신청에 의하여 마쳐진 소유권이전등기
② 등기관의 직권에 의하여 마쳐진 소유권보존등기
③ 甲 단독소유를 甲·乙 공유로 하는 경정등기를 甲·乙이 신청하여 마친 경우
④ 채권자 대위신청에 의하여 마쳐진 소유권이전등기
⑤ 공유자 중 일부가 공유물의 보존행위로서 공유자 전원을 등기권리자로 하여 권리에 관한 등기를 신청하여 마친 경우

67 다음 중 등기완료통지에 대한 설명으로 틀린 것은?

① 공유자 중 일부가 공유물의 보존행위로서 공유자 전원을 등기권리자로 하여 권리에 관한 등기를 신청하여 마친 경우, 나머지 공유자에게 등기완료통지를 하여야 한다.
② 미등기부동산에 대하여 등기관이 직권으로 소유권보존등기를 마친 후 소유권의 등기명의인에게 등기완료통지를 하여야 한다.
③ 승소한 등기의무자의 신청으로 소유권이전등기를 마친 후 등기관은 등기의무자에게 등기완료통지를 하여야 한다.
④ 행정구역명칭변경에 의하여 직권으로 등기명의인의 주소변경등기를 마친 후 등기관은 등기명의인에게 등기완료통지를 하여야 한다.
⑤ 등기필정보를 제공하지 않고 확인정보 등으로 이를 갈음하여 소유권이전등기를 마친 후 등기관은 등기의무자에게 등기완료통지를 하여야 한다.

68 등기관이 등기를 마친 후 지체 없이 그 사실을 대장소관청에게 알려야 하는 등기는?

① 근저당권이전등기
② 소유권을 목적으로 하는 가압류등기
③ 소유권이전등기
④ 소유권이전가등기
⑤ 전세권설정등기

제5절 | 등기관의 처분에 대한 이의신청

69 등기관의 결정 또는 처분에 대한 이의에 관한 설명으로 옳은 것을 모두 고른 것은?

> ㉠ 이의에는 집행정지의 효력이 없다.
> ㉡ 등기관의 처분 시에 주장하거나 제출하지 아니한 새로운 사실을 근거로 이의신청을 할 수 있다.
> ㉢ 등기신청인이 아닌 제3자는 등기신청의 각하결정에 대하여 이의신청을 할 수 없다.
> ㉣ 등기관은 이의가 이유 있다고 인정하면 이의신청일로부터 3일 이내에 의견을 붙여 이의신청서 또는 이의신청정보를 관할 지방법원에 보내야 한다.

① ㉠, ㉢
② ㉡, ㉣
③ ㉠, ㉡, ㉣
④ ㉠, ㉢, ㉣
⑤ ㉡, ㉢, ㉣

70 등기관의 처분에 대한 이의신청에 관한 설명으로 <u>틀린</u> 것은?

① 등기관의 결정 또는 처분에 이의가 있는 자는 그 결정 또는 처분을 한 등기관이 속한 지방법원(= 관할 지방법원)에 이의신청을 할 수 있다.
② 이의신청은 결정 또는 처분을 한 등기관이 속한 등기소에 이의신청서를 제출하거나 전산정보처리조직을 이용하여 이의신청정보를 보내는 방법으로 한다.
③ 등기관의 결정 또는 처분에 대한 이의에는 집행정지의 효력이 없으므로 이의신청이 있더라도 그 부동산에 대한 다른 등기신청을 수리하여야 한다.
④ 등기관의 처분에 대한 당부의 판단은 이의심사 시를 기준으로 한다.
⑤ 이의신청은 서면으로 하여야 하며, 이의신청기간에는 제한이 없으므로 이의의 이익이 있는 한 언제라도 이의신청을 할 수 있다.

71 다음의 등기관의 처분 또는 결정에 대하여 이의신청의 대상이 되는 것을 모두 고른 것은?

㉠ 부동산의 공유지분에 대한 전세권설정등기를 수리하여 등기한 경우
㉡ 신청정보의 제공이 대법원규칙으로 정한 방식에 맞지 아니한 경우임에도 수리하여 등기한 경우
㉢ 부동산의 특정 일부에 대한 소유권보존등기를 수리하여 등기한 경우
㉣ 등기에 필요한 첨부정보를 제공하지 아니함을 이유로 등기신청을 각하한 경우

① ㉠, ㉢
② ㉡, ㉣
③ ㉠, ㉡, ㉣
④ ㉠, ㉢, ㉣
⑤ ㉡, ㉢, ㉣

72 등기관의 처분에 대한 이의신청에 관한 설명으로 옳은 것은?

① 관할 지방법원은 이의신청에 대하여 결정한 후에 등기관에게 가등기 또는 이의가 있다는 뜻의 부기등기를 명할 수 있다.
② 상속인이 아닌 자도 상속등기의 위법을 이유로 이의신청을 할 수 있다.
③ 등기를 실행한 처분에 대하여 등기상 이해관계 있는 제3자는 그 처분에 대하여 이의신청을 할 수 없다.
④ 채권자 대위에 의하여 마쳐진 등기가 채무자의 신청에 의하여 말소된 경우 채권자는 이의신청을 할 수 있다.
⑤ 등기신청의 각하결정에 대하여 등기신청인인 등기권리자 및 등기의무자뿐만 아니라 이해관계 있는 제3자도 이의신청을 할 수 있다.

73 등기신청의 각하결정에 대한 이의신청에 따라 관할 법원이 한 기록명령에 의하여 등기를 할 수 있는 경우는?

① 말소등기의 기록명령이 있었으나 그 기록명령에 따른 등기 전에 등기상 이해관계인이 발생한 경우
② 권리이전등기의 기록명령이 있었으나 그 기록명령에 따른 등기 전에 제3자 명의로 권리이전등기가 되어 있는 경우
③ 소유권이전등기의 기록명령이 있었으나 그 기록명령에 따른 등기 전에 제3자 명의로 전세권등기가 되어 있는 경우
④ 등기관이 기록명령에 따른 등기를 하기 위해 신청인에게 첨부정보를 다시 등기소에 제공할 것을 명령했으나 신청인이 이에 응하지 않은 경우
⑤ 전세권설정등기의 기록명령이 있었으나 그 기록명령에 따른 등기 전에 동일한 부분에 전세권등기가 되어 있는 경우

CHAPTER 04 각종 권리의 등기절차

제1절 | 소유권보존등기

대표문제 | 소유권보존등기 신청인 및 직권보존등기

소유권보존등기에 관한 설명으로 옳은 것은? 기출응용 33회

① 소유권보존등기를 신청하는 경우 신청인은 등기소에 등기필정보를 제공하여야 한다.
② 군수의 확인에 의하여 미등기토지가 자기의 소유임을 증명하는 자는 보존등기를 신청할 수 있다.
③ 등기관이 미등기부동산에 관하여 수용 주체인 사업시행자의 신청에 따라 소유권이전등기를 하기 위해서는 직권으로 소유권보존등기를 하여야 한다.
④ 미등기토지의 지적공부상 '국'으로부터 소유권이전등록을 받은 자는 직접 자기 명의로 소유권보존등기를 신청할 수 있다.
⑤ 소유권보존등기에는 등기원인과 그 연월일을 기록한다.

POINT
소유권보존등기 신청인 및 직권보존등기의 구조를 알아두어야 합니다.

해설
① 등기필정보는 공동신청이나 승소한 등기의무자의 단독신청의 경우에 제공하므로 소유권보존등기와 같은 단독신청등기는 등기필정보의 제공을 요하지 않는다.
② 시장·군수 또는 구청장의 확인에 의하여 소유권보존등기를 신청할 수 있는 것은 '건물'에 한한다(법 제65조 제4호).
③ 등기관이 미등기부동산에 관하여 직권으로 보존등기를 하기 위해서는 법원의 처분제한등기나 임차권등기명령에 의한 주택임차권등기의 촉탁이 있어야 한다. 수용 주체인 사업시행자는 미등기부동산에 대하여 직접 사업시행자명의의 소유권보존등기를 신청할 수 있다.
⑤ 소유권보존등기에는 등기원인과 그 연월일을 기록하지 않는다.

정답 ④

01 소유권보존등기에 관한 설명으로 옳은 것은?

① 공유자 중 1인은 자신의 지분만에 대한 보존등기뿐만 아니라 전원 명의로 보존등기를 신청할 수 있다.
② 대장상 피상속인이 최초의 소유자로 등록된 경우는 피상속인 명의로 보존등기를 거친 후 상속인 명의로 소유권이전등기를 하여야 한다.
③ 미등기부동산의 대장상 소유자로 등록된 법인을 흡수 합병한 법인은, 합병 후 법인명의로 직접 소유권보존등기를 신청할 수 있다.
④ 미등기부동산의 대장상 최초의 소유자로 등록된 자로부터 특정유증을 받은 수증자는 직접 자기명의로 소유권보존등기를 신청할 수 있다.
⑤ '국'으로부터 이전등록을 받은 토지소유자는 직접 자기 명의로 소유권보존등기를 신청할 수 없고, '국' 명의의 보존등기 후 자기 명의로 소유권이전등기를 하여야 한다.

02 자기 명의로 소유권보존등기를 신청할 수 없는 자는?

① 수용으로 인하여 소유권을 취득하였음을 증명하는 자
② 확정판결에 의하여 자기의 소유권을 증명하는 자
③ 토지대장, 임야대장 또는 건축물대장에 최초의 소유자로 등록되어 있는 자 또는 그 상속인
④ 토지대장등본에 의하여 대장상 소유권이전등록을 받은 사실을 입증한 소유명의인 또는 그 상속인
⑤ 특별자치도지사, 시장·군수 또는 구청장의 확인에 의하여 자기의 건물에 대한 소유권을 증명하는 자

03 확정판결에 의하여 자기의 소유권을 증명하는 자는 소유권보존등기를 신청할 수 있는데, 이에 해당하는 판결이 <u>아닌</u> 것은?

① 당해 부동산이 보존등기 신청인의 소유임을 이유로 소유권보존등기의 말소를 명한 판결
② 건축물대장의 소유자를 특정할 수 없는 경우, 국가를 피고로 소유권 있음을 증명한 소유권확인판결
③ 판결이유 중에서 보존등기신청인의 소유임을 확정하는 내용의 이행판결
④ 미등기부동산에 대한 공유물분할판결
⑤ 신청인에게 소유권이 있음을 확정하는 화해조서

04 미등기토지의 소유권보존등기에 관한 설명으로 옳은 것은? (다툼이 있으면 판례에 따름)

① 미등기부동산에 대하여 법원의 처분제한등기의 촉탁이 있는 경우, 등기관은 직권으로 소유권보존등기를 하고 촉탁된 처분제한등기를 실행한다.
② 미등기부동산이 전전양도되어 최후의 양수인명의로 소유권보존등기를 마친 경우, 그 등기가 결과적으로 실질적 법률관계에 부합하더라도 무효이다.
③ 수용으로 인하여 소유권을 취득하였음을 증명하는 자는 자기명의로 소유권보존등기를 신청할 수 없다.
④ 확정판결에 의하여 자기의 소유권을 증명하여 소유권보존등기를 신청하는 자는 신청정보의 내용으로 등기원인과 그 연월일을 제공하여야 한다.
⑤ 토지대장에 최초의 소유자로 등록되어 있는 자로부터 그 토지를 포괄유증받은 자는 직접 자기 명의로 소유권보존등기를 신청할 수 없다.

05 등기관의 직권에 의하여 소유권보존등기를 실행하는 경우가 아닌 것은?

① 미등기건물에 대하여 과세관청의 체납처분에 의한 압류등기의 촉탁이 있는 경우
② 미등기건물에 대하여 법원의 가처분등기의 촉탁이 있는 경우
③ 미등기토지에 대하여 법원의 가압류등기의 촉탁이 있는 경우
④ 미등기주택에 대하여 임차권등기명령에 의한 주택임차권등기의 촉탁이 있는 경우
⑤ 미등기부동산에 대하여 법원의 강제경매개시결정등기의 촉탁이 있는 경우

06 소유권의 일부이전등기에 관한 설명으로 틀린 것은?

① 소유권의 일부이전이란 1필지의 특정 일부를 양도하는 것을 말한다.
② 소유권의 일부이전등기를 신청하는 경우에는 신청정보에 그 지분을 표시하여야 한다.
③ 소유권의 일부에 관한 이전등기를 할 경우 등기원인에 공유물분할금지약정이 있을 때에는 그 약정에 관한 사항도 신청정보로 제공하여야 하는데, 이를 등기하면 대항력이 발생한다.
④ 공유물의 소유권등기에 부기등기된 분할금지약정의 변경등기는 공유자 전원이 공동으로 신청하여야 한다.
⑤ 1개의 부동산이 여러 명의 공유에 속하고 분할의 결과 각자가 일부분씩을 단독소유하기 위해서는 우선 분필의 절차를 밟아야 한다.

07 공유에 관한 등기에 대한 설명으로 옳은 것은? (다툼이 있으면 판례에 따름)

① 토지에 대한 공유물분할약정으로 인한 소유권이전등기는 소유권을 취득한 공유자가 단독으로 신청한다.
② 공유자 중 1인의 지분포기로 인한 소유권이전등기는 지분을 포기한 공유자가 단독으로 신청한다.
③ 등기된 공유물분할금지기간약정을 갱신하는 경우, 공유자 중 1인이 단독으로 변경을 신청할 수 있다.
④ 1필지의 토지 일부를 특정하여 구분소유하기로 하고 1필지 전체에 공유지분등기를 마친 경우, 대외관계에서는 1필지 전체에 공유관계가 성립한다.
⑤ 미등기부동산의 공유자 중 1인은 해당 부동산에 대한 전원 명의의 소유권보존등기를 신청할 수 없다.

08 공유관계의 등기에 관한 설명으로 틀린 것을 모두 고른 것은?

㉠ 건물의 특정부분이 아닌 공유지분에 대한 전세권설정등기를 할 수 있다.
㉡ 등기된 공유물분할금지기간을 단축하는 약정에 관한 변경등기는 공유자 전원이 공동으로 신청하여야 한다.
㉢ 공유자 중 1인이 자기의 지분을 포기한 경우, 해당 지분에 관하여 다른 공유자 앞으로 지분이전등기를 한다.
㉣ 구분소유적 공유관계에 있는 1필의 토지를 특정된 부분대로 단독소유하기 위해서는 우선 분필등기 후 공유자 상호간에 명의신탁해지를 원인으로 하는 지분이전등기를 신청한다.

① ㉠
② ㉠, ㉢
③ ㉠, ㉣
④ ㉡, ㉢
⑤ ㉡, ㉣

09 합유등기에 관한 설명으로 <u>틀린</u> 것은?

① 「민법」상 조합의 소유인 부동산을 등기한 경우, 조합원 전원의 명의로 합유등기를 한다.
② 합유등기를 하는 경우, 합유자의 성명은 기록하지만 각자의 지분비율은 기록하지 않는다.
③ 공유자 전원이 그 소유관계를 합유로 변경하는 경우, 변경계약을 등기원인으로 변경등기를 신청해야 한다.
④ 합유자 중 1인이 다른 합유자 전원의 동의를 얻어 합유지분을 처분하는 경우, 지분이전등기를 신청할 수 있다.
⑤ 2인의 합유자 중 1인이 사망한 경우, 잔존 합유자는 그의 단독 소유로 하는 합유 명의인 변경등기를 신청할 수 있다.

대표문제 | 거래가액등기, 공유등기

소유권에 관한 등기의 설명으로 옳은 것을 모두 고른 것은? 　　　　　기출응용 32회

> ㉠ 공유물분할금지약정이 등기된 경우, 그 약정의 변경등기는 공유자 중 1인이 단독으로 신청할 수 있다.
> ㉡ 공동상속인이 상속재산 협의분할에 의하여 법정상속분과 다르게 지분이전등기를 신청하는 경우, 신청인이 주장하는 지분으로 변경된 사실을 증명하는 첨부정보를 제공하지 않으면 등기관은 그 신청을 각하한다.
> ㉢ 거래가액을 신청정보의 내용으로 제공하는 경우, 1개의 부동산에 관한 여러 명의 매도인과 여러 명의 매수인 사이의 매매계약인 때에는 매매목록을 첨부정보로 제공하여야 한다.
> ㉣ 공유물분할금지약정이 등기된 부동산의 경우에 그 약정상 금지기간 동안에는 그 부동산의 소유권 일부에 관한 이전등기를 할 수 없다.

① ㉠, ㉡　　　　　　　　　② ㉠, ㉢
③ ㉡, ㉢　　　　　　　　　④ ㉡, ㉣
⑤ ㉢, ㉣

POINT
거래가액의 등기요건과 공유 관련 등기를 알아두어야 합니다.

해설
㉠ 공유물분할금지약정이 등기된 경우, 그 약정의 변경등기는 공유자 전원이 공동으로 신청한다.
㉡ 협의분할에 의한 상속의 경우, 협의분할을 증명하는 서면인 '상속재산분할협의서' 등을 제공하여야 한다.
㉣ 공유물분할금지약정이 등기된 부동산의 경우에 그 약정상 금지기간 동안에는 공유물의 분할을 허용하지 않는 것이지, 소유권의 일부인 지분을 이전하는 것은 문제가 없다.

정답 ③

10 거래가액등기에 관한 설명으로 틀린 것은?

① 매매계약을 등기원인으로 하는 소유권이전등기를 신청하는 경우에 거래가액을 신청정보의 내용으로 등기소에 제공하고, 시장·군수 또는 구청장으로부터 제공받은 거래계약신고필증정보를 첨부정보로서 등기소에 제공하여야 한다.
② 등기관은 거래신고의 대상이 되는 부동산이 2개 이상인 경우에 거래가액과 부동산의 표시를 기록한 매매목록을 전자적으로 작성한다.
③ 거래부동산이 1개라 하더라도 여러 사람의 매도인과 여러 사람의 매수인 사이의 매매계약인 경우에는 매매목록을 첨부정보로 등기소에 제공하여야 한다.
④ 매매목록이 제공되지 않은 경우에는 '갑구의 권리자 및 기타 사항란'에 거래가액을 기록하는 방법으로 등기한다.
⑤ 매매계약서를 등기원인을 증명하는 정보로 제공하면서 소유권이전청구권가등기를 실행하는 경우에 거래가액을 등기한다.

11 상속등기에 관한 설명으로 옳은 것을 모두 고른 것은?

> ㉠ 상속인이 여러 명인 경우 상속인 중 일부는 자기지분만의 상속등기를 신청할 수 있다.
> ㉡ 상속재산분할심판에 따른 상속인의 소유권이전등기는 법정상속분에 따른 상속등기를 거치지 않고 직접 할 수 있다.
> ㉢ 상속을 원인으로 소유권이전등기를 신청하는 경우, '상속'을 등기원인으로 기록하고 등기원인일자는 기록하지 않는다.
> ㉣ 농지에 대하여 상속을 원인으로 하는 소유권이전등기를 신청하는 경우 농지취득자격증명정보의 제공을 요하지 않는다.

① ㉠, ㉡
② ㉠, ㉣
③ ㉡, ㉢
④ ㉡, ㉣
⑤ ㉢, ㉣

12 상속등기에 관한 설명으로 **틀린** 것은?

① 상속등기는 상속인이 단독으로 신청한다.
② 상속등기를 신청하는 경우 상속을 증명하는 시·구·읍·면의 장의 서면을 첨부정보로 제공하여야 한다.
③ 토지거래허가구역 내의 토지에 대하여 상속등기를 신청하는 경우에는 토지거래허가 증정보를 첨부정보로 제공하여야 한다.
④ 법정상속분에 따른 상속등기를 하기 전에 협의분할을 한 경우, '피상속인의 사망일'을 등기원인으로 하는 소유권이전등기를 신청한다.
⑤ 상속을 원인으로 상속인들 명의의 공동상속등기를 마친 후, 상속재산의 협의분할을 한 경우에는 소유권경정등기를 한다.

13 유증으로 인한 소유권이전등기에 관한 설명으로 **틀린** 것은?

① 포괄유증으로 인한 물권변동의 효력은 유증자의 사망 시에 발생하지만, 특정유증으로 인한 물권변동은 등기하여야 효력이 발생한다.
② 포괄유증으로 인한 소유권이전등기는 수증자를 등기권리자로 하고 상속인 또는 유언집행자를 등기의무자로 하여 공동으로 신청한다.
③ 유증으로 인한 소유권이전등기는 포괄유증이든 특정유증이든 상속등기를 생략하고 직접 수증자 명의로 등기한다.
④ 유증으로 인한 소유권이전가등기의 신청은 유증자가 사망한 후에는 수리할 수 있지만, 유증자가 생존하는 동안에는 수리할 수 없다.
⑤ 유증으로 인한 소유권이전등기 전에 상속등기가 이미 마쳐졌다면 상속등기를 말소한 후 유증으로 인한 소유권이전등기를 신청하여야 한다.

14 유증으로 인한 소유권이전등기에 관한 설명으로 옳은 것은? (다툼이 있으면 판례에 따름)

① 유증에 조건이 붙은 경우라도 유증자의 사망일을 등기원인일자로 기록한다.
② 포괄유증은 유증의 효력이 발생하는 시점이 아닌 등기 시에 물권변동의 효력이 발생한다.
③ 유증으로 인한 소유권이전등기 신청이 상속인의 유류분을 침해하는 경우, 등기관은 이를 각하하여야 한다.
④ 미등기부동산이 특정유증된 경우, 직접 수증자 명의의 소유권보존등기를 신청하여야 한다.
⑤ 특정유증으로 인한 소유권이전등기는 상속등기를 생략하고 직접 수증자 명의로 소유권이전등기를 신청하여야 한다.

대표문제 | 수용으로 인한 소유권이전등기 시 직권말소

소유권이전등기에 관한 설명으로 옳은 것을 모두 고른 것은? (다툼이 있으면 판례에 따름)

> ㉠ 甲 소유토지에 대해 사업시행자 乙이 수용보상금을 지급한 뒤 乙 명의로 재결수용에 기한 소유권이전등기를 하는 경우, 수용개시일 후 甲이 丙에게 매매를 원인으로 마친 소유권이전등기는 직권말소된다.
> ㉡ 甲이 그 명의로 등기된 부동산을 乙에게 매도한 뒤 단독상속인 丙을 두고 사망한 경우, 丙은 자신을 등기의무자로 하여 甲에서 직접 乙로의 이전등기를 신청할 수 없다.
> ㉢ 甲 소유 토지에 대해 甲과 乙의 가장매매에 의해 乙 앞으로 소유권이전등기가 된 후에 선의의 丙 앞으로 저당권설정등기가 설정된 경우, 甲과 乙은 공동으로 진정명의회복을 위한 이전등기를 신청할 수 있다.

① ㉠
② ㉡
③ ㉠, ㉢
④ ㉡, ㉢
⑤ ㉠, ㉡, ㉢

POINT
등기원인별 소유권이전등기의 특징을 알아두어야 합니다.

해설
㉠ 수용개시일 이후에 마쳐진 소유권이전등기는 사업시행자 명의의 소유권이전등기의 신청이 있는 경우, 등기관이 직권으로 말소한다.
㉡ 甲이 그 명의로 등기된 부동산을 乙에게 매도한 뒤 단독상속인 丙을 두고 사망한 경우, 丙은 자신을 등기의무자로 하여 甲에서 직접 乙로의 이전등기를 신청할 수 있다. 이를 상속인에 의한 등기신청이라고 한다.
㉢ 甲은 가장매매를 이유로 乙 명의의 소유권이전등기의 말소를 구할 수 있지만, 이 경우 丙의 승낙서를 첨부하여야 하고 이를 첨부하지 못하면 말소등기 신청은 각하된다. 그런데 丙은 선의자로서 승낙의 의무가 없으므로 현실적으로 丙의 승낙서를 첨부하기가 곤란하다. 이 경우 甲을 구제하기 위하여 말소등기를 하지 않고 甲 명의의 소유권이전등기를 할 수 있는데, 이를 진정명의회복을 위한 소유권이전등기라고 한다.

정답 ③

15 수용에 의한 소유권이전등기에 관한 설명으로 옳은 것을 모두 고른 것은?

㉠ 국가 또는 지방자치단체가 등기권리자인 경우에 국가 또는 지방자치단체는 지체 없이 수용으로 인한 소유권이전등기를 등기소에 촉탁하여야 한다.
㉡ 토지수용으로 인한 소유권이전등기는 사업시행자가 등기권리자가 되고 피수용자가 등기의무자가 되어 공동으로 신청한다.
㉢ 등기원인은 '토지수용'으로, 등기원인일자는 '수용의 개시일(= 수용한 날)'로 기록하여야 한다.
㉣ 수용으로 인한 소유권이전등기를 신청하는 경우, 등기원인을 증명하는 정보를 제공할 필요는 없다.

① ㉠, ㉡　　② ㉠, ㉢
③ ㉠, ㉣　　④ ㉡, ㉢
⑤ ㉡, ㉣

16 수용으로 인한 등기에 관한 설명으로 <u>틀린</u> 것을 모두 고른 것은?

㉠ 수용으로 인한 소유권이전등기가 된 후 토지수용위원회의 재결이 실효된 경우, 그 소유권이전등기의 말소등기는 사업시행자가 단독으로 신청한다.
㉡ 토지를 수용한 한국수자원공사는 소유권이전등기를 단독으로 신청한다.
㉢ 등기권리자의 단독신청에 따라 수용으로 인한 소유권이전등기를 하는 경우, 등기관은 그 부동산을 위하여 존재하는 지역권등기를 직권으로 말소할 수 있다.
㉣ 수용으로 인한 소유권이전등기는 토지수용위원회의 재결서를 등기원인증서로 첨부하여 사업시행자가 단독으로 신청할 수 있다.

① ㉠, ㉡　　② ㉠, ㉢
③ ㉠, ㉣　　④ ㉡, ㉢
⑤ ㉡, ㉣

17 토지수용으로 인한 소유권이전등기를 하는 경우, 그 토지에 있던 다음의 등기 중 등기관이 직권으로 말소할 수 <u>없는</u> 것은? (단, 수용의 개시일은 2025.5.31.임)

① 2025.5.10. 매매예약을 원인으로 2025.6.13.에 한 소유권이전청구권가등기
② 2025.5.20. 설정계약을 원인으로 2025.5.30.에 한 근저당권설정등기
③ 2025.4.20. 법원의 가압류결정으로 2025.4.21.에 한 가압류등기
④ 2025.5.1. 증여를 원인으로 2025.6.13.에 한 소유권이전등기
⑤ 2025.5.20. 상속을 원인으로 2025.6.13.에 한 소유권이전등기

18 진정명의회복을 등기원인으로 하는 소유권이전등기절차에 관한 설명으로 <u>틀린</u> 것은?

① 등기원인의 무효 등으로 인하여 등기명의인이 무권리자인 경우에 진정한 소유자가 무권리자 명의의 등기를 말소하지 아니하고 직접 소유권이전등기를 하는 것을 말한다.
② 진정명의회복을 원인으로 소유권이전등기를 신청하는 경우 등기원인은 '진정명의회복'으로 기록하지만, 등기원인일자는 기록하지 않는다.
③ 토지거래허가의 대상이 되는 토지에 관하여 진정명의회복을 원인으로 하는 소유권이전등기를 신청하는 경우, 토지거래허가증을 첨부정보로 제공하지 않는다.
④ 특정유증을 받은 자로서 아직 소유권등기를 이전받지 않은 자는 직접 진정명의회복을 원인으로 한 소유권이전등기를 청구할 수 있다.
⑤ 진정명의회복을 위한 소유권이전등기청구소송에서 승소확정판결을 받은 자는 그 판결을 등기원인으로 하여 현재 등기명의인의 소유권이전등기에 대하여 말소등기를 신청할 수는 없다.

19 진정명의회복을 원인으로 하는 소유권이전등기절차의 이행을 명하는 판결을 받아 등기권리자가 소유권이전등기를 신청할 경우, 그 등기신청정보 및 첨부정보에 관한 설명으로 틀린 것은?

① 등기신청정보에 등기원인일자로 판결선고일을 제공하여야 한다.
② 등기원인을 증명하는 정보로 판결정본을 제공하여야 한다.
③ 목적물이 농지인 경우에도 농지취득자격증명을 제공할 필요는 없다.
④ 토지거래허가대상인 토지의 경우에도 토지거래허가정보를 제공할 필요는 없다.
⑤ 등기의무자의 권리에 관한 등기필정보를 제공할 필요는 없다.

20 환매특약등기에 관한 설명으로 틀린 것은?

① 환매특약등기의 신청정보는 매매로 인한 소유권이전등기의 신청정보와 별개로 작성하여 동시에 신청하여야 한다.
② 환매특약등기는 매도인이 등기권리자가 되고 매수인이 등기의무자가 되어 공동으로 신청한다.
③ 환매특약등기의 경우 매도인이 아닌 제3자를 환매권리자로 하는 환매특약등기를 할 수 있다.
④ 환매특약등기는 매매로 인한 소유권이전등기에 부기등기 형식으로 한다.
⑤ 환매권이전등기는 부기등기의 부기등기 형식으로 실행한다.

21 환매특약등기에 관한 설명으로 틀린 것은?

① 환매특약등기를 소유권이전등기와 동시에 신청하지 않으면 그 신청은 「부동산등기법」 제29조 제2호(사건이 등기할 것이 아닌 경우)에 해당되어 각하된다.
② 등기관이 환매특약의 등기를 할 때에는 매수인이 지급한 대금, 매매비용 및 채권최고액을 기록하여야 한다.
③ 환매기간은 등기원인에 그 사항이 정하여져 있는 경우에만 기록한다.
④ 환매권을 행사한 경우 환매를 등기원인으로 하는 소유권이전등기를 하여야 한다.
⑤ 환매에 따른 권리취득의 등기를 하였을 때에는 환매특약등기를 등기관이 직권으로 말소한다.

22 부동산의 신탁등기에 관한 설명으로 옳은 것은?

① 신탁등기의 신청은 해당 신탁으로 인한 권리의 이전 또는 보존이나 설정등기의 신청과 별개의 신청정보로 동시에 신청하여야 한다.
② 신탁등기는 위탁자와 수탁자가 공동으로 신청하여야 한다.
③ 수탁자가 타인에게 신탁재산에 대하여 신탁을 설정하는 경우, 해당 신탁재산에 속하는 부동산의 신탁등기는 새로운 신탁의 수탁자가 단독으로 신청한다.
④ 수익자나 위탁자는 수탁자를 대위하여 신탁등기를 신청할 수 없다.
⑤ 수탁자가 여러 명인 경우, 등기관은 신탁재산이 공유인 뜻을 기록하여야 한다.

23 신탁등기에 관한 설명으로 옳은 것을 모두 고른 것은?

㉠ 위탁자가 수탁자를 대위하여 신탁등기를 신청할 경우, 해당 부동산에 대한 권리의 설정등기와 동시에 신청하여야 한다.
㉡ 위탁자와 수익자의 합의로 수탁자를 해임함에 따라 수탁자의 임무가 종료된 경우, 신수탁자는 단독으로 신탁재산에 속하는 부동산에 관한 권리이전등기를 신청할 수 있다.
㉢ 등기원인이 신탁임에도 신탁등기만을 신청하거나 소유권이전등기만을 신청하는 경우에 등기관은 이를 각하하여야 한다.
㉣ 신탁종료로 인하여 신탁재산에 속한 권리가 이전된 경우, 수탁자는 단독으로 신탁등기의 말소등기를 신청할 수 있다.

① ㉠, ㉡
② ㉡, ㉢
③ ㉢, ㉣
④ ㉠, ㉡, ㉣
⑤ ㉡, ㉢, ㉣

24 신탁행위에 의한 신탁등기의 신청절차에 관한 설명으로 옳은 것은?

① 등기관이 권리의 이전 또는 보존이나 설정등기와 함께 신탁등기를 할 때에는 신탁등기에 대하여 별개의 순위번호를 부여하여야 한다.
② 신탁가등기는 소유권이전청구권보전을 위한 가등기와 동일한 방식으로 신청하되, 신탁원부 작성을 위한 정보를 첨부정보로 제공할 필요는 없다.
③ 등기관이 신탁등기를 할 때에는 신탁원부를 작성하여야 하지만, 신탁원부는 등기기록의 일부로 보는 것은 아니다.
④ 등기관이 신탁등기를 할 때에는 신탁원부를 작성하고, 등기기록에는 그 신탁원부의 번호 및 신탁재산에 속하는 부동산의 거래에 관한 주의사항을 부기등기로 기록하여야 한다.
⑤ 여러 개의 부동산에 관하여 1건의 신청정보로 일괄하여 신탁등기를 신청하는 경우에는 신탁원부 작성을 위한 정보를 1개만 제공하여야 한다.

 기출응용 32회

25 신탁등기의 말소등기에 관한 설명으로 <u>틀린</u> 것은?

① 신탁재산이 수탁자의 고유재산이 되었을 때에는 그 뜻의 등기를 부기등기로 하여야 한다.
② 신탁등기의 말소등기는 수탁자가 단독으로 신청할 수 있다.
③ 수탁자가 신탁등기의 말소등기를 신청하지 않는 경우, 수익자나 위탁자는 수탁자를 대위하여 신탁등기의 말소를 신청할 수 있다.
④ 신탁재산에 속한 권리가 이전, 변경 또는 소멸됨에 따라 신탁재산에 속하지 아니하게 된 경우 신탁등기의 말소신청은 신탁된 권리의 이전등기, 변경등기 또는 말소등기의 신청과 동시에 하여야 한다.
⑤ 등기관이 권리의 이전 또는 말소등기나 수탁자의 고유재산으로 된 뜻의 등기와 함께 신탁등기의 말소등기를 할 때에는 하나의 순위번호를 사용하고, 종전의 신탁등기를 말소하는 표시를 하여야 한다.

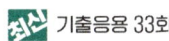 기출응용 33회

26 「부동산등기법」상 신탁등기에 관한 설명으로 옳은 것을 모두 고른 것은?

㉠ 등기관이 신탁등기의 말소등기를 할 때에는 '신탁재산에 대한 주의사항'을 기록한 부기등기를 직권으로 말소하고, 신탁등기를 말소함으로 인하여 말소한다는 뜻을 기록하여야 한다.
㉡ 법원이 신탁관리인 선임의 재판을 한 경우, 그 신탁관리인은 지체 없이 신탁원부 기록의 변경등기를 신청해야 한다.
㉢ 등기관이 신탁재산에 속하는 부동산에 관한 권리에 대하여 수탁자의 변경으로 인한 이전등기를 할 경우에는 직권으로 그 부동산에 관한 신탁원부 기록의 변경등기를 하여야 한다.
㉣ 수익자가 수탁자를 대위하여 신탁등기를 신청하는 경우에는 해당 부동산에 관한 권리의 설정등기의 신청과 동시에 하여야 한다.

① ㉠, ㉡
② ㉠, ㉢
③ ㉡, ㉣
④ ㉠, ㉢, ㉣
⑤ ㉡, ㉢, ㉣

제2절 | 소유권 외의 권리에 관한 등기

27 지상권설정등기에 관한 설명으로 옳은 것은?
① 지상권설정등기에는 지상권설정의 목적과 범위를 기록하여야 한다.
② 지상권설정등기에는 지료와 존속기간을 기록하여야 한다.
③ 1필 토지 전부에 지상권설정등기를 하는 경우, 지상권 설정의 범위를 기록하지 않는다.
④ 구분지상권설정등기를 신청하는 경우, 지하 또는 지상의 상하범위를 신청정보로 제공할 필요는 없다.
⑤ 토지의 전부나 일부에 지상권을 설정하는 경우, 첨부정보로 지적도면을 제공하여야 한다.

28 지상권 및 구분지상권등기에 관한 설명으로 **틀린** 것은?
① 구분지상권은 그 범위가 다르면 2개 이상 설정하는 것도 가능하다.
② 지상권의 존속기간을 '철탑 존속기간으로 한다'와 같이 불확정기간으로 정할 수는 없다.
③ 농지에 대해서 지상권을 설정할 수 있다.
④ 토지거래허가구역 안의 토지에 대하여 지상권설정등기를 신청한 경우, 토지거래허가증을 제공하여야 한다.
⑤ 계층적 구분건물의 특정계층을 구분소유하기 위한 구분지상권을 설정할 수 없다.

29 지역권등기에 관한 설명으로 옳은 것은?

① 등기관이 승역지의 등기기록에 지역권설정의 등기를 할 때에는 지역권설정의 목적, 존속기간 및 지료를 기록하여야 한다.
② 지역권설정등기는 승역지의 권리자를 등기권리자, 요역지의 권리자를 등기의무자로 하여 공동으로 신청함이 원칙이다.
③ 승역지의 지상권자도 지역권을 설정할 수 있는 등기의무자가 될 수 있다.
④ 지역권설정등기 시 승역지 지역권과 요역지 지역권은 동시에 신청하여야 한다.
⑤ 요역지의 소유권이 이전되더라도 지역권은 별도의 이전등기를 하여야 지역권이전의 효력이 발생한다.

30 지역권등기에 관한 설명으로 틀린 것은?

① 등기관이 당사자의 신청으로 승역지에 지역권설정등기를 하는 경우, 요역지의 관할 등기소가 다르더라도 직권으로 요역지지역권등기를 할 수 있다.
② 지역권의 경우, 승역지의 등기기록에 설정의 목적, 범위 등을 기록할 뿐, 요역지의 등기기록에는 지역권에 관한 등기사항을 기록하지 않는다.
③ 승역지의 전세권자가 지역권을 설정하는 경우, 그 지역권설정등기는 전세권등기에 부기등기로 한다.
④ 지역권설정등기 신청정보에는 부동산의 표시 등 일반적 기록사항 이외에 지역권설정의 목적과 범위를 기록하여야 한다.
⑤ 시효완성을 이유로 통행지역권을 취득하기 위해서 그 등기가 필요하다.

31 지역권설정등기에 관한 설명으로 틀린 것을 모두 고른 것은?

> ㉠ 1개의 토지를 요역지로 하고 소유자가 다른 여러 개의 토지를 승역지로 하는 지역권 설정등기는 각 소유자별로 신청하여야 한다.
> ㉡ 지역권설정등기는 승역지를 관할하는 등기소에 신청하여야 한다.
> ㉢ 지역권설정의 범위가 요역지의 일부인 경우에는 그 부분을 표시한 지적도면을 첨부정보로서 등기소에 제공하여야 한다.
> ㉣ 지역권은 요역지 소유권에 부종하여 이전하는 것이 원칙이지만, 다른 약정이 있는 때에는 그 약정에 따른다.

① ㉠
② ㉢
③ ㉠, ㉢
④ ㉡, ㉢
⑤ ㉢, ㉣

 기출응용 33회

32 전세권등기에 관한 설명으로 옳은 것은?

① 전세권설정등기를 신청하는 경우, 전세금과 존속기간을 신청정보로 제공하여야 한다.
② 등기원인에 양도금지나 담보제공금지의 특약이 있는 경우에는 이를 신청정보로 제공하여야 한다.
③ 존속기간이 경과된 전세권을 목적으로 저당권을 설정할 수 있다.
④ 농경지를 목적으로 전세권을 설정할 수 있다.
⑤ 건물 중 특정 층 전부 또는 일부를 목적으로 전세권설정등기를 신청하는 경우, 도면을 첨부정보로 제공하여야 한다.

33 전세금반환채권의 일부양도에 따른 전세권의 일부이전등기에 관한 설명으로 틀린 것은?
(다툼이 있는 경우 등기예규에 따름)

① 전세권의 존속기간 만료 전에는 전세금반환채권의 일부양도에 따른 전세권의 일부이전등기를 할 수 없는 것이 원칙이다.
② 존속기간 만료 전이라도 해당 전세권이 소멸하였음을 증명하는 경우에는 전세금반환채권의 일부양도를 원인으로 전세권의 일부이전등기를 신청할 수 있다.
③ 전세권의 일부이전등기는 부기등기로 한다.
④ 전세권의 일부이전등기의 등기원인은 '전세금반환채권 일부양도'로 기록한다.
⑤ 등기관은 전세권의 전부이전등기를 하는 때에는 양도액을 기록하지만, 전세권의 일부이전등기를 하는 때에는 양도액을 기록하지 않는다.

34 전세권의 등기에 관한 설명으로 틀린 것은?

① 공동전세권의 목적 부동산이 5개 이상인 경우, 등기관은 공동전세목록을 작성하여야 한다.
② 공유부동산에 전세권을 설정할 경우, 그 등기기록에 기록된 공유자 전원이 등기의무자이다.
③ 존속기간이 만료된 건물전세권에 대하여도 전전세의 등기는 허용된다.
④ 등기원인에 위약금약정이 있는 경우, 등기관은 전세권설정등기를 할 때 이를 기록하여야 한다.
⑤ 여러 개의 부동산에 관한 공동전세등기나 전전세등기의 신청이 있는 경우, 그 부동산의 관할 등기소가 다르더라도 등기목적과 등기원인이 동일한 경우에는 그중 하나의 관할 등기소에서 해당 신청에 따른 등기사무를 담당할 수 있다.

35 甲은 乙과 乙 소유 A건물 전부에 대해 전세금 5억원, 기간 2년으로 하는 전세권설정계약을 체결하고 공동으로 전세권설정등기를 신청하였다. 이에 관한 설명으로 틀린 것은? 32회

① 등기관은 전세금을 기록하여야 한다.
② 등기관은 존속기간을 기록하여야 한다.
③ 전세권설정등기가 된 후, 전세금반환채권의 일부 양도를 원인으로 한 전세권 일부이전등기를 할 때에 등기관은 양도액을 기록한다.
④ 전세권설정등기가 된 후에 건물전세권의 존속기간이 만료되어 법정갱신이 된 경우, 甲은 존속기간 연장을 위한 변경등기를 하지 않아도 그 전세권에 대한 저당권설정등기를 할 수 있다.
⑤ 전세권설정등기가 된 후에 甲과 丙이 A건물의 일부에 대한 전전세계약에 따라 전전세등기를 신청하는 경우, 그 부분을 표시한 건물도면을 첨부정보로 등기소에 제공하여야 한다.

36 임차권등기에 관한 설명으로 옳은 것을 모두 고른 것은?

> ㉠ 임차권설정등기신청 시 차임을 신청정보로 제공하여야 하지만 범위를 신청정보로 제공하여야 하는 것은 아니다.
> ㉡ 차임지급시기에 관한 약정이 있는 경우, 임차권등기에 이를 기록하지 않더라도 임차권등기는 유효하다.
> ㉢ 임차권설정등기가 마쳐진 후 임대차 기간 중 임대인의 동의를 얻어 임차물을 전대하는 경우, 그 전대등기는 부기등기의 방법으로 한다.
> ㉣ 임차권은 건물에 대한 소유권의 일부를 목적으로 설정할 수 있다.

① ㉢
② ㉠, ㉡
③ ㉠, ㉢
④ ㉡, ㉢
⑤ ㉡, ㉢, ㉣

37 임차권등기명령에 의한 주택임차권등기에 관한 설명으로 틀린 것은?

① 임대차기간이 종료된 후 임차보증금을 반환받지 못한 임차인은 법원에 임차권등기명령을 신청할 수 있다.
② 임차권등기명령에 의한 주택임차권등기는 임차인의 단독신청으로 실행한다.
③ 이미 전세권설정등기가 마쳐진 주택에 대하여 전세권자와 동일인이 아닌 자를 등기명의인으로 하는 주택임차권등기명령에 따른 등기의 촉탁이 있는 경우, 등기관은 이를 수리하여 실행할 수 있다.
④ 주택임차권등기에는 임대차계약일자, 주민등록일자, 점유개시일자, 확정일자를 기록하여야 한다.
⑤ 미등기주택에 대하여 임차권등기명령에 의한 등기촉탁이 있는 경우에는 등기관은 직권으로 소유권보존등기를 한 후 주택임차권등기를 하여야 한다.

38 임차권의 등기에 관한 설명으로 틀린 것은?

① 차임이 없이 보증금의 지급만을 내용으로 하는 채권적 전세의 경우, 임차보증금을 임차권설정등기기록에 기록하여야 한다.
② 임차권설정등기를 할 때에 등기원인에 임차보증금이 있는 경우, 그 임차보증금은 등기사항이다.
③ 임차권의 이전 및 임차물전대의 등기는 임차권등기에 부기등기의 형식으로 한다.
④ 임차권등기명령에 의한 주택임차권등기가 마쳐진 경우, 그 등기에 기초한 임차권이전등기를 할 수 없다.
⑤ 임차권설정등기를 신청할 때에 그 범위가 토지의 일부인 경우, 그 부분을 표시한 토지대장을 첨부정보로 등기소에 제공하여야 한다.

39 (근)저당권등기에 관한 설명으로 옳은 것은?

① 물상보증인이 저당권을 설정하는 경우에는 등기기록에 채무자를 표시하지만, 채무자가 자기 소유의 부동산에 저당권을 설정하는 경우에는 채무자표시를 하지 않는다.
② 저당권설정등기에는 채무자의 성명, 주소 및 주민등록번호를 등기기록에 기록하여야 한다.
③ 동일한 채권에 관하여 여러 개의 부동산에 관한 권리를 목적으로 하는 등기목적과 등기원인이 동일한 공동저당등기의 신청이 있는 경우, 그 부동산의 관할 등기소가 다르더라도 그중 하나의 관할 등기소에서 해당 신청에 따른 등기사무를 담당할 수 있다.
④ 일정한 금액을 목적으로 하지 않는 채권을 담보하는 저당권설정등기는 채권평가액을 기록할 필요가 없다.
⑤ 채권최고액을 외국통화로 표시하여 신청정보로 제공한 경우에도 채권최고액은 원화로 표시하여야 한다.

40 (근)저당권등기에 관한 설명으로 틀린 것은?

① 소유권의 일부인 지분을 목적으로 저당권을 설정할 수 있지만, 부동산의 특정 일부에 대하여는 저당권을 설정할 수 없다.
② 소유권을 목적으로 하는 저당권설정등기는 주등기로 실행하지만, 지상권이나 전세권을 목적으로 하는 저당권설정등기는 부기등기로 실행한다.
③ 저당권의 효력은 저당부동산에 부합된 물건과 종물에 미친다.
④ 저당권의 약정된 존속기간 및 변제기는 등기사항에 해당한다.
⑤ 근저당권설정등기를 하는 경우 채권자 또는 채무자가 여러 명일지라도 각 채권자 또는 채무자별로 채권최고액을 구분하여 등기할 수 없다.

41 저당권등기에 관한 사항으로 **틀린** 것은?

① 저당권의 이전등기를 신청하는 경우에는 저당권이 채권과 같이 이전한다는 뜻을 신청정보의 내용으로 등기소에 제공하여야 한다.
② 위약금 및 이자는 등기하였을 경우에 한하여 저당권에 의하여 담보된다.
③ 대지권이 등기된 구분건물의 등기기록에는 건물만에 관한 저당권설정등기를 할 수 있다.
④ 공동담보목록은 등기기록의 일부로 보며, 그 기록은 등기로 본다.
⑤ 저당권의 목적이 소유권 외의 권리인 때에는 신청정보에 그 권리를 표시하여야 한다.

42 저당권등기에 관한 설명으로 옳은 것은?

① 동일한 채권을 담보하기 위하여 공동저당등기를 신청하는 경우, 신청정보에 각 부동산에 관한 권리를 표시하여야 한다.
② 채권의 일부양도로 인한 저당권의 일부이전등기는 허용되지 않는다.
③ 채권양도를 원인으로 저당권이전등기를 신청하는 경우, 저당권설정자가 물상보증인이면 그 자의 승낙정보를 제공하여야 한다.
④ 저당권이전등기는 저당권설정자가 등기의무자가 되고, 채권양수인이 등기권리자가 되어 공동으로 신청한다.
⑤ 저당권의 이전등기는 항상 부기등기에 의하고, 종전 저당권자의 표시에 관한 사항을 말소하는 표시를 하지 않는다.

43 공동저당의 대위등기에 관한 설명으로 옳은 것을 모두 고른 것은?

> ㉠ 동일한 채권의 담보로 여러 개의 부동산에 저당권을 설정할 때 저당부동산 중 일부의 경매대가를 먼저 배당하는 경우에는 그 대가에서 그 채권 전부의 변제를 받을 수 있다.
> ㉡ 위 ㉠의 경우 그 경매한 부동산의 차순위저당권자는 선순위 저당권자가 다른 부동산의 경매대가에서 변제를 받을 수 있는 금액의 한도에서 선순위자를 대위하여 저당권을 행사할 수 있다.
> ㉢ 공동저당의 대위등기는 대위등기의 목적이 된 저당권에 주등기로 한다.
> ㉣ 등기관이 공동저당 대위등기를 할 때에는 매각부동산, 선순위 저당권자가 변제받은 금액, 매각대금 및 차순위 저당권자의 피담보채권에 관한 내용을 기록하여야 한다.

① ㉠, ㉡
② ㉠, ㉢
③ ㉢, ㉣
④ ㉠, ㉡, ㉣
⑤ ㉡, ㉢, ㉣

기출응용 32회

44 乙은 甲에 대한 동일한 채무의 담보를 위해 자신 소유의 A와 B부동산에 甲 명의의 저당권설정등기를 하였다. 그 후 A부동산에는 丙 명의의 후순위 저당권설정등기가 되었다. 이에 관한 설명으로 틀린 것은?

① 乙이 甲에 대한 동일한 채무를 담보하기 위해 추가로 C부동산에 대한 저당권설정등기를 신청한 경우, 등기관은 C부동산의 저당권설정등기 및 A와 B부동산의 저당권설정등기의 끝부분에 공동담보라는 뜻을 기록하여야 한다.
② 丙이 乙의 채무의 일부를 甲에게 변제하여 그 대위변제를 이유로 저당권 일부이전등기가 신청된 경우, 등기관은 변제액을 기록하여야 한다.
③ 乙이 변제하지 않아 甲이 우선 A부동산을 경매하여 변제받은 경우, 丙은 후순위 저당권자로서 대위등기를 할 때 '甲이 변제받은 금액'과 '매각대금'을 신청정보의 내용으로 제공하여야 한다.
④ 甲에 대한 乙의 채무가 증액되어 C, D 및 E부동산이 담보로 추가된 경우, 공동담보목록을 전자적으로 작성하여야 한다.
⑤ 丙이 후순위 저당권자로서 대위등기를 할 경우, 甲이 등기의무자가 되고 丙이 등기권리자가 되어 공동으로 신청하여야 한다.

45 근저당권등기에 관한 설명으로 옳은 것을 모두 고른 것은?

> ㉠ 피담보채권의 변제기는 등기사항에 해당한다.
> ㉡ 근저당권의 피담보채권이 확정되기 전에는 그 피담보채권이 양도된 경우라도 이를 원인으로 하여 근저당권이전등기를 신청할 수 없다.
> ㉢ 근저당권설정등기의 신청정보로 채권최고액, 채무자, 근저당이라는 취지 및 이자를 제공하여야 한다.
> ㉣ 등기관이 공동저당의 설정등기를 하는 경우, 각 부동산의 등기기록 중 해당 등기의 끝부분에 공동담보라는 뜻의 기록을 해야 한다.

① ㉠, ㉡
② ㉠, ㉣
③ ㉡, ㉢
④ ㉡, ㉣
⑤ ㉢, ㉣

46 甲 소유의 부동산에 대하여 乙 명의의 저당권설정등기가 마쳐진 후 그 저당권이 다시 丙에게 이전되었다. 甲이 채무를 변제한 경우 저당권의 말소등기에 관한 설명으로 옳은 것은? (다툼이 있으면 판례에 따름)

① 甲은 乙을 상대로 하여 저당권등기의 말소등기를 신청하여야 한다.
② 甲은 乙을 상대로 하여 저당권등기의 말소등기를, 丙을 상대로 하여 저당권이전등기의 말소등기를 신청하여야 한다.
③ 甲은 乙·丙 중에서 임의로 한 사람을 선정하여 그를 상대로 하여 저당권등기의 말소를 청구하여야 한다.
④ 甲은 丙과 공동으로 주등기인 저당권설정등기의 말소등기를 신청하여야 한다.
⑤ 甲은 丙과 공동으로 저당권이전등기의 말소등기를 신청하여야 한다.

47 저당권의 말소등기에 관한 설명으로 옳은 것은?

① 저당권자의 소재불명으로 저당권의 말소등기를 신청할 수 없는 경우, 저당권설정자가 공시최고 후 제권판결을 받으면 등기관이 직권으로 저당권설정등기를 말소할 수 있다.
② 저당권설정등기 후 소유권이 제3자에게 이전된 경우, 저당권설정자인 종전의 소유자는 저당권말소등기의 등기권리자가 될 수 없다.
③ 저당권이전등기 후의 저당권의 말소등기는 주등기인 저당권설정등기의 말소를 신청하면 부기등기인 이전등기는 등기관이 직권으로 말소한다.
④ 저당권이전등기 후의 저당권의 말소등기는 저당권설정자가 등기권리자가 되고, 종전의 저당권자 및 저당권의 양수인이 등기의무자가 되어 공동으로 신청한다.
⑤ 전세권부저당권의 말소등기는 부기등기로 실행한다.

48 권리질권에 관한 설명으로 옳은 것을 모두 고른 것은?

> ㉠ 저당권부채권질권등기는 저당권설정자가 등기의무자가 되고 권리질권자가 등기권리자가 되어 공동으로 신청한다.
> ㉡ 저당권으로 담보한 채권을 질권의 목적으로 한 때에는 그 저당권등기에 질권의 부기등기를 하여야 그 효력이 저당권에 미친다.
> ㉢ 신청정보에는 질권의 목적인 저당권의 표시와 채무자의 표시 및 채권액, 이자 등을 기록하여야 한다.
> ㉣ 저당권부 채권에 대한 질권을 설정함에 있어서 채권최고액을 등기할 수 있다.

① ㉠, ㉡　　　　　　　　　　② ㉡, ㉣
③ ㉢, ㉣　　　　　　　　　　④ ㉠, ㉡, ㉣
⑤ ㉡, ㉢, ㉣

49 각 권리의 설정등기에 따른 필요적 기록사항으로 옳은 것을 모두 고른 것은?

㉠ 전세권: 전세금과 존속기간
㉡ 지역권: 지역권설정의 목적과 범위, 요역지
㉢ 지상권: 지상권설정의 목적과 범위, 지료
㉣ 임차권: 차임과 범위
㉤ 저당권: 채권액과 변제기

① ㉡, ㉣
② ㉢, ㉣
③ ㉠, ㉡, ㉣
④ ㉡, ㉢, ㉤
⑤ ㉠, ㉢, ㉣, ㉤

CHAPTER 05 각종의 등기절차

제1절 | 변경등기 및 경정등기

01 변경등기에 관한 설명으로 틀린 것은?

① 부동산의 표시에 변경사유가 발생하면 대장의 부동산의 표시를 변경등록한 후 그 대장등본을 첨부하여 부동산의 표시변경등기를 신청하여야 한다.
② 건물의 표시에 변경이 있는 때에는 건물소유권의 등기명의인은 그 사실이 있는 때부터 1개월 이내에 부동산의 표시변경등기를 신청하여야 하는데, 이를 게을리하더라도 과태료의 처분을 받지 않는다.
③ 토지의 분필등기 하는 경우, 등기관은 종전 지번의 등기기록에 주등기로 변경등기를 실행하고 새로 부여된 지번의 필지에 대하여는 등기기록을 개설한다.
④ 행정구역이 변경되었을 때에는 등기기록에 기록된 행정구역에 대하여 변경등기가 있는 것으로 보는데, 이 경우에 공시를 명확하게 하기 위하여 등기관은 직권으로 부동산의 표시변경등기를 할 수 있다.
⑤ 행정구역의 명칭이 변경된 경우, 등기명의인의 신청에 의하여 변경된 사항을 등기하여야 한다.

02 변경등기에 관한 설명으로 틀린 것은?

① 건물의 분합이 있는 경우 소유권의 등기명의인은 1개월 이내에 대장등본을 첨부하여 부동산의 표시변경등기를 신청하여야 한다.
② 건물의 표시변경등기를 신청하는 경우에는 그 건물의 변경 전과 변경 후의 표시에 관한 정보를 신청정보의 내용으로 등기소에 제공하여야 한다.
③ 대지권의 변경이나 소멸이 있는 경우, 구분건물 소유권의 등기명의인은 60일 이내에 등기를 신청하여야 한다.
④ 건물의 구조나 면적이 변경된 경우에는 주등기의 방법에 의하여 변경등기를 하고, 종전 사항을 말소하는 표시를 하여야 한다.
⑤ 「공간정보의 구축 및 관리 등에 관한 법률」상 분할절차를 거치지 않은 상태에서 분필등기가 먼저 실행되었다면 분필의 효력은 발생할 수 없고, 당해 등기는 무효가 된다.

03 甲이 자신의 소유인 A토지와 B토지를 합병하여 합필등기를 신청하고자 한다. 합필등기를 신청할 수 <u>없는</u> 사유에 해당하는 것은?

① A·B토지 모두에 등기원인 및 그 연월일과 접수번호가 다른 乙의 전세권등기가 있는 경우
② A토지에 乙의 저당권등기, B토지에 丙의 지상권등기가 있는 경우
③ A토지에 乙의 임차권등기, B토지에 丙의 임차권등기가 있는 경우
④ A·B토지 모두에 「부동산등기법」 제81조 제1항 각 호의 등기사항이 동일한 신탁등기가 있는 경우
⑤ A·B토지 모두에 등기원인 및 그 연월일과 접수번호가 동일한 乙의 저당권등기가 있는 경우

04 권리의 변경등기에 관한 설명으로 옳은 것은?

㉠ 권리의 변경등기 시 이해관계 있는 제3자의 승낙이 있는 경우 부기등기 형식으로 변경등기를 실행하고, 승낙이 없는 경우 주등기 형식으로 변경등기를 실행한다.
㉡ 등기상 이해관계 있는 제3자란 등기의 기록형식상 불이익을 받게 될 위치에 있는 자를 의미하므로 실제로 불이익이 발생할 것을 요하지 않는다.
㉢ 전세권의 존속기간 연장과 전세금의 감액을 이유로 전세권변경등기를 신청하는 경우 후순위 근저당권자는 이해관계 있는 제3자에 해당하지 않는다.
㉣ 선순위 근저당권의 채권최고액을 증액하는 변경등기는 그 저당 목적물에 관한 후순위 권리자의 승낙서가 첨부되지 않으면 할 수 없다.

① ㉠, ㉡
② ㉠, ㉣
③ ㉡, ㉢
④ ㉠, ㉡, ㉣
⑤ ㉡, ㉢, ㉣

05 등기명의인의 표시변경등기에 관한 설명으로 틀린 것은?

① 등기명의인의 표시변경등기는 등기명의인이 단독으로 신청하는 것이 원칙이다.
② 행정구역 또는 그 명칭이 변경되었을 때에 등기관은 공시를 명확하게 하기 위하여 직권으로 등기명의인의 주소변경등기를 할 수 있다.
③ 등기명의인의 표시변경등기를 신청하는 경우, 등기상 이해관계인이 있을 수 없으므로 승낙서 등의 제공을 요하지 않는다.
④ 등기명의인의 표시변경등기를 신청하는 경우, 등기의무자의 권리에 관한 등기필정보를 제공하여야 한다.
⑤ 등기명의인의 표시변경등기는 언제나 부기등기로 한다.

06 등기명의인의 표시변경등기에 관한 설명으로 <u>틀린</u> 것은?

① 등기관이 소유권이전등기를 할 때에 등기명의인의 주소변경으로 신청정보상의 등기의무자의 표시가 등기기록과 일치하지 아니하는 경우라도, 첨부정보로서 제공된 주소를 증명하는 정보에 등기의무자의 등기기록상의 주소가 신청정보상의 주소로 변경된 사실이 명백히 나타나면 직권으로 등기명의인표시의 변경등기를 하여야 한다.
② 신청정보의 등기의무자의 표시에 관한 사항 중 주민등록번호는 등기기록과 일치하고 주소가 일치하지 아니하여 등기의무자의 동일성 확인이 필요한 경우, 등기의무자의 주소를 증명하는 정보를 제공하여야 한다.
③ 신청정보의 등기의무자의 표시에 관한 사항 중 주민등록번호는 등기기록과 일치하고 주소가 일치하지 아니하는 경우에도 주소를 증명하는 정보에 의해 등기의무자의 등기기록상 주소가 신청정보상의 주소로 변경된 사실이 확인되어 등기의무자의 동일성이 인정되는 경우에는 각하사유에 해당하지 않는다.
④ 신청정보의 등기의무자의 표시에 관한 사항 중 주민등록번호는 등기기록과 일치하고 주소가 일치하지 아니하는 경우, 주소를 증명하는 정보에 의해 등기의무자의 등기기록상 주소가 신청정보상의 주소로 변경된 사실이 확인되면 등기관은 직권으로 등기명의인표시의 변경등기를 하여야 한다.
⑤ 멸실등기를 신청하는 경우 소유권의 등기명의인의 표시변경사유가 있어도 그 변경사실을 증명하는 정보를 첨부하여 변경등기를 생략할 수 있다.

07 부동산의 일부지분만을 매수한 사람이 소유권 전부에 대하여 이전등기를 한 경우, 이를 바로잡기 위한 등기는?

① 말소등기
② 변경등기
③ 경정등기
④ 멸실등기
⑤ 소유권이전등기

08 경정등기에 관한 설명으로 <u>틀린</u> 것은?

① 경정등기란 등기사항의 일부에 원시적으로 착오나 빠진 부분이 있는 경우 이를 실체관계에 부합하도록 바로잡는 등기를 말한다.
② 착오나 빠진 부분의 원인이 당사자의 잘못이든 등기관의 잘못이든 경정등기의 대상이 된다.
③ 저당권설정등기 당시 채권액이 설정계약서와 다르게 기록된 경우, 등기권리자인 저당권자의 단독신청으로 이를 경정등기한다.
④ 직권으로 경정등기를 하기 위해서는 등기관의 잘못으로 등기의 착오 또는 빠진 부분이 발생하여야 한다.
⑤ 등기관이 직권으로 경정등기를 한 경우 그 사실을 등기권리자·등기의무자 또는 등기명의인에게 알려야 하는데, 등기권리자·등기의무자 또는 등기명의인이 각 2인 이상인 때에는 그중 1인에게 통지하면 된다.

09 경정등기에 관한 설명으로 옳은 것은? (다툼이 있으면 판례에 따름)

① 법정상속분에 따라 상속등기를 마친 후에 공동상속인 중 1인에게 재산을 취득하게 하는 상속재산분할협의를 한 경우에는 소유권경정등기를 할 수 없다.
② 법인 아닌 사단이 법인화된 경우에는 등기명의인을 법인으로 경정하는 등기를 신청할 수 있다.
③ 소유권이전등기를 저당권설정등기로 경정하거나, 권리자 甲에서 권리자 乙로 경정하는 등기신청을 수리할 수 있다.
④ 소유권이 이전된 후에도 종전 소유권에 대한 등기명의인의 표시경정등기를 할 수 있다.
⑤ 부동산의 표시에 관한 경정등기에서는 등기상 이해관계 있는 제3자의 승낙의 유무가 문제될 여지가 없다.

제2절 | 말소등기 및 말소회복등기

10 말소등기에 관한 설명으로 **틀린** 것은? (다툼이 있으면 판례에 따름)

① 말소등기는 기존의 등기가 원시적 또는 후발적인 원인에 의하여 등기사항 전부가 부적법할 것을 요건으로 한다.
② 말소되는 등기의 종류에는 제한이 없으며, 말소등기의 말소등기는 허용되지 않는다.
③ 농지를 목적으로 하는 전세권설정등기가 실행된 경우, 등기관은 이를 직권으로 말소할 수 있다.
④ 피담보채권의 소멸을 이유로 근저당권설정등기가 말소되는 경우, 채무자를 추가한 근저당권 변경의 부기등기는 등기관이 직권으로 말소한다.
⑤ 말소등기신청의 경우에 '등기상 이해관계 있는 제3자'란 등기의 말소로 인하여 손해를 입을 우려가 있다는 것이 실체관계에서 확인된 자를 말한다.

11 말소등기를 신청하는 경우 그 말소에 관하여 승낙서를 첨부하여야 하는 등기상 이해관계 있는 제3자에 해당하는 것을 모두 고른 것은?

> ㉠ 전세권설정등기를 말소하는 경우: 그 전세권을 목적으로 하는 저당권자
> ㉡ 소유권보존등기를 말소하는 경우: 저당권자
> ㉢ 순위 1번 저당권등기를 말소하는 경우: 순위 2번 저당권자
> ㉣ 토지에 대한 저당권등기를 말소하는 경우: 그 토지에 대한 지상권자

① ㉠, ㉡ ② ㉠, ㉢
③ ㉠, ㉣ ④ ㉡, ㉢
⑤ ㉢, ㉣

12 말소등기의 절차에 관한 설명으로 옳은 것은?

① 말소등기는 등기사항의 전부 또는 일부가 부적법한 경우에 할 수 있다.
② 말소등기는 기존의 등기를 법률적인 차원에서 말소시키는 점에서 부동산이 물리적으로 멸실된 경우에 행하는 멸실등기와 구별된다.
③ 토지수용으로 인한 소유권이전등기 신청이 있는 경우에 그 부동산을 위하여 존재하는 지역권등기는 등기관이 직권으로 말소한다.
④ 소유권보존등기가 착오로 마쳐진 경우, 그 등기명의인은 신청착오를 원인으로 하여 그 등기의 말소를 신청할 수 없다.
⑤ 등기관이 등기완료 후 그 등기가 '사건이 등기할 것이 아닌 경우'에 해당하는 것임을 발견한 경우에도 이를 직권으로 말소할 수 없다.

13 말소등기에 관한 설명으로 틀린 것을 모두 고른 것은?

> ㉠ 등기를 말소할 때에는 주등기 또는 부기등기로 말소의 등기를 한 후 해당 등기를 말소하는 표시를 하여야 한다.
> ㉡ 말소등기 시 등기상 이해관계 있는 제3자의 승낙이 첨부된 경우, 이해관계인 명의의 등기는 등기권리자의 단독신청으로 말소한다.
> ㉢ 저당권의 목적이 된 소유권의 말소등기에 있어서는 이해관계인인 저당권자의 동의가 필요하다.
> ㉣ 위조된 첨부정보에 의하여 마쳐진 소유권이전등기라도 실체관계와 부합하다면 직권말소의 대상이 아니다.

① ㉠, ㉡ ② ㉠, ㉢
③ ㉠, ㉣ ④ ㉡, ㉢
⑤ ㉢, ㉣

14 말소등기에 관한 설명으로 옳은 것은?

① 甲, 乙, 丙 순으로 소유권이전등기가 된 상태에서 乙 명의의 소유권이전등기를 말소할 때에는 등기상 이해관계 있는 제3자 丙의 승낙이 있어야 한다.
② 판결에 의하여 말소등기를 신청하는 경우, 이해관계인의 승낙서 등의 제공을 요하지 않는다.
③ 신청한 권리가 실체법상 허용되지 않는 것임에도 불구하고 등기관의 착오로 등기가 마쳐진 경우, 등기관은 해당 등기를 직권으로 말소할 수 있다.
④ 순위 2번 저당권등기를 말소하는 경우, 이해관계인인 순위 1번 저당권자의 승낙이 있어야 한다.
⑤ 권리의 말소등기는 단독으로 신청하는 것이 원칙이다.

15 단독으로 말소등기를 신청할 수 있는 경우가 아닌 것은?

① 가처분채권자가 본안소송에서 승소하여 소유권이전등기를 말소하는 경우에 그 가처분등기 후 실행된 제3자 명의의 소유권이전등기의 말소등기
② 등기의무자의 소재불명으로 등기권리자가 제권판결을 받은 경우의 말소등기
③ 승소한 등기권리자나 등기의무자에 의하여 실행되는 판결에 의한 말소등기
④ 말소등기 시 말소할 등기를 목적으로 하는 이해관계 있는 제3자의 승낙이 있는 경우 그 제3자명의 등기의 말소등기
⑤ 가등기명의인이 신청하는 가등기의 말소등기

16 등기관의 직권말소 대상이 <u>아닌</u> 것은?

① 1필지의 일부에 대하여 마쳐진 소유권보존등기의 말소등기
② 농지를 목적으로 마쳐진 전세권설정등기의 말소등기
③ 「하천법」상 하천에 설정된 전세권설정등기의 말소등기
④ 매매와 동시에 신청하지 않은 환매특약등기가 실행된 경우, 환매특약등기의 말소등기
⑤ 등기한 권리가 어떤 자의 사망으로 소멸한다는 약정이 있는 경우, 그 사람의 사망으로 인한 해당 등기의 말소등기

17 등기관이 직권으로 말소할 수 <u>없는</u> 등기는? (단, 이해관계인의 승낙은 있는 것으로 봄)

① 당사자의 신청에 의하여 마쳐진 유치권등기의 말소등기
② 지상권설정등기의 말소등기 시 지상권에 부기된 저당권설정등기의 말소등기
③ 경매절차에서 매수인이 인수하지 아니하는 부동산 위의 부담의 기입의 말소등기
④ 여러 명의 상속인 중 1인의 상속지분에 대해서 마쳐진 소유권이전등기의 말소등기
⑤ 공유자 중 1인의 공유지분에 대하여 마쳐진 소유권보존등기의 말소등기

18 말소회복등기의 절차에 관한 설명으로 <u>틀린</u> 것은?

① 말소회복등기는 등기의 전부 또는 일부가 부적합하게 말소된 경우에 이를 회복하기 위한 등기이다.
② 말소된 등기의 회복을 신청하는 경우에 등기상 이해관계 있는 제3자가 있을 때에는 그 제3자의 승낙이 있어야 한다.
③ 말소회복등기를 하는 데 있어 등기상 이해관계 있는 제3자는 권리취득등기 시나 말소등기 시를 기준으로 할 것이 아니라 회복등기 시를 기준으로 판별하여야 한다.
④ 당사자가 자발적으로 말소등기를 한 경우에는 그 등기의 회복을 신청할 수 없다.
⑤ 등기가 부적법하게 말소된 경우에 그 말소등기는 무효이므로 말소등기의 대상이 된다.

19 말소회복등기에 관한 설명으로 <u>틀린</u> 것은?

① 가등기에 기한 본등기가 무효로 말소된 경우 그 본등기로 인하여 직권말소된 등기는 등기관이 직권으로 회복하여야 한다.
② 가등기가 원인무효로 말소된 경우에 등기상 이해관계 있는 제3자는 선의·악의를 불문하고 가등기권리자의 회복등기절차에 필요할 승낙의무가 있다.
③ 말소등기가 무효라도 말소등기를 말소할 수 없으므로 말소회복등기를 하여야 한다.
④ 등기사항의 전부 또는 일부가 부적법하게 말소되어 회복등기를 하는 경우에는 주등기로 회복의 등기를 한 후 다시 말소된 등기와 같은 등기를 하여야 한다.
⑤ 부적법하게 말소된 선순위 저당권을 회복하는 경우 후순위 저당권자는 이해관계인에 해당한다.

제3절 | 멸실등기 및 부기등기

20 다음 ( ) 안에 들어갈 내용을 〈보기〉에서 순서대로 옳게 나열한 것은?

이미 종료된 등기의 절차에 착오 또는 빠진 사항이 있어 원시적으로 등기 일부와 실체관계 사이에 불일치가 생긴 경우, 이를 시정하기 위하여 하는 등기를 ( )라고 한다. 이는 불일치 사유가 원시적이라는 점에서, 후발적 사유에 의하여 그 일부만을 보정하는 ( )와 구별된다. 한편, 일단 유효하게 성립한 등기의 전부가 후에 부적법하게 된 경우에는 ( )를 하게 되며, 건물의 일부가 멸실한 때에는 ( )의 형식으로 등기부에 구현된다.

보기
㉠ 말소등기　　　㉡ 경정등기
㉢ 변경등기　　　㉣ 멸실등기
㉤ 회복등기

① ㉡ - ㉢ - ㉠ - ㉢
② ㉡ - ㉢ - ㉠ - ㉣
③ ㉢ - ㉡ - ㉠ - ㉣
④ ㉤ - ㉡ - ㉢ - ㉣
⑤ ㉤ - ㉡ - ㉣ - ㉢

21 멸실등기에 관한 설명으로 틀린 것은?

① 멸실등기란 부동산의 전부가 소멸한 경우 이를 공시하기 위한 등기이다.
② 건물의 멸실등기를 신청하는 경우에는 그 멸실을 증명하는 건축물대장 정보나 그 밖의 정보를 첨부정보로서 등기소에 제공하여야 한다.
③ 건물이 멸실된 경우, 그 소유권의 등기명의인이 멸실등기를 신청하지 아니한 때에는 그 건물대지의 소유자가 대위하여 멸실등기를 신청할 수 있다.
④ 멸실등기를 하는 때에는 등기기록 중 표제부에 멸실의 뜻과 그 원인 또는 부존재의 뜻을 기록하고, 표제부의 등기를 말소하는 표시를 한 후 그 등기기록을 폐쇄하여야 한다.
⑤ 존재하지 아니하는 건물에 대한 등기가 있는 경우, 소유권의 등기명의인은 1개월 이내에 멸실등기를 신청하여야 한다.

| 대표문제 | 부기등기 |

부기등기에 관한 설명으로 옳은 것을 모두 고른 것은?

㉠ 1개의 주등기에 여러 개의 부기등기가 있는 경우, 그 부기등기 상호간의 순위는 그 등기 순서에 의한다.
㉡ 권리의 변경등기는 등기상 이해관계인의 승낙을 얻으면 부기등기로 실행한다.
㉢ 환매권의 이전등기는 부기등기의 부기등기로 실행한다.
㉣ 전세권설정등기는 부기등기로 실행한다.

① ㉡, ㉢
② ㉡, ㉣
③ ㉠, ㉡, ㉢
④ ㉠, ㉡, ㉣
⑤ ㉠, ㉡, ㉢, ㉣

POINT
부기등기를 하는 경우와 주등기를 하는 경우를 비교해서 알아두어야 합니다.

해설
㉣ 전세권설정등기는 소유권을 목적으로 하는 권리에 관한 등기이므로 주등기로 실행한다.

정답 ③

22 부기등기를 하는 경우가 아닌 것은?

① 지상권을 목적으로 하는 저당권설정등기
② 저당부동산의 저당권 실행을 위한 경매개시결정등기
③ 환매특약등기
④ 권리소멸약정등기
⑤ 등기상 이해관계 있는 제3자의 승낙이 있는 경우, 권리의 변경등기

23 등기상 이해관계 있는 제3자의 승낙이 없으면 부기등기가 아닌 주등기로 해야 하는 것은?

① 소유자의 주소를 변경하는 등기명의인 표시의 변경등기
② 근저당권을 甲에서 乙로 이전하는 근저당권이전등기
③ 채권액을 3억원에서 4억원으로 증액하는 저당권변경등기
④ 등기원인에 권리의 소멸에 관한 약정이 있을 경우, 그 약정에 관한 등기
⑤ 질권의 효력을 저당권에 미치도록 하는 권리질권의 등기

24 등기상 이해관계 있는 제3자가 있는 경우에 그 제3자의 승낙이 없으면 부기등기로 할 수 없는 것은?

① 전세권에서 전세금을 증액하는 변경등기
② 지상권의 이전등기
③ 등기명의인표시의 변경등기
④ 지상권 위에 설정한 저당권의 이전등기
⑤ 공유물분할금지의 약정등기

25 부기등기에 관한 설명으로 틀린 것은?

① 부기등기는 주등기 또는 부기등기의 순위번호에 가지번호를 붙여서 실행한다.
② 부기등기는 주등기와 같이 표제부 및 갑구나 을구에 실행한다.
③ 1개의 주등기에 여러 개의 부기등기를 할 수 있으며, 부기등기에 대한 부기등기도 할 수 있다.
④ 부기등기의 순위는 주등기의 순위에 따른다. 다만, 같은 주등기에 관한 부기등기 상호간의 순위는 그 등기 순서에 따른다.
⑤ 주등기가 말소되면 그에 대한 부기등기는 등기관이 직권으로 말소한다.

26 주등기 형식으로 실행하는 등기는?

① 전세권을 목적으로 하는 저당권의 설정등기
② 공유물(共有物)을 분할하지 않기로 하는 약정의 등기
③ 가등기상 권리의 이전등기
④ 등기의 전부가 부적법하게 말소된 경우 그 회복등기
⑤ 등기명의인의 개명(改名)으로 인한 등기명의인의 표시변경등기

제 4 절 | 가등기

대표문제 가등기

가등기에 관한 설명으로 틀린 것은? 기출응용 32회

① 전세권의 전세금의 변경등기청구권을 보전하기 위해 가등기를 할 수 있다.
② 가등기권리자는 가등기를 명하는 법원의 가처분명령이 있는 경우에는 단독으로 가등기를 신청할 수 있다.
③ 가등기를 한 후 본등기의 신청이 있을 때에는 가등기의 순위번호를 사용하여 본등기를 하여야 한다.
④ 등기관이 소유권이전등기청구권보전 가등기에 의한 본등기를 한 경우, 가등기 후 본등기 전에 마쳐진 해당 가등기상 권리를 목적으로 하는 가처분등기는 직권으로 말소한다.
⑤ 등기관이 소유권이전등기청구권보전 가등기에 의한 본등기를 한 경우, 가등기 후 본등기 전에 마쳐진 저당권설정등기는 직권으로 말소한다.

POINT
가등기에 기한 본등기 후 직권말소 대상인 등기와 직권말소 대상이 아닌 등기를 구분할 수 있어야 합니다.

해설
등기관이 소유권이전등기청구권보전 가등기에 의하여 소유권이전의 본등기를 한 경우에는 가등기 후 본등기 전에 마쳐진 등기 중 다음의 등기를 제외하고는 모두 직권으로 말소한다(규칙 제147조 제1항).

> 1. 해당 가등기상 권리를 목적으로 하는 가압류등기나 가처분등기
> 2. 가등기 전에 마쳐진 가압류에 의한 강제경매개시결정등기
> 3. 가등기 전에 마쳐진 담보가등기, 전세권 및 저당권에 의한 임의경매개시결정등기
> 4. 가등기권자에게 대항할 수 있는 주택임차권등기, 주택임차권설정등기, 상가건물임차권등기, 상가건물임차권설정등기(이하 '주택임차권등기 등'이라 한다)

정답 ④

27 가등기에 관한 설명으로 틀린 것은? (다툼이 있으면 판례에 따름)

① 소유권이전청구권을 보전하기 위한 가등기는 허용되지만, 소유권보존등기는 가등기의 대상이 될 수 없다.
② 부동산임차권의 이전청구권을 보전하기 위한 가등기는 허용된다.
③ 가등기에 기한 본등기를 금지하는 취지의 가처분등기는 할 수 없다.
④ 가등기로 보전하려는 등기청구권이 정지조건부인 경우에는 가등기를 할 수 있지만, 해제조건부인 경우에는 가등기를 할 수 없다.
⑤ 사인증여로 인하여 발생한 소유권이전등기청구권을 보전하기 위한 가등기는 할 수 없다.

28 가등기의 대상이 될 수 있는 것을 모두 고른 것은?

> ㉠ 시기부청구권을 보전하기 위한 가등기
> ㉡ 가등기상의 권리의 처분을 금지하는 가처분등기
> ㉢ 가등기에 기한 본등기를 금지하는 가처분등기
> ㉣ 물권적 청구권을 보전하기 위한 가등기

① ㉠, ㉡   ② ㉡, ㉢
③ ㉠, ㉡, ㉢   ④ ㉠, ㉢, ㉣
⑤ ㉡, ㉢, ㉣

29 가등기의 신청 및 가등기의 말소신청에 관한 설명으로 틀린 것은?

① 가등기의무자가 가등기에 협력하지 않는 경우, 가등기권리자는 가등기의무자를 상대로 승소판결을 얻어서 단독으로 가등기를 신청할 수 있다.
② 가등기를 명하는 부동산의 소재지를 관할하는 지방법원의 가처분명령이 있을 때에는 법원의 촉탁에 의하여 가등기를 할 수 있다.
③ 가등기권리자는 가등기의무자의 승낙을 받아 단독으로 가등기를 신청할 수 있다.
④ 가등기명의인은 단독으로 가등기의 말소를 신청할 수 있다.
⑤ 가등기의무자나 가등기에 관하여 등기상 이해관계 있는 자는 가등기명의인의 승낙을 받아 단독으로 가등기의 말소를 신청할 수 있다.

30 가등기에 관한 설명으로 틀린 것은?

① 가등기를 신청하는 경우에는 그 가등기로 보전하려고 하는 권리를 신청정보의 내용으로 등기소에 제공하여야 한다.
② 토지거래계약허가대상인 토지에 대하여 소유권이전청구권 보전의 가등기를 신청할 경우에 토지거래계약허가증을 첨부정보로 제공하여야 한다.
③ 가등기상 권리의 이전등기 방식은 가등기상 권리의 처분금지가처분 기입등기와 마찬가지로 가등기에 대한 부기등기의 방식에 의한다.
④ 소유권이전등기청구권가등기가 실행된 이후에 당해 부동산에 대한 제3취득자가 있는 경우 본등기의 등기의무자는 그 제3취득자가 된다.
⑤ 甲이 자신의 토지에 대해 乙에게 전세권설정청구권 보전을 위한 가등기를 해준 뒤 丙에게 그 토지에 대해 소유권이전등기를 했더라도 가등기에 기한 본등기 신청의 등기의무자는 甲이다.

 기출응용 33회

31 가등기에 기한 본등기에 관한 설명으로 틀린 것은?

① 소유권이전등기청구권보전 가등기는 갑구에 주등기 방식으로 실행하고, 전세권설정청구권보전 가등기는 을구에 주등기 방식으로 실행한다.
② 가등기에 기한 본등기는 등기권리자와 등기의무자가 공동으로 신청하는 것이 원칙이다.
③ 하나의 가등기에 관하여 여러 명의 가등기권자가 있는 경우에 일부의 가등기권자가 자기의 지분에 관하여 본등기를 신청할 수 있다.
④ 가등기 후에 제3취득자가 있더라도 본등기를 함에 있어서 그 제3취득자의 승낙은 필요하지 않다.
⑤ 소유권이전등기청구권 보전을 위한 가등기가 마쳐진 부동산에 처분금지가처분등기가 된 후 본등기가 이루어진 경우, 그 본등기로 가처분채권자에게 대항할 수 없다.

32 가등기에 관한 설명으로 틀린 것은?

① 임차권이나 근저당권도 가등기의 대상이 될 수 있다.
② 지상권이전청구권보전 가등기는 을구에 부기등기로 실행한다.
③ 가등기 후 본등기 전에 행해진 제3자 명의의 등기는 본등기가 실행된 후 말소통지절차를 거쳐 등기관이 직권으로 말소한다.
④ 유증을 원인으로 한 소유권이전가등기는 유증자가 생존하는 동안에는 할 수 없으나, 유증자가 사망한 후에는 가능하다.
⑤ 가등기명의인이 사망한 후에 그 자의 상속인은 상속등기를 거칠 필요 없이 직접 가등기에 기한 본등기를 신청할 수 있다.

33 가등기에 기한 본등기의 실행 및 효력에 관한 설명으로 틀린 것은?

① 가등기를 한 후 본등기의 신청이 있을 때에는 가등기의 순위번호를 사용하여 본등기를 하여야 하므로 본등기의 순위번호를 따로 기록할 필요는 없다.
② 가등기에 의한 본등기를 한 경우 본등기의 순위는 가등기의 순위에 따르는데, 이를 가등기의 순위보전의 효력이라고 한다.
③ 소유권이전청구권 가등기에 기하여 본등기를 하는 경우, 등기관은 그 가등기를 말소하는 표시를 하여야 한다.
④ 등기관은 가등기에 의한 본등기를 하였을 때에는 가등기 이후에 된 등기로서 가등기에 의하여 보전되는 권리를 침해하는 등기를 직권으로 말소하여야 한다.
⑤ 등기관이 가등기 이후의 등기를 말소하였을 때에는 지체 없이 그 사실을 말소된 권리의 등기명의인에게 통지하여야 한다.

기출응용 33회

34 소유권이전등기청구권가등기에 기한 본등기를 함에 있어 등기관이 직권으로 말소할 수 없는 등기는? (단, 보기의 등기는 모두 가등기 후 본등기 전에 마쳐진 등기임)

① 해당 가등기상의 권리를 목적으로 하는 가압류등기
② 임차권설정등기
③ 경매개시결정등기
④ 제3자 명의의 소유권이전등기청구권가등기
⑤ 가등기의무자의 사망으로 인한 상속등기

35 소유권이전등기청구권가등기에 기하여 본등기를 한 경우 등기관이 직권으로 말소할 수 <u>없는</u> 등기를 모두 고른 것은? (단, 보기의 등기는 모두 가등기 후 본등기 전에 마쳐진 등기임)

> ㉠ 해당 가등기상 권리를 목적으로 하는 가처분등기
> ㉡ 가등기 전에 마쳐진 저당권에 의한 임의경매개시결정등기
> ㉢ 가등기 전에 마쳐진 가압류에 의한 강제경매개시결정등기
> ㉣ 가등기권자에게 대항할 수 있는 주택임차권등기

① ㉠, ㉣
② ㉡, ㉢
③ ㉠, ㉡, ㉢
④ ㉡, ㉢, ㉣
⑤ ㉠, ㉡, ㉢, ㉣

36 A건물에 대해 甲이 소유권이전등기청구권보전 가등기를 2025.3.4.에 하였다. 甲이 이 가등기에 의해 2025.10.28. 소유권이전의 본등기를 한 경우, A건물에 있던 다음 등기 중 직권으로 말소할 수 있는 등기는?

① 甲에게 대항할 수 있는 주택임차권에 의해 2025.7.14.에 한 주택임차권등기
② 위 가등기상의 권리를 목적으로 2025.7.7.에 한 가처분등기
③ 위 가등기상의 권리를 목적으로 2025.7.8.에 한 가압류등기
④ 2025.3.15. 등기된 근저당권에 의해 2025.7.5.에 한 임의경매개시결정등기
⑤ 2025.2.5. 등기된 가압류에 의해 2025.7.6.에 한 강제경매개시결정등기

37 X토지에 관하여 A등기청구권보전을 위한 가등기 이후, B – C의 순서로 각 등기가 적법하게 마쳐졌다. B등기가 직권말소의 대상인 것은? (A, B, C등기는 X를 목적으로 함)

	A	B	C
①	소유권이전 —	가처분등기 —	소유권이전본등기
②	전세권설정 —	가압류등기 —	전세권설정본등기
③	임차권설정 —	저당권설정등기 —	임차권설정본등기
④	지상권설정 —	가압류등기 —	지상권설정본등기
⑤	저당권설정 —	소유권이전등기 —	저당권설정본등기

38 가등기에 의한 본등기를 마친 경우 등기관의 조치로 옳은 것은?

① 소유권이전등기청구권보전 가등기에 의한 본등기를 한 경우, 등기관은 그 가등기 후 본등기 전에 마친 등기 전부를 직권으로 말소한다.

② 전세권설정등기청구권보전 가등기에 의한 본등기를 마친 경우, 등기관은 가등기 후 본등기 전에 마쳐진 저당권설정등기를 직권으로 말소한다.

③ 임차권설정등기청구권보전 가등기에 의한 본등기를 마친 경우, 등기관은 가등기 후 본등기 전에 가등기와 동일한 부분에 마쳐진 전세권설정등기를 직권으로 말소한다.

④ 지상권설정등기청구권보전 가등기에 의한 본등기를 마친 경우, 등기관은 가등기 후 본등기 전에 마쳐진 소유권이전등기를 직권으로 말소한다.

⑤ 저당권설정등기청구권보전 가등기에 의한 본등기를 한 경우, 등기관은 가등기 후 본등기 전에 마쳐진 제3자 명의의 저당권설정등기를 직권으로 말소한다.

제5절 | 가압류등기 및 가처분등기

39 가압류·가처분등기에 관한 설명으로 옳은 것을 모두 고른 것은?

> ㉠ 부동산의 공유지분에 대해서도 가압류등기가 가능하다.
> ㉡ 처분금지가처분등기가 되어 있는 토지에 대하여도 지상권설정등기를 신청할 수 있다.
> ㉢ 가압류등기의 말소등기는 등기권리자와 등기의무자가 공동으로 신청해야 한다.
> ㉣ 부동산에 대한 처분금지가처분등기의 경우, 금전채권을 피보전권리로 기재한다.

① ㉠, ㉡　　　　　　　　　　② ㉢, ㉣
③ ㉠, ㉡, ㉢　　　　　　　　④ ㉠, ㉢, ㉣
⑤ ㉡, ㉢, ㉣

40 등기에 관한 설명으로 옳은 것을 모두 고른 것은?

> ㉠ 등기된 임차권은 가압류등기의 목적이 될 수 있다.
> ㉡ 처분금지가처분이 등기된 부동산에 대하여는 소유권이전등기를 신청할 수 없다.
> ㉢ 가압류가 등기된 부동산에 대하여는 소유권이전등기를 신청할 수 있다.
> ㉣ 가처분채권자가 본안소송에서 승소하여 소유권이전등기를 신청하는 경우 해당 가처분등기는 등기관의 직권으로 말소된다.

① ㉠, ㉢　　　　　　　　　　② ㉢, ㉣
③ ㉠, ㉡, ㉣　　　　　　　　④ ㉠, ㉢, ㉣
⑤ ㉡, ㉢, ㉣

41 가처분채권자가 본안소송에서 승소하여 소유권이전등기를 신청하는 경우, 가처분등기에 저촉되는 제3자 명의의 소유권이전등기를 말소하는 방법으로 옳은 것은?

① 등기관이 직권으로 말소한다.
② 가처분채권자의 단독신청에 의하여 말소한다.
③ 가처분채무자의 단독신청에 의하여 말소한다.
④ 가처분채권자와 가처분채무자의 공동신청에 의하여 말소한다.
⑤ 집행법원의 촉탁에 의하여 말소한다.

42 가압류등기 및 가처분등기의 말소에 관한 설명으로 틀린 것은?

① 가압류의 취하 신청이 있는 때에 법원사무관 등이 취하서 등을 첨부하여 가압류등기의 말소촉탁을 하면 등기관은 이에 따라 가압류등기를 말소한다.
② 소유권이전청구권보전 가등기 후 본등기 전에 마쳐진 가압류등기는 가등기에 의하여 본등기하였을 때에 등기관이 직권으로 말소한다.
③ 처분금지가처분 후에 마쳐진 가압류등기는 가처분채권자가 본안소송에서 승소한 경우 등기관이 직권으로 말소한다.
④ 가처분채권자가 본안소송에서 승소하여 등기관이 가처분등기 이후의 등기를 말소한 때에는 그 가처분등기를 직권으로 말소한다.
⑤ 가처분등기 이후에 등기가 없는 경우로서 가처분채무자를 등기의무자로 하는 권리의 이전, 말소 또는 설정의 등기만을 할 때에도 등기관은 그 가처분등기를 직권으로 말소한다.

43 乙 소유의 건물에 대하여 소유권이전등기청구권을 보전하기 위한 甲의 가처분이 2025. 3.4. 등기되었다. 甲이 乙을 등기의무자로 하여 소유권이전등기를 신청하는 경우, 그 건물에 있던 다음의 제3자 명의의 등기 중 단독으로 등기의 말소를 신청할 수 있는 것은?

① 2025.2.7. 등기된 가압류에 의하여 2025.6.7.에 한 강제경매개시결정등기
② 2025.2.8. 등기된 가등기담보권에 의하여 2025.7.8.에 한 임의경매개시결정등기
③ 임차권등기명령에 의해 2025.5.2.에 한 甲에게 대항할 수 있는 주택임차권등기
④ 2025.2.9. 등기된 근저당권에 의하여 2025.9.2.에 한 임의경매개시결정등기
⑤ 2025.2.9. 체결된 매매계약에 의하여 2025.8.1.에 한 소유권이전등기

빠른 정답 CHECK!

PART 1 공간정보의 구축 및 관리 등에 관한 법률

CHAPTER 01 | 토지의 등록 해설집 p.2

01	⑤	02	②	03	④	04	①	05	③
06	⑤	07	②	08	⑤	09	①	10	④
11	⑤	12	②	13	④	14	③	15	⑤
16	③	17	③	18	④	19	②	20	①
21	⑤	22	③	23	③	24	③	25	④
26	②	27	③	28	③	29	②	30	⑤
31	②	32	⑤	33	③	34	④	35	①
36	④	37	②	38	③	39	④	40	①
41	⑤	42	⑤	43	④	44	④	45	③
46	⑤	47	②	48	④				

CHAPTER 02 | 지적공부 및 부동산종합공부 해설집 p.14

01	④	02	③	03	①	04	④	05	⑤
06	⑤	07	③	08	④	09	①	10	③
11	③	12	③	13	④	14	①	15	②
16	⑤	17	④	18	③	19	④	20	⑤
21	③	22	①	23	④	24	②	25	①
26	②	27	⑤	28	①	29	④	30	①
31	⑤	32	③	33	⑤	34	②	35	①
36	②	37	④						

CHAPTER 03 | 토지의 이동 및 지적정리 해설집 p.24

01	①	02	③	03	③	04	③	05	②
06	①	07	④	08	⑤	09	④	10	①
11	①	12	④	13	①	14	③	15	⑤
16	④	17	②	18	⑤	19	②	20	①
21	⑤	22	③	23	①	24	⑤	25	①
26	②	27	①	28	③	29	①	30	④
31	③	32	⑤	33	②	34	⑤	35	③
36	①	37	⑤	38	③	39	②	40	④
41	④	42	⑤	43	⑤	44	④	45	②
46	③	47	②	48	①				

CHAPTER 04 | 지적측량 해설집 p.36

01	⑤	02	③	03	④	04	②	05	③
06	②	07	⑤	08	③	09	①	10	④
11	①	12	③	13	①	14	④	15	⑤
16	⑤	17	①	18	⑤	19	④	20	④
21	①	22	⑤	23	③	24	⑤	25	②

PART 2 부동산등기법

CHAPTER 01 | 등기제도 총칙   해설집 p.41

01	③	02	①	03	②	04	②	05	③
06	②	07	③	08	④	09	③	10	④
11	⑤	12	③	13	②	14	②	15	⑤
16	④	17	⑤	18	④	19	②		

CHAPTER 02 | 등기의 기관과 그 설비   해설집 p.46

01	②	02	④	03	⑤	04	①	05	③
06	⑤	07	④	08	①	09	②	10	③
11	④	12	③	13	③	14	②	15	④
16	②	17	④	18	⑤	19	③	20	②
21	①	22	④	23	②	24	②	25	④
26	①	27	⑤						

CHAPTER 03 | 등기절차 총론   해설집 p.53

01	⑤	02	①	03	④	04	③	05	①
06	⑤	07	③	08	④	09	③	10	②
11	④	12	②	13	①	14	②	15	①
16	①	17	②	18	④	19	⑤	20	④
21	⑤	22	④	23	②	24	②	25	⑤
26	⑤	27	②	28	②	29	④	30	①
31	②	32	⑤	33	④	34	⑤	35	①
36	④	37	②	38	⑤	39	③	40	②
41	③	42	①	43	②	44	③	45	③
46	②	47	②	48	③	49	①	50	①
51	⑤	52	②	53	③	54	⑤	55	①
56	②	57	②	58	②	59	①	60	⑤
61	⑤	62	⑤	63	②	64	①	65	④
66	③	67	④	68	③	69	①	70	④
71	④	72	④	73	③				

CHAPTER 04 | 각종 권리의 등기절차   해설집 p.72

01	③	02	④	03	②	04	①	05	①
06	①	07	④	08	①	09	④	10	⑤
11	④	12	③	13	③	14	②	15	②
16	②	17	⑤	18	④	19	①	20	③
21	②	22	②	23	②	24	②	25	①
26	②	27	②	28	②	29	③	30	②
31	②	32	②	33	②	34	③	35	④
36	④	37	②	38	②	39	③	40	②
41	③	42	①	43	②	44	②	45	④
46	④	47	③	48	②	49	①		

CHAPTER 05 | 각종의 등기절차   해설집 p.84

01	⑤	02	③	03	②	04	①	05	③
06	④	07	③	08	③	09	⑤	10	⑤
11	①	12	②	13	①	14	③	15	④
16	⑤	17	②	18	⑤	19	④	20	①
21	⑤	22	②	23	③	24	①	25	②
26	④	27	⑤	28	②	29	②	30	④
31	⑤	32	⑤	33	②	34	①	35	③
36	④	37	①	38	②	39	①	40	④
41	②	42	③	43	⑤				

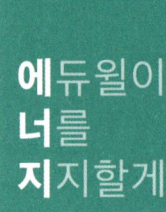

삶의 순간순간이
아름다운 마무리이며
새로운 시작이어야 한다.

- 법정 스님

여러분의 작은 소리
에듀윌은 크게 듣겠습니다.

본 교재에 대한 여러분의 목소리를 들려주세요.
공부하시면서 어려웠던 점, 궁금한 점,
칭찬하고 싶은 점, 개선할 점, 어떤 것이라도 좋습니다.

에듀윌은 여러분께서 나누어 주신 의견을
통해 끊임없이 발전하고 있습니다.

에듀윌 도서몰 book.eduwill.net
- 부가학습자료 및 정오표: 에듀윌 도서몰 → 도서자료실
- 교재 문의: 에듀윌 도서몰 → 문의하기 → 교재(내용, 출간) / 주문 및 배송

2025 에듀윌 공인중개사 2차 기출응용 예상문제집 **부동산공시법**

발 행 일	2025년 4월 18일 초판
편 저 자	김민석
펴 낸 이	양형남
펴 낸 곳	(주)에듀윌
I S B N	979-11-360-3687-2
등록번호	제25100-2002-000052호
주 소	08378 서울특별시 구로구 디지털로34길 55 코오롱싸이언스밸리 2차 3층

* 이 책의 무단 인용·전재·복제를 금합니다.

www.eduwill.net
대표전화 1600-6700

에듀윌 **직영학원**에서 합격을 수강하세요

언제나 전문 학습 매니저와 상담이 가능한 안내데스크

고품질 영상 및 음향 장비를 갖춘 최고의 강의실

재충전을 위한 카페 분위기의 아늑한 휴게실

에듀윌의 상징 노란색의 환한 학원 입구

에듀윌 직영학원 대표전화

공인중개사 학원 02)815-0600	공무원 학원 02)6328-0600	편입 학원 02)6419-0600
주택관리사 학원 02)815-3388	소방 학원 02)6337-0600	부동산아카데미 02)6736-0600
전기기사 학원 02)6268-1400		

공인중개사학원 바로가기

합격하고 꼭 해야 할 것 1

에듀윌 공인중개사
동문회 특권

1. 에듀윌 공인중개사 합격자 모임

2. 앰배서더 가입 자격 부여

3. 동문회 인맥북
업계 최대 네트워크

4. 개업 축하 선물

5. 온라인 커뮤니티
부동산 정보 실시간 공유

6. 오프라인 커뮤니티
지부/기수 정기모임

7. 공인중개사 취업박람회

8. 동문회 주최 실무 특강

9. 프리미엄 복지혜택
숙박/자기계발/의료 및 소식지 무료 구독

10. 마이오피스
동문 사무소 등록/조회

11. 동문회와 함께하는 사회공헌활동

※ 본 특권은 회원별로 상이하며, 예고 없이 변경될 수 있습니다.

에듀윌 공인중개사 동문회 | dongmun.eduwill.net
문의 | 1600-6700

2025

에듀윌 공인중개사 기출응용 예상문제집
2차 부동산공시법

오답 노트가 되는
정답 및 해설

2025

에듀윌
공인중개사
기출응용 예상문제집

 부동산공시법

2025
에듀윌
공인중개사
기출응용 예상문제집
2차 부동산공시법

오답 노트가 되는
정답 및 해설

eduwill

PART 1 공간정보의 구축 및 관리 등에 관한 법률

오답 NOTE

CHAPTER 01 토지의 등록

01	⑤	02	②	03	④	04	①	05	③
06	⑤	07	②	08	⑤	09	①	10	④
11	⑤	12	②	13	④	14	③	15	⑤
16	③	17	③	18	④	19	②	20	①
21	⑤	22	⑤	23	③	24	②	25	④
26	②	27	③	28	③	29	②	30	⑤
31	②	32	③	33	③	34	④	35	①
36	④	37	②	38	③	39	②	40	①
41	⑤	42	⑤	43	④	44	④	45	③
46	⑤	47	②	48	④				

01 등록주체 정답 ⑤

- '국토교통부장관(㉠)'은 '모든 토지(㉡)'에 대하여 필지별로 소재·지번·지목·면적·경계 또는 좌표 등을 조사·측량하여 지적공부에 등록하여야 한다(법 제64조 제1항).
- 지적공부에 등록하는 지번·지목·면적·경계 또는 좌표는 '토지의 이동(㉢)'이 있을 때 토지소유자(법인이 아닌 사단이나 재단의 경우에는 그 대표자나 관리인을 말한다)의 신청을 받아 '지적소관청(㉣)'이 결정한다(법 제64조 제2항).

02 직권등록절차 정답 ②

지적소관청은 법 제64조 제2항 단서에 따라 토지의 이동현황을 직권으로 조사·측량하여 토지의 지번·지목·면적·경계 또는 좌표를 결정하려는 때에는 토지이동현황 조사계획을 수립하여야 하는데(규칙 제59조 제1항), 이 경우 국토교통부장관의 승인을 요하지 않는다.

03 지번의 구성 정답 ④

지번은 아라비아숫자로 표기하되, 임야대장 및 임야도에 등록하는 토지의 지번은 숫자 앞에 '산'자를 붙인다(영 제56조 제1항).

04 지번의 구성   정답 ①

㉠ 지번은 아라비아숫자로 표기하되 임야대장 및 임야도에 등록하는 토지의 지번은 **숫자 앞에 '산'**자를 붙인다(영 제56조 제1항). '산'이 붙은 필지는 임야대장 및 임야도에 등록된 필지라는 의미로, 그 필지의 지목은 알 수 없다.
㉡ 지번은 본번과 부번으로 구성하되, 본번과 부번 사이에 '-' 표시로 연결하고, 이 경우 '-' 표시는 **'의'라고 읽는다**(영 제56조 제2항).
㉢ 합병의 경우에는 합병 대상지번 중 **선순위**의 지번을 그 지번으로 하되, 본번으로 된 지번이 있는 때에는 **본번 중 선순위**의 지번을 합병 후의 지번으로 부여한다(영 제56조 제3항 제4호).

05 지번의 부여방법   정답 ③

등록전환 대상토지의 면적이 아무리 넓더라도 지번은 1개만 부여할 수 있으므로 예외규정이 적용되는 경우가 아니다.

이론+ 신규등록 및 등록전환의 경우 지번의 부여기준(영 제56조 제3항 제2호)

1. 원칙: 인접토지의 **본번에** 부번을 붙여서 지번을 부여한다.
2. 예외: 다음의 경우 지번부여지역의 **최종 본번**의 다음 순번부터 **본번으**로 하여 순차적으로 지번을 부여할 수 있다.
   - 대상토지가 그 지번부여지역의 최종 지번의 토지에 인접하여 있는 경우
   - 대상토지가 이미 등록된 토지와 멀리 떨어져 있어서 부번을 붙이는 것이 불합리한 경우
   - 대상토지가 여러 필지로 되어 있는 경우

06 지번의 부여방법   정답 ⑤

지번변경을 하는 경우의 지번부여는 **지적확정측량 실시지역의 지번부여방법을 준용**하므로 종전 지번 중 본번으로 부여하는 것을 원칙으로 한다.

이론+ 현행 공간정보의 구축 및 관리 등에 관한 법령상 지번의 부여기준(영 제56조 제3항)

신규등록 및 등록전환	1. 원칙: 인접토지의 본번에 부번을 붙여서 지번을 부여한다. 2. 예외: 다음의 경우 지번부여지역의 최종 본번의 다음 순번부터 본번으로 하여 순차적으로 지번을 부여할 수 있다. • 최종 지번의 토지에 인접하여 있는 경우 • 멀리 떨어져 있어서 부번을 부여하는 것이 불합리한 경우 • 여러 필지로 되어 있는 경우

분할	1. 원칙: 1필지는 분할 전의 지번으로 부여하고, 나머지는 본번의 최종 부번 다음 순번으로 부번을 부여한다. 2. 예외: 분할되는 필지에 주거·사무실 등의 건축물이 있는 경우에는 그 필지의 지번을 분할 전 지번으로 우선하여 부여하여야 한다.
합병	1. 원칙: 합병 대상 지번 중 선순위의 지번을 그 지번으로 하되, 본번으로 된 지번이 있는 때에는 본번 중 선순위의 지번을 합병 후의 지번으로 한다. 2. 예외: 토지소유자가 합병 전 필지에 주거·사무실 등의 건축물이 있어 그 건축물이 위치한 지번을 합병 후의 지번으로 신청하는 때에는 그 지번을 합병 후의 지번으로 부여하여야 한다.
도시개발 사업 등의 시행지역	1. 원칙: 종전의 지번 중 본번만으로 부여한다. 2. 예외: 부여할 수 있는 종전 지번의 수가 새로 부여할 지번의 수보다 적은 때에는 • 블록 단위로 하나의 본번을 부여한 후 필지별로 부번을 부여하거나, • 그 지번부여지역의 최종 본번 다음 순번부터 본번으로 하여 차례로 지번을 부여할 수 있다. 3. 준용하는 경우 • 지번부여지역의 지번을 변경할 때 • 행정구역 개편에 따라 새로 지번을 부여할 때 • 축척변경 시행지역의 필지에 지번을 부여할 때

07 지번의 부여방법   정답 ②

① 도시개발사업이 완료된 후 지번을 부여하는 데 있어 지적확정측량을 실시한 지역의 종전의 지번과 지적확정측량을 실시한 지역 밖에 있는 본번이 같은 지번이 있을 때 그 지번은 제외된다(영 제56조 제3항 제5호).
③ 지번변경은 지적확정측량을 실시한 지역의 지번부여방법을 준용한다(영 제56조 제3항 제6호). 도시개발사업 등이 완료됨에 따라 지적확정측량을 실시한 지역의 각 필지에 지번을 새로 부여하는 경우에는 종전 지번 중 본번으로 부여하는 것이 원칙이다.
④ 지적확정측량을 실시한 지역의 경계에 걸쳐 있는 지번은 도시개발사업 등이 완료된 후에 부여할 수 있는 본번이 될 수 없다(영 제56조 제3항 제5호).
⑤ 지적소관청은 도시개발사업 시행 등의 사유로 지번에 결번이 생긴 때에는 지체 없이 그 사유를 결번대장에 적어 영구히 보존하여야 한다(규칙 제63조).

08 지번의 부여방법 정답 ⑤

지적확정측량을 실시한 지역(도시개발사업 등 시행지역)에서의 지번부여방법은 다음과 같다(영 제56조 제3항 제5호).

> 1. 원칙: 도시개발사업 등이 완료됨에 따라 지적확정측량을 실시한 지역 안의 각 필지에 지번을 새로 부여하는 경우, 종전의 지번 중 **본번**으로 부여한다.
> 2. 예외: 부여할 수 있는 종전 지번의 수가 새로 부여할 지번의 수보다 적을 때에는 **블록단위**로 하나의 본번을 부여한 후 필지별로 부번을 부여하거나(ⓒ), 그 지번부여지역의 **최종 본번** 다음 순번부터 **본번**으로 하여 차례로 지번을 부여할 수 있다(ⓔ).

09 지번변경 정답 ①

지번변경은 **토지소유자의 신청으로 할 수 없고**, 지적소관청이 지적공부에 등록된 지번을 변경할 필요가 있다고 인정하면 **시·도지사나 대도시 시장의 승인을** 받아 지번부여지역의 전부 또는 일부에 대하여 지번을 새로 부여할 수 있다(법 제66조 제2항).

10 지번변경 정답 ④

지적소관청은 법 제66조 제2항에 따라 지번을 변경하려면 지번변경사유를 적은 승인신청서에 지번변경 대상지역의 **지번·지목·면적·소유자**에 대한 상세한 내용(이하 '지번등 명세'라 한다)을 기재하여 시·도지사 또는 대도시 시장에게 제출하여야 한다. 이 경우 시·도지사 또는 대도시 시장은 「**전자정부법**」 제36조 제1항에 따른 행정정보의 공동이용을 통하여 지번변경 대상지역의 **지적도 및 임야도**를 확인하여야 한다(영 제57조 제1항).

11 결번대장 정답 ⑤

지적소관청은 도시개발사업의 시행, 지번변경, 축척변경, 행정구역의 개편 등의 사유로 지번에 결번이 생긴 때에는 지체 없이 그 사유를 '**결번대장**'에 적어 영구히 보존하여야 한다(규칙 제63조).

12 지목의 종류 정답 ②

지목은 전·답·과수원·목장용지·임야·광천지·염전·대(垈)·공장용지·학교용지·주차장·주유소용지·창고용지(ⓒ)·도로·철도용지(ⓔ)·제방(堤防)·하천·구거(溝渠)·유지(溜池)·양어장·수도용지·공원·체육용지(ⓛ)·유원지·종교용지·사적지·묘지·잡종지로 구분하여 정한다(법 제67조 제1항). 축사용지(ⓘ), 산업용지(ⓜ), 항만용지(ⓗ)는 지목에 해당하지 않는다.

오답 NOTE

13 부호 정답 ④

지목을 지적도면에 표기할 때 '공장용지 – 장, 주차장 – 차, 유원지 – 원, 하천 – 천'의 4가지 지목을 제외한 24가지 지목은 첫 번째 글자를 부호로 표기한다(규칙 제64조). 따라서 '① 광천지 – 광, ② 공장용지 – 장, ③ 유원지 – 원, ⑤ 염전 – 염'이라고 표기하여야 한다.

14 지목의 설정원칙 정답 ③

1필지가 2 이상의 용도로 활용되는 경우에는 지목은 1개만 정할 수 있는데, 이 경우 주된 용도에 따라 지목을 설정하여야 한다(영 제59조 제1항).

15 지목의 부호 정답 ⑤

지번 18의 지목인 '유'는 '유지'이다. '유원지'는 '원'으로 표기한다.

16 지목의 구분 정답 ③

사람의 시체나 유골이 매장된 토지, 「도시공원 및 녹지 등에 관한 법률」에 따른 묘지공원으로 결정·고시된 토지, 「장사 등에 관한 법률」 제2조 제9호에 따른 봉안시설과 이에 접속된 부속시설물의 부지의 지목은 '묘지'이지만, 묘지의 관리를 위한 건축물의 부지의 지목은 '대'로 한다(영 제58조 제27호).

17 지목의 구분 정답 ③

ⓒ 해상은 바다로서 지적의 대상이 되지 않으므로 지목이 정해질 수 없다. '해상'을 '육상'으로 변경하면 옳은 설명이 된다(영 제58조 제20호).

18 지목의 구분 정답 ④

① 용수(用水) 또는 배수(排水)를 위하여 일정한 형태를 갖춘 인공적인 수로·둑 및 그 부속시설물의 부지의 지목은 '구거'로 한다(영 제58조 제18호).
② 축산업 및 낙농업을 하기 위하여 초지를 조성한 토지의 지목은 '목장용지'이지만, 그 토지에 설치된 주거용 건축물의 부지의 지목은 '대'로 한다(영 제58조 제14호).
③ 물을 상시적으로 직접 이용하여 벼·연(蓮)·미나리·왕골 등의 식물을 주로 재배하는 토지의 지목은 '답'으로 한다(영 제58조 제2호).
⑤ 사과·배·밤·호두·귤나무 등 과수류를 집단적으로 재배하는 토지의 지목은 '과수원'이지만, 이에 접속된 주거용 건축물의 부지의 지목은 '대'로 한다(영 제58조 제3호).

19 지목의 구분
정답 ②

지하에서 온수·약수·석유류 등이 용출되는 용출구와 그 유지에 사용되는 부지의 지목은 '광천지'이지만, 온수·약수·석유류 등을 일정한 장소로 운송하는 송수관·송유관 및 저장시설의 부지의 지목은 '광천지'로 하지 않는다(영 제58조 제6호).

20 지목의 구분
정답 ①

② 전기 또는 수소 등의 판매를 위하여 일정한 설비를 갖춘 시설물 부지의 지목은 '주유소용지'이다(영 제58조 제12호 가목).
③ 자동차 등의 주차에 필요한 독립적인 시설을 갖춘 부지와 주차전용 건축물 및 이에 접속된 부속시설물의 부지의 지목은 '주차장'이다(영 제58조 제11호).
④ 봉안시설의 부지는 '묘지'로 한다(영 제58조 제27호).
⑤ 「도시공원 및 녹지 등에 관한 법률」에 따른 묘지공원으로 결정·고시된 토지는 '묘지'로 한다(영 제58조 제27호).

21 지목의 구분
정답 ⑤

① 자연의 유수(流水)가 있거나 있을 것으로 예상되는 토지는 '하천'으로 한다(영 제58조 제17호).
②③ 용수 또는 배수를 위하여 일정한 형태를 갖춘 인공적인 수로·둑 및 그 부속시설물의 부지와 자연의 유수(流水)가 있거나 있을 것으로 예상되는 소규모 수로부지는 '구거'이다(영 제58조 제18호).
④⑤ 물이 고이거나 상시적으로 물을 저장하고 있는 댐·저수지·소류지·호수·연못 등의 토지와 연·왕골 등이 자생하는 배수가 잘 되지 아니하는 토지는 '유지'로 한다(영 제58조 제19호).

22 지목의 구분
정답 ⑤

물이 고이거나 상시적으로 물을 저장하고 있는 댐·저수지·소류지·호수·연못 등의 토지의 지목은 '유지'이지만, 물을 상시적으로 직접 이용하여 연·왕골 등의 식물을 주로 재배하는 토지는 '답'으로 한다(영 제58조 제2호·제19호).

23 지목의 구분
정답 ③

고속도로의 휴게소 부지의 지목은 '도로'로 한다(영 제58조 제14호 다목).

24 지목의 구분   정답 ②

실외에 물건을 쌓아두는 곳의 지목은 '잡종지'이다(영 제58조 제28호 가목). 물건 등을 보관 또는 저장하기 위하여 독립적으로 설치한 보관시설물의 부지와 이에 접속된 부속시설물의 부지는 '창고용지'로 한다(영 제58조 제13호).

25 지목의 구분   정답 ④

㉠ 경계점좌표등록부, 공유지연명부, 대지권등록부에는 지목을 등록하지 않는다.

26 지목의 구분   정답 ②

① 학교시설구역으로부터 분리된 실습지·기숙사·사택 등의 부지는 '학교용지'로 하지 않는다(영 제58조 제10호).
③ 자동차 등의 주차에 필요한 독립적인 시설을 갖춘 부지와 주차전용 건축물 및 이에 접속된 부속시설물의 부지는 '주차장'으로 한다. 다만, 노상주차장 및 자동차 등의 판매를 목적으로 설치된 물류장 및 야외전시장은 제외한다(영 제58조 제11호).
④ 천일제염방식으로 하지 아니하고 동력으로 바닷물을 끌어들여 소금을 제조하는 공장시설물 부지의 지목은 '염전'으로 하지 않는다(영 제58조 제7호).
⑤ 물을 정수하여 공급하기 위한 취수·도수·정수·송수 및 배수시설의 부지 및 이에 접속된 부속시설물의 부지는 '수도용지'이다(영 제58조 제21호).

27 지목의 구분   정답 ③

㉢ 자동차운전학원 등의 부지는 '잡종지'이다(영 제58조 제28호 다목).

28 지목의 구분   정답 ③

아파트·공장 등 단일 용도의 일정한 단지 안에 설치된 통로의 지목은 '도로'로 하지 않는다(영 제58조 제14호). 아파트 안에 설치된 통로의 지목은 '대'이고, 공장 안에 설치된 통로의 지목은 '공장용지'이다.

29 지목의 구분   정답 ②

원야를 이루고 있는 암석지·자갈땅·모래땅·습지·황무지 등의 토지의 지목은 '임야'이다(영 제58조 제5호).

30 잡종지 정답 ⑤

① 변전소, 송신소, 수신소 부지의 지목은 '잡종지'이지만, 지하에서 석유류 등이 용출되는 용출구(湧出口)와 그 유지(維持)에 사용되는 부지의 지목은 '광천지'이다(영 제58조 제28호 나목·제6호).
② 도축장, 쓰레기처리장, 오물처리장의 지목은 '잡종지'이지만, 일반 공중의 위락·휴양 등에 적합한 시설물을 종합적으로 갖춘 야영장·식물원 등의 토지의 지목은 '유원지'이다(영 제58조 제28호 마목·제24호).
③ 갈대밭, 실외에 물건을 쌓아두는 부지의 지목은 '잡종지'이지만, 산림 및 원야(原野)를 이루고 있는 암석지·자갈땅·모래땅·황무지 등의 토지의 지목은 '임야'이다(영 제58조 제28호 가목·제5호).
④ 공항·항만시설 부지의 지목은 '잡종지'이지만, 물건 등을 보관하거나 저장하기 위하여 독립적으로 설치된 보관시설물의 부지의 지목은 '창고용지'이다(영 제58조 제28호 라목·제13호).

31 지상경계 정답 ②

지적소관청은 토지의 이동에 따라 지상경계를 새로 정한 경우에는 공부상 지목과 실제 토지이용 지목, 경계점 위치 설명도 등을 등록한 지상경계점등록부를 작성·관리하여야 한다(법 제65조 제2항).

32 지상경계의 결정기준 정답 ③

지상경계의 결정기준은 다음에 따른다(영 제55조 제1항).

1. 연접되는 토지 간에 높낮이 차이가 없는 경우: 그 구조물 등의 중앙
2. 연접되는 토지 간에 높낮이 차이가 있는 경우: 그 구조물 등의 하단부
3. 도로·구거 등의 토지에 절토(땅깎기)된 부분이 있는 경우: 그 경사면의 상단부
4. 토지가 해면 또는 수면에 접하는 경우: 최대만조위 또는 최대만수위가 되는 선
5. 공유수면매립지의 토지 중 제방 등을 토지에 편입하여 등록하는 경우: 바깥쪽 어깨부분

33 지상경계의 결정기준 정답 ③

지상경계의 구획을 형성하는 구조물 등의 소유자가 다른 경우에는 그 소유권에 따라 지상경계를 결정하는데, ㉠㉡㉣이 이에 해당한다(영 제55조 제2항).

34 분할에 따른 지상경계
정답 ④

분할에 따른 지상경계는 지상건축물을 걸리게 결정해서는 아니 된다. 따라서 ⓒ은 원칙에 따라 지상건축물을 걸리게 결정해서는 아니 된다.

> **이론+** 분할에 따른 지상경계의 결정기준(영 제55조 제4항)
>
> 분할에 따른 지상경계는 지상건축물을 걸리게 결정해서는 아니 된다. 다만, 다음의 어느 하나에 해당하는 경우에는 그러하지 아니하다.
> 1. 법원의 **확정판결**이 있는 경우
> 2. **공공사업** 등에 따라 학교용지·도로·철도용지·제방·하천·구거·유지·수도용지 등의 지목으로 되는 토지를 분할하는 경우(ⓒ)
> 3. **도시개발사업** 등의 사업시행자가 사업지구의 경계를 결정하기 위하여 토지를 분할하는 경우(⊙)
> 4. 「국토의 계획 및 이용에 관한 법률」에 따른 도시·군관리계획 결정고시와 지형도면 고시가 된 지역의 **도시·군관리계획선**에 따라 토지를 분할하는 경우(@)

35 경계점표지 설치
정답 ①

등록전환은 지상경계점에 경계점표지를 설치하여 측량할 수 있는 경우에 해당하지 않는다.

> **이론+** 지상경계점에 경계점표지를 설치하여 측량할 수 있는 경우(영 제55조 제3항)
>
> 1. 도시개발사업 등의 사업시행자가 사업지구의 경계를 결정하기 위하여 토지를 **분할**하려는 경우
> 2. 공공사업시행자와 행정기관의 장 또는 지방자치단체의 장이 토지를 취득하기 위하여 **분할**하려는 경우
> 3. 「국토의 계획 및 이용에 관한 법률」에 따른 도시·군관리계획 결정고시와 지형도면 고시가 된 지역의 도시·군관리계획선에 따라 토지를 **분할**하려는 경우
> 4. 소유권이전, 매매 등을 위하여 토지를 **분할**하려는 경우
> 5. 토지이용상 불합리한 지상경계를 시정하기 위하여 토지를 **분할**하려는 경우
> 6. 관계 법령에 따라 인가·허가 등을 받아 토지를 **분할**하려는 경우

36 경계결정
정답 ④

지적소관청은 토지의 이동에 따라 지상경계를 새로 정한 경우에는 지상경계점등록부를 작성·관리하여야 한다(법 제65조 제2항). 지적공부에 등록된 경계점을 지상에 복원하는 경우는 토지의 이동에 따라 지상경계를 새로 정한 경우가 아니므로 지상경계점등록부를 작성·관리할 필요가 없다.

37 지적확정측량의 경계 정답 ②

도시개발사업 등이 완료되어 실시하는 지적확정측량의 경계는 **공사가 완료된 현황**대로 결정하되, 공사가 완료된 현황이 '**사업계획도**'와 다를 때에는 지적소관청은 미리 사업시행자에게 그 사실을 통지하여야 한다(영 제55조 제5항).

38 지상경계점등록부 정답 ③

- 지적소관청은 토지의 이동에 따라 **지상경계**를 새로 정한 경우에는 경계점좌표(경계점좌표등록부 시행지역에 한정한다), 경계점 위치 설명도 등을 등록한 '**지상경계점등록부(㉠)**'를 작성·관리하여야 한다(법 제65조 제2항).
- 지적소관청은 **도시개발사업** 등에 따라 새로이 지적공부에 등록하는 토지에 대하여는 토지의 소재, 지번, 좌표 등을 등록한 '**경계점좌표등록부(㉡)**'를 작성하고 갖춰두어야 한다(법 제73조).

39 지상경계점등록부 등록사항 정답 ②

건축물 및 구조물의 위치, 색인도, 일람도, 소유자는 지상경계점등록부의 등록사항이 아니다.

40 지상경계점등록부 정답 ①

경계점의 사진 파일은 지상경계점등록부의 등록사항에 해당하지만, 소유자는 등록사항이 아니다.

41 면적결정 정답 ⑤

면적은 **토지대장과 임야대장**에만 등록할 뿐 공유지연명부, 대지권등록부 및 경계점좌표등록부에는 등록하지 않는다(법 제73조, 규칙 제71조).

42 면적결정 정답 ⑤

① 좌표면적계산법에 따라 면적을 측정한다.
② 전자면적측정기에 따라 면적을 측정한다.
③ 경계점좌표등록부에 등록하는 지역의 토지 면적은 **제곱미터 이하 한 자리 단위**로 결정한다.
④ 지목변경의 경우는 지적측량이나 면적측정을 요하지 않는다.

43 면적측정   정답 ④

㉠㉢㉣㉤ 면적측정의 대상이다.

이론+ 면적측정의 대상(지적측량 시행규칙 제19조)

면적측정의 대상	면적측정의 대상이 아닌 것
• 신규등록, 등록전환 • 분할 • 축척변경(㉠) • 지적공부의 복구(㉣) • 면적 또는 경계를 정정하는 경우(㉢) • 도시개발사업 등으로 인한 토지의 이동에 따라 토지의 표시를 새로 결정하는 경우(㉤) • 경계복원측량, 지적현황측량에 면적측정이 수반되는 경우	• 지번변경 • 지목변경(㉡) • 합병 • 경계복원측량, 지적현황측량 • 미터법의 시행으로 면적을 환산하는 경우

44 끝수처리   정답 ④

- 토지의 면적에 1제곱미터 미만의 끝수가 있는 경우 0.5제곱미터 미만일 때에는 버리고 0.5제곱미터를 초과하는 때에는 올리며, 0.5제곱미터일 때에는 구하려는 끝자리의 숫자가 0 또는 '짝수(㉠)'이면 버리고 '홀수(㉡)'이면 올린다. 다만, 1필지의 면적이 1제곱미터 미만일 때에는 '1(㉢)'제곱미터로 한다(영 제60조 제1항 제1호).
- 지적도의 축척이 '600(㉣)'분의 1인 지역과 경계점좌표등록부에 등록하는 지역의 토지 면적에 0.1제곱미터 미만의 끝수가 있는 경우 0.05제곱미터 미만일 때에는 버리고 0.05제곱미터를 초과할 때에는 올리며, 0.05제곱미터일 때에는 구하려는 끝자리의 숫자가 0 또는 '짝수(㉠)'이면 버리고 '홀수(㉡)'이면 올린다. 다만, 1필지의 면적이 0.1제곱미터 미만일 때에는 '0.1(㉤)'제곱미터로 한다(영 제60조 제1항 제2호).

45 면적결정   정답 ③

지적도의 축척이 **600분의 1인 지역**과 **경계점좌표등록부에 등록하는 지역**의 토지 면적은 1필지의 면적이 0.1제곱미터 미만일 때에는 0.1제곱미터로 한다(영 제60조 제1항 제2호).

46 끝수처리 　　　　　　　　　　　　　　　　　정답 ⑤

지적도의 축척이 1,200분의 1인 지역에 등록하는 지역의 토지 면적은 1필지의 면적이 1제곱미터 미만일 때에는 1제곱미터로 등록한다(영 제60조 제1항 제1호).

47 끝수처리 　　　　　　　　　　　　　　　　　정답 ②

경위의측량방법에 의하여 지적확정측량을 시행한 지역은 경계점좌표등록부를 갖춰두는 지역이므로 제곱미터 이하 한 자리 단위로 등록하여야 한다. 0.1제곱미터 미만의 끝수가 있는 경우 그 끝수가 0.05제곱미터일 때에는 구하려는 끝자리의 숫자가 0 또는 짝수이면 버리고, 홀수이면 올리므로 370.8m^2로 등록하여야 한다.

48 끝수처리 　　　　　　　　　　　　　　　　　정답 ④

지적도의 축척이 1/1,200인 지역에 등록하는 토지의 면적은 제곱미터 단위까지 등록하고, 끝수가 0.55로서 0.5제곱미터를 초과하므로 이를 올려서 347m^2로 등록한다. 지적도의 축척이 1/600인 지역에 등록하는 토지의 면적은 제곱미터 이하 한 자리 단위까지 등록하고, 끝수 0.05는 등록 자릿수가 홀수(5)이므로 이를 올려서 346.6m^2로 등록한다.

CHAPTER 02 지적공부 및 부동산종합공부

01	④	02	③	03	①	04	④	05	⑤
06	⑤	07	③	08	④	09	①	10	③
11	③	12	③	13	④	14	⑤	15	②
16	⑤	17	④	18	③	19	①	20	⑤
21	③	22	①	23	④	24	②	25	①
26	②	27	⑤	28	①	29	④	30	①
31	⑤	32	③	33	⑤	34	②	35	①
36	②	37	④						

01 지적공부 정답 ④

지적공부에는 정보처리시스템을 통하여 기록·저장된 것을 포함한다(법 제2조 제19호).

02 토지대장 등록사항 정답 ③

◎ 경계 및 좌표는 토지대장의 등록사항이 아니다. 경계는 지적도면에 등록하고 좌표는 경계점좌표등록부에 등록한다.

이론+ 토지대장 등록사항(법 제71조 제1항, 규칙 제68조 제2항)

> 1. 토지의 소재, 지번, 지목, 면적(ⓒ)
> 2. 토지의 이동사유(㉠)
> 3. 토지의 고유번호
> 4. 소유자의 성명 또는 명칭, 주소, 주민등록번호
> 5. 토지소유자가 변경된 날과 그 원인(ⓒ)
> 6. 도면번호와 필지별 대장의 장번호
> 7. 축척
> 8. 토지등급 또는 기준수확량등급
> 9. 개별공시지가와 그 기준일(㉣)

03 토지(임야)대장 등록사항 정답 ①

② 소유자는 토지대장의 등록사항에 해당하지만, 전세권이나 저당권 등의 권리관계는 지적공부에 등록하지 않으므로 토지대장을 통하여 파악할 수 없다.

③ 대지권 비율은 대지권등록부의 등록사항으로서 토지대장이나 임야대장에는 등록하지 않는다.
④ 소유자에 관한 사항은 부동산등기부를 기준으로 대장을 정리한다.
⑤ 경계는 지적도면의 등록사항으로서 토지대장과 임야대장에는 등록하지 않는다.

04 임야대장 등록사항 정답 ④

지목을 등록하는 지적공부는 토지대장·임야대장·지적도·임야도가 있지만, 면적을 등록하는 지적공부는 토지대장과 임야대장뿐이다.

05 지적공부 등록사항 정답 ⑤

① 도시개발사업 등의 시행지역으로서 지적확정측량을 실시한 지역에서는 경계점좌표등록부를 작성하여 갖춰두어야 한다.
② 개별공시지가는 토지대장 및 임야대장에만 등록한다.
③ 토지대장 및 임야대장에는 **정식명칭**을 사용하여 지목을 등록하지만, 지적도 및 임야도에는 **부호**를 사용하여 지목을 등록한다.
④ 토지의 고유번호는 총 19자리의 아라비아숫자로 표시하며 소재, 지번, 지적공부의 종류를 나타낸다. 고유번호를 통하여 지목정보를 알 수는 없다.

06 공유지연명부 등록사항 정답 ⑤

㉠ 공유지연명부에는 면적을 등록하지 않는다.

이론+ 공유지연명부 등록사항(법 제71조 제2항, 규칙 제68조 제3항)

1. 토지의 소재
2. 지번
3. 소유자의 성명 또는 명칭, 주소 및 주민등록번호
4. 토지소유자가 변경된 날과 그 원인(㉣)
5. 소유권 지분(㉡)
6. 토지의 고유번호(㉢)
7. 필지별 공유지연명부의 장번호(㉤)

07 공통 등록사항   정답 ③

ⓒ 전유부분의 건물표시는 대지권등록부에만 등록하는 사항이다.

이론+ 공통 등록사항

> 공유지연명부와 대지권등록부에 공통적으로 등록하는 사항은 다음과 같다.
> 1. 토지의 소재
> 2. 지번
> 3. 소유자의 성명 또는 명칭, 주소 및 주민등록번호(ⓒ)
> 4. 토지소유자가 변경된 날과 그 원인(ⓑ)
> 5. 소유권 지분(㉠)
> 6. 토지의 고유번호(㉣)
> 7. 장번호

08 공통 등록사항   정답 ④

① 지목은 토지(임야)대장, 지적(임야)도에 등록하는 사항으로, 공유지연명부와 대지권등록부에 등록하지 않는다.
② 전유부분의 건물표시는 대지권등록부에만 등록한다.
③ 대지권 비율은 대지권등록부에만 등록한다.
⑤ 건물의 명칭은 대지권등록부에만 등록한다.

09 법정축척   정답 ①

지적도면에서 사용할 수 있는 법정축척은 다음과 같다(규칙 제69조 제6항).

> 1. 지적도: 1/500, 1/600, 1/1,000, 1/1,200, 1/2,400, 1/3,000, 1/6,000
> 2. 임야도: 1/3,000, 1/6,000

10 지적도면   정답 ③

건축물 및 구조물 등의 위치는 지적도면의 등록사항에 해당한다(규칙 제69조 제2항).

11 지적도면 등록사항 정답 ③

ⓒ 경계는 지적도 및 임야도의 등록사항에 해당하지만, 면적은 토지대장 및 임야대장에만 등록한다.

이론+ 지적도면(지적도 및 임야도) 등록사항(법 제72조, 규칙 제69조 제2항)

1. 토지의 소재, 지번
2. 지목
3. 경계
4. 지적도면의 색인도(ⓜ)
5. 지적도면의 제명 및 축척(ⓘ)
6. 도곽선과 그 수치
7. 좌표에 의하여 계산된 경계점 간의 거리(경계점좌표등록부를 갖춰두는 지역에 한정한다)
8. 삼각점 및 지적기준점의 위치(ⓔ)
9. 건축물 및 구조물 등의 위치(ⓒ)

12 지적도면 등록사항 정답 ③

ⓘ 색인도는 지적도면의 등록사항이지만, 일람도는 지적도면의 등록사항이 아니다.
ⓒ 경계점좌표등록부를 갖춰두는 지역은 반드시 토지대장, 지적도를 작성하여야 하며, 임야대장, 임야도를 작성할 수 없다. 경계점좌표등록부를 갖춰두는 지역의 '지적도'에는 지적도의 제명 끝에 '(좌표)'라고 표시하고 도곽선의 오른쪽 아래 끝에 '이 도면에 의하여 측량을 할 수 없음'이라고 적어야 한다 (규칙 제69조 제3항).

13 지적도 정답 ④

④ (산)으로 표기된 필지는 임야도에 등록된 토지이지만, 지목이 '임야'인지는 알 수 없다.

⑤ 지적삼각점, 지적삼각보조점

14 경계점좌표등록부 정답 ⑤

경계점좌표등록부를 작성한 지역에서는 토지의 경계결정과 지표상의 복원은 '지적도'에 의할 수 없고 반드시 '좌표'에 의하여야 한다.

15 경계점좌표등록부 정답 ②

② 고유번호 1310060144-30254-0002를 통하여 지번이 254-2임을 알 수 있지만, 지목은 알 수 없다.
⑤ 면적은 토지(임야)대장에만 등록하고, 경계점 위치 설명도는 지상경계점등록부에 등록한다.

16 경계점좌표등록부 등록사항 정답 ⑤

① 면적은 토지대장 및 임야대장에만 등록한다.
② 좌표에 의하여 계산된 경계점 간의 거리는 경계점좌표등록부가 만들어진 토지의 지적도에 등록한다.
③ 색인도는 지적도 및 임야도에 등록한다.
④ 건축물 및 구조물 등의 위치는 지적도면의 등록사항이다.

17 지적공부 등록사항 정답 ④

소유권 지분은 공유지연명부의 등록사항에 해당하지만, 전유부분의 건물표시는 공유지연명부에 등록하지 않고 대지권등록부에 등록한다.

이론+ 경계점좌표등록부 등록사항(법 제73조, 규칙 제71조 제3항)

1. 토지의 소재
2. 지번
3. 좌표
4. 토지의 고유번호
5. 도면의 번호
6. 필지별 경계점좌표등록부의 장번호
7. 부호 및 부호도

18 지적공부 등록사항   정답 ③

지적도면의 번호는 경계점좌표등록부의 등록사항에 해당하지만, 건축물 및 구조물의 위치는 지적도면의 등록사항에 해당한다.

이론+ 지적공부별 등록사항 정리

구분	토지대장, 임야대장	공유지연명부	대지권등록부	지적도, 임야도	경계점좌표등록부
소재, 지번	○	○	○	○	○
지목	○	×	×	○	×
면적	○	×	×	×	×
경계	×	×	×	○	×
좌표	×	×	×	×	○
소유자	○	○	○	×	×
고유번호	○	○	○	×	○
도면번호	○	×	×	×	○

19 지적공부의 보존 및 관리   정답 ①

지적소관청은 해당 청사에 지적서고를 설치하고 그곳에 지적공부(정보처리시스템을 통하여 기록·저장한 경우는 제외한다)를 영구히 보존하여야 한다(법 제69조 제1항).

20 지적공부의 보존   정답 ⑤

ⓒ 부책으로 된 토지대장·임야대장 및 공유지연명부는 지적공부 보관상자에 넣어 보관하고, 카드로 된 토지대장·임야대장·공유지연명부·대지권등록부 및 경계점좌표등록부는 100장 단위로 바인더(binder)에 넣어 보관하여야 한다(규칙 제66조 제1항).

21 지적공부의 관리 및 공개   정답 ③

지적공부를 열람하거나 그 등본을 발급받으려는 자는 지적공부·부동산종합공부 열람·발급 신청서(전자문서로 된 신청서를 포함한다)를 지적소관청 또는 읍·면·동장에게 제출하여야 한다(규칙 제74조 제1항).

22 지적전산자료의 이용 정답 ①

종전에는 지적전산자료를 신청하려는 자는 관계 중앙행정기관의 심사를 받은 후 국토교통부장관, 시·도지사 또는 지적소관청의 승인을 받아야 하였지만, 2017.10.24. [법률 제14936호]의 개정으로 승인절차가 폐지되어 이를 요하지 않는다.

이론+ 지적전산자료의 신청(법 제76조 제1항)

지적공부에 관한 전산자료(연속지적도를 포함한다)를 이용하거나 활용하려는 자는 다음의 구분에 따라 국토교통부장관, 시·도지사 또는 지적소관청에 지적전산자료를 신청하여야 한다.

전국 단위의 지적전산자료	국토교통부장관, 시·도지사 또는 지적소관청
시·도 단위의 지적전산자료	시·도지사 또는 지적소관청
시·군·구 단위의 지적전산자료	지적소관청

23 지적전산자료의 이용 정답 ④

지적전산자료를 신청하려는 자는 지적전산자료의 이용 또는 활용 목적 등에 관하여 미리 '관계 중앙행정기관'의 심사를 받아야 한다(법 제76조 제2항).

24 지적전산자료의 이용 정답 ②

「개인정보 보호법」 제2조 제1호에 따른 개인정보를 '제외한' 지적전산자료를 신청하는 경우에는 관계 중앙행정기관의 심사를 받지 아니할 수 있다(법 제76조 제3항).

25 지적정보 전담 관리기구 정답 ①

'국토교통부장관'은 지적공부의 효율적인 관리 및 활용을 위하여 지적정보 전담 관리기구를 설치·운영한다(법 제70조 제1항).

26 연속지적도의 관리 정답 ②

'지적소관청'은 지적도·임야도에 등록된 사항에 대하여 토지의 이동 또는 오류사항을 정비한 때에는 이를 연속지적도에 반영하여야 한다(법 제90조의2 제2항).

27 연속지적도의 관리 정답 ⑤

지적소관청은 지적도·임야도에 등록된 사항에 대하여 토지의 이동 또는 오류사항을 정비한 때에는 이를 연속지적도에 반영하여야 한다(법 제90조의2 제2항). 국토교통부장관은 제2항에 따른 지적소관청의 연속지적도 정비에 필요한 경비의 전부 또는 일부를 지원할 수 있다(동조 제3항).

28 연속지적도의 업무 위탁 정답 ①

연속지적도의 관리·정비에 관한 업무 및 연속지적도 정보관리체계의 구축·운영에 관한 업무를 위탁받을 수 있는 법인, 단체 또는 기관이란 다음의 어느 하나에 해당하는 법인, 단체 또는 기관을 말한다(영 제85조의3 제1항).

> 1. 한국국토정보공사
> 2. 연속지적도의 관리·정비 업무 또는 연속지적도 정보관리체계의 구축·운영에 관한 업무의 수행에 필요한 전문인력과 장비를 갖추고 있다고 인정되어 국토교통부장관이 고시하는 법인, 단체 또는 기관

29 지적공부의 복구 및 복구절차 정답 ④

지적소관청은 조사된 복구자료 중 토지대장·임야대장 및 공유지연명부의 등록내용을 증명하는 서류 등에 따라 '**지적복구자료 조사서**'를 작성하고, 지적도면의 등록 내용을 증명하는 서류 등에 따라 '**복구자료도**'를 작성하여야 한다(규칙 제73조 제2항).

30 지적공부의 복구자료 정답 ①

지적측량의뢰서는 복구자료가 아니다.

이론+ 복구자료

토지의 표시	소유자 표시
• 지적공부의 등본 • 측량결과도 • 토지이동정리 결의서 • 부동산등기부 등본 등 등기사항을 증명하는 서류 • 지적소관청이 작성하거나 발행한 지적공부의 등록내용을 증명하는 서류 • 정보처리시스템에 의하여 복제된 지적공부 • 법원의 확정판결서 정본 또는 사본	• 부동산등기부 • 법원의 확정판결

오답 NOTE

* 토지이용계획 확인서, 측량준비도, 소유자정리 결의서, 한국국토정보공사가 발행한 지적도 사본 등은 복구자료에 해당하지 않는다.

31 지적공부의 복구자료 정답 ⑤

①②③④ 지적측량수행계획서, 토지이용계획 확인서, 측량준비도, 소유자정리 결의서, 한국국토정보공사가 발행한 지적도 사본 등은 복구자료에 해당하지 않는다.
⑤ 부동산종합증명서는 '지적소관청이 작성하거나 발행한 지적공부의 등록내용을 증명하는 서류'에 해당하여 지적공부의 복구자료에 해당한다.

32 지적공부의 복구 정답 ③

지적소관청은 복구자료의 조사 또는 복구측량 등이 완료되어 지적공부를 복구하려는 경우에는 복구하려는 토지의 표시 등을 시·군·구의 게시판 및 인터넷 홈페이지에 15일 이상 게시하여야 한다(규칙 제73조 제6항).

33 지적공부 및 부동산종합공부의 공개 정답 ⑤

부동산종합공부를 열람하거나 부동산종합공부 기록사항의 전부 또는 일부에 관한 증명서(이하 '부동산종합증명서'라 한다)를 발급받으려는 자는 지적공부·부동산종합공부 열람·발급 신청서(전자문서로 된 신청서를 포함한다)를 지적소관청 또는 읍·면·동장에게 제출하여야 한다(규칙 제74조 제2항).

34 부동산종합공부의 관리 및 운영 정답 ②

ⓒ 지적소관청은 부동산종합공부의 멸실 또는 훼손에 대비하여 이를 별도로 복제하여 관리하는 정보관리체계를 구축하여야 한다(법 제76조의2 제2항).

35 부동산종합공부의 등록사항 정답 ①

지적소관청은 부동산종합공부에 ②③④⑤ 외에 부동산의 가격에 관한 사항으로서 「부동산 가격공시에 관한 법률」 제10조에 따른 개별공시지가, 같은 법 제16조, 제17조 및 제18조에 따른 개별주택가격 및 공동주택가격 공시내용을 등록하여야 한다(법 제76조의3, 영 제62조의2).

36 부동산종합공부 정답 ②

① **지적소관청**은 부동산종합공부의 등록사항 정정을 위하여 불일치 등록사항을 확인 및 관리하여야 한다(영 제62조의3 제1항).
③ 지적소관청은 부동산종합공부의 불일치 등록사항에 대해서는 등록사항을 관리하는 기관의 장에게 그 내용을 통지하여 등록사항 정정을 요청할 수 있을 뿐 직권으로 이를 정정할 수는 없다(영 제62조의3 제2항).
④ 지적소관청은 부동산종합공부의 정확한 등록 및 관리를 위하여 필요한 경우에는 부동산종합공부의 등록사항을 관리하는 기관의 장에게 관련 자료의 제출을 요구할 수 있다(법 제76조의2 제4항).
⑤ 부동산종합공부의 등록사항을 관리하는 기관의 장은 지적소관청에 상시적으로 관련 정보를 제공하여야 한다(법 제76조의2 제3항).

37 부동산종합공부의 열람·발급 정답 ④

부동산종합공부를 열람하거나 부동산종합공부 기록사항의 전부 또는 일부에 관한 증명서를 발급받으려는 자는 '지적공부·부동산종합공부(㉠)' 열람·발급 신청서(전자문서로 된 신청서를 포함한다)를 '지적소관청(㉡)' 또는 읍·면·동장에게 제출하여야 한다(규칙 제74조 제2항).

CHAPTER 03 토지의 이동 및 지적정리

01	①	02	③	03	③	04	③	05	②
06	①	07	④	08	⑤	09	④	10	①
11	①	12	④	13	①	14	③	15	⑤
16	④	17	②	18	⑤	19	②	20	①
21	⑤	22	③	23	①	24	⑤	25	①
26	②	27	①	28	①	29	①	30	④
31	③	32	⑤	33	②	34	⑤	35	③
36	①	37	⑤	38	③	39	②	40	①
41	④	42	④	43	③	44	④	45	①
46	③	47	②	48	①				

01 토지의 이동 종목 정답 ①

토지의 이동이란 **토지의 표시**(소재, 지번, 지목, 면적, 경계 또는 좌표)를 새로 정하거나 변경 또는 말소하는 것을 말한다(법 제2조 제28호).

이론+ 토지의 이동

토지의 이동에 해당하는 경우	토지의 이동에 해당하지 않는 경우
• 신규등록, 등록전환 • 분할, 합병, 지목변경 • 바다로 된 토지의 등록말소 • 축척변경, 지번변경(㉠) • 행정구역의 개편(㉡), 행정구역의 명칭변경 • 도시개발사업 등	• 토지소유자의 변경(㉣) • 토지소유자의 주소변경 • 개별공시지가의 변경(㉢)

02 신규등록 정답 ③

① 지적공부상의 소유자는 원칙적으로 등기부를 기초로 하여 정리하지만, 신규등록의 경우는 아직 등기부를 작성하기 전이므로 지적소관청이 직접 토지소유자를 조사하여 지적공부에 등록하여야 한다(법 제88조 제1항 단서).
② 신규등록신청 시 첨부해야 하는 서류를 그 지적소관청이 관리하는 경우에는 **지적소관청의 확인**으로 그 서류의 제출을 **갈음**할 수 있다(규칙 제81조 제2항).
④ 신규등록할 토지가 생긴 경우에는 토지소유자는 그 사유가 발생한 날로부터 **60일 이내**에 지적소관청에 신규등록을 신청하여야 한다(법 제77조).

⑤ 토지의 이동이 있는 경우 지적소관청은 지적공부 정리 후 관할 등기소에 변경등기를 촉탁하는 것이 원칙이지만, 신규등록의 경우에는 소유자가 직접 소유권보존등기를 신청하여야 하는 것이므로 촉탁의 대상이 되지 않는다(법 제89조 제1항).

03 신규등록 첨부서류   정답 ③

토지소유자는 신규등록을 신청할 때에는 신규등록사유를 적은 신청서에 ㉠㉡㉢ 중 어느 하나에 해당하는 서류를 첨부하여 지적소관청에 제출하여야 한다(영 제63조, 규칙 제81조 제1항).

04 등록전환   정답 ③

종전에는 관계 법령에 따라 건축허가 등 개발행위 관련 허가를 받은 경우라도 건축물의 사용승인 등을 받아 지목을 변경할 수 있는 경우에만 토지의 등록전환 신청대상이 되었으나, 현재는 개발행위 관련 허가를 받은 경우에는 지목변경과 관계없이 등록전환을 할 수 있다.

05 등록전환   정답 ②

토지이용상 불합리한 지상경계를 시정하기 위한 경우는 분할의 대상토지에 해당한다.

06 등록전환   정답 ①

㉡ 임야대장의 면적과 등록전환될 면적의 차이가 법령에 규정된 허용범위 이내인 경우에는 등록전환될 면적을 등록전환 면적으로 결정한다.
㉢ 임야대장의 면적과 등록전환될 면적의 차이가 법령에 규정된 허용범위를 초과하는 경우에는 임야대장의 면적 또는 임야도의 경계를 지적소관청이 직권으로 정정하여야 한다(영 제19조 제1항 제1호).

07 분할 　　　　　　　　　　　　　　　　　　　정답 ④

관계 법령에 따라 해당 토지에 대한 분할이 개발행위허가 등의 대상인 경우에는 **개발행위허가 등을 받은 이후**에 분할을 신청할 수 있다(영 제65조 제1항 단서).

이론 ➕ 분할신청 대상토지

대상토지	신청의무
1. 1필지의 일부가 형질변경 등으로 용도가 다르게 된 경우	60일 이내에 분할을 신청하여야 한다.
2. 소유권이전, 매매 등을 위하여 필요한 경우	신청의무가 없다.
3. 토지이용상 불합리한 지상경계를 시정하기 위한 경우	

08 분할 　　　　　　　　　　　　　　　　　　　정답 ⑤

분할을 위하여 면적을 정함에 있어서 오차가 발생하는 경우 그 오차가 **허용범위 이내**인 경우에는 그 오차를 분할 후의 각 필지의 **면적에 따라 나누고, 허용범위**를 **초과**하는 경우에는 지적공부상의 면적 또는 경계를 **정정**하여야 한다(영 제19조 제1항 제2호).

09 면적의 오차 처리방법 　　　　　　　　　　　정답 ④

경계점좌표등록부가 있는 지역의 토지분할을 위하여 면적을 정할 때에는 오차의 처리방법은 다음의 기준에 따른다(영 제19조 제2항).

1. 분할 후 각 필지의 면적합계가 분할 전 면적보다 적은 경우에는 구하려는 끝자리의 다음 숫자가 큰 것부터 순차적으로 올려서 정하되, 분할 전 면적에 증감이 없도록 한다.
2. 분할 후 각 필지의 면적합계가 분할 전 면적보다 많은 경우에는 구하려는 끝자리의 다음 숫자가 작은 것부터 순차적으로 버려서 정하되, 분할 전 면적에 증감이 없도록 한다.

10 분할 　　　　　　　　　　　　　　　　　　　정답 ①

소유권이전, 매매 등을 위하여 분할하는 경우에는 토지소유자에게 분할의 신청의무가 발생하지 않는다.

11 합병   정답 ①

토지소유자는 토지의 합병을 신청하고자 하는 때에는 합병사유를 기재한 신청서를 **지적소관청**에 제출하여야 한다(법 제80조 제1항).

12 합병요건   정답 ④

㉠ 등기원인과 등기연월일 및 접수번호가 같은 저당권이 설정되어 있는 토지는 합병 가능하지만, 다른 저당권이 설정된 토지는 합병할 수 없다.
㉡ 등기사항이 동일한 신탁등기가 있는 2필지는 합병이 가능하다.
㉢ 소유권이전등기 연월일이 서로 다르더라도 소유자가 동일한 토지에 대하여는 합병이 가능하다.
㉣ 전세권이 설정된 토지와 저당권이 설정된 토지는 합병할 수 없다.

이론+ 합병대상 필지에 소유권 외의 등기가 있는 경우 합병 가능 여부

합병이 가능한 경우	합병이 불가능한 경우
• 지상권 • 전세권 • 임차권 • 승역지 지역권 • 등기사항이 같은 저당권 • 등기사항이 동일한 신탁등기	• 가압류등기 • 가처분등기 • 경매등기 • 저당권등기 • 요역지 지역권

13 합병요건   정답 ①

㉠ 합병하고자 하는 토지 전부가 등기되지 아니한 토지와 등기되지 아니한 토지인 경우에는 합병할 수 있지만, 나머지(㉡㉢㉣㉤)의 경우에는 합병할 수 없다.

14 합병   정답 ③

합병 후 필지의 경계 또는 좌표는 합병 전 각 필지의 경계 또는 좌표 중 합병으로 필요 없게 된 부분을 말소하여 결정하므로 지적측량을 실시하지 않는다(법 제26조 제1항).

15 지목변경 대상토지   정답 ⑤

㉠㉢㉣ 지목변경 대상토지에 해당한다(영 제67조 제1항).
㉡ 토지이용상 불합리한 지상경계를 시정하기 위한 경우에는 분할 대상토지이다.

오답 NOTE

16 지목변경　　　　　　　　　　　　　　　　정답 ④

전·답·과수원 상호간의 지목변경인 경우에는 토지의 용도가 변경되었음을 증명하는 서류의 첨부를 생략할 수 있다(규칙 제84조 제2항).

17 바다로 된 토지의 등록말소　　　　　　　　정답 ②

지적소관청은 토지소유자가 통지받은 날부터 90일 이내에 등록말소신청을 하지 아니하는 경우에는 직권으로 그 지적공부의 등록사항을 말소하여야 한다(영 제68조 제1항).

18 바다로 된 토지의 등록말소　　　　　　　　정답 ⑤

① 바다에 인접한 토지가 유실되어 최고만조 때에 바닷물에 잠기더라도 과다한 비용을 요하지 아니하고 원상복구가 가능한 경우라면, 일시적인 지형의 변화로 바다로 된 경우로서 토지가 소멸되었다고 보기 어렵다.
② 지적소관청은 지적공부에 등록된 토지가 지형의 변화 등으로 바다로 된 경우로서 원상으로 회복할 수 없는 때에는 지적공부에 등록된 토지소유자에게 지적공부의 등록말소 신청을 하도록 통지하여야 한다.
③ 바다로 된 토지의 등록을 말소하기 위해서 시·도지사 또는 대도시 시장의 승인을 요하지 않는다.
④ 바다로 되어 말소된 토지가 지형의 변화 등으로 다시 토지가 된 경우 회복등록의 신청의무는 인정되지 않는다.

19 신청의무　　　　　　　　　　　　　　　　정답 ②

매매나 공유물분할판결 등으로 소유권을 이전하기 위하여 토지를 분할하는 경우에는 신청의무가 없다.

20 축척변경　　　　　　　　　　　　　　　　정답 ①

축척변경이란 지적도에 등록된 경계점의 정밀도를 높이기 위하여 작은 축척을 큰 축척으로 변경하여 등록하는 것을 말한다(법 제2조 제34호). 임야도에 등록된 토지는 축척변경의 대상이 되지 않는다.

21 축척변경　　　　　　　　　　　　　　　　정답 ⑤

시행공고일부터 30일 이내에 시행공고일 현재 점유하고 있는 경계에 국토교통부령이 정하는 경계점표지를 설치하여야 하는 자는 지적소관청이 아니라 토지의 소유자 또는 점유자이다(영 제71조 제3항).

22 축척변경 정답 ③

ⓒ 지적소관청은 축척변경 시행지역의 각 필지별 **지번·지목·면적·경계 또는 좌표**를 새로 정하여야 한다(영 제72조 제1항).
② 축척변경측량 결과도에 따라 면적을 측정한 결과 축척변경 전의 면적과 축척변경 후의 면적의 오차가 허용범위 **이내**인 경우에는 축척변경 **전의 면적**을 결정면적으로 하고, 허용면적을 **초과**하는 경우에는 축척변경 **후의 면적**을 결정면적으로 한다(규칙 제87조 제2항).

23 축척변경 청산절차 정답 ①

지적소관청은 시행공고일 현재를 기준으로 그 축척변경 시행지역의 토지에 대하여 지번별 제곱미터당 금액을 미리 조사하여 **축척변경위원회**에 제출하여야 한다(영 제75조 제2항).

24 축척변경 청산절차 정답 ⑤

지적소관청은 축척변경에 관한 측량을 한 결과 측량 전에 비하여 면적의 증감이 있는 경우에는 그 증감면적에 대하여 청산을 하여야 한다. 다만, 다음의 어느 하나에 해당하는 경우에는 그러하지 아니하다(영 제75조 제1항).

> 1. 필지별 증감면적이 법령의 규정에 따른 **허용범위 이내**인 경우. 다만, 축척변경위원회의 의결이 있는 경우는 제외한다.
> 2. 토지소유자 '**전원**'이 **청산하지 아니하기로** 합의하여 서면으로 제출한 경우

25 축척변경 청산절차 정답 ①

- 청산금에 관하여 이의가 있는 자는 납부고지 또는 수령통지를 받은 날부터 '**1개월(㉠)**' 이내에 **지적소관청**에 이의신청을 할 수 있다(영 제77조 제1항).
- 이의신청을 받은 지적소관청은 '**1개월(㉡)**' 이내에 축척변경위원회의 심의·의결을 거쳐 그 인용(認容) 여부를 결정한 후 지체 없이 그 내용을 이의신청인에게 통지하여야 한다(영 제77조 제2항).

26 확정공고일 정답 ②

지적소관청은 청산금을 내야 하는 자가 납부고지를 받은 날부터 1개월 이내에 청산금에 관한 이의신청을 하지 아니하고, 고지를 받은 날부터 6개월 이내에 지적소관청에 청산금을 내지 아니하면 「지방행정제재·부과금 징수 등에 관한 법률」에 따라 징수할 수 있다(영 제76조 제5항).

27 축척변경에 따른 등록기준   정답 ①

지적소관청은 축척변경에 따라 확정된 사항을 지적공부에 등록하는 때에는 다음의 기준에 따라야 한다(규칙 제92조 제2항).

> 1. 토지대장은 확정공고된 축척변경 지번별 조서에 따를 것
> 2. 지적도는 확정측량 결과도 또는 경계점좌표에 따를 것

28 확정공고일   정답 ①

청산금의 납부 및 지급이 완료되었을 때에는 지적소관청은 다음의 사항을 포함하여 지체 없이 축척변경의 확정공고를 하여야 한다(영 제78조 제1항, 규칙 제92조 제1항).

> 1. 토지의 소재 및 지역명(④)
> 2. 축척변경 지번별 조서(②)
> 3. 청산금 조서(③)
> 4. 지적도의 축척(⑤)

29 축척변경위원회   정답 ①

축척변경위원회는 5명 이상 10명 이내의 위원으로 구성하되, 위원의 2분의 1 이상을 토지소유자로 하여야 한다(영 제79조 제1항).

30 축척변경위원회의 심의·의결사항   정답 ④

ⓒ 축척변경의 승인권자는 시·도지사나 대도시 시장이다.

이론+ 축척변경위원회의 심의·의결사항(영 제80조)

> 1. 축척변경 시행계획에 관한 사항(㉠)
> 2. 지번별 m²당 금액의 결정(㉢)과 청산금의 산정에 관한 사항
> 3. 청산금의 이의신청에 관한 사항(㉣)
> 4. 그 밖에 축척변경과 관련하여 지적소관청이 회의에 부치는 사항

31 직권정정 정답 ③

현행법상 지적공부의 등록사항에 잘못이 있는 경우 지적소관청이 직권으로 조사·측량하여 정정할 수 있는 경우는 법정되어 있다(영 제82조 제1항).
ⓒ 지적도 및 임야도에 등록된 필지가 면적의 증감 없이 경계의 위치만 잘못된 경우는 직권으로 정정할 수 있지만, 지적도에 등록된 필지의 경계가 지상경계와 일치하지 않아 면적의 증감이 있는 경우는 이에 해당하지 않는다.
ⓒ 지적측량성과와 다르게 정리된 경우는 직권으로 정정할 수 있지만, 측량 준비 파일과 다르게 정리된 경우는 이에 해당하지 않는다.

32 직권정정 정답 ⑤

ⓒ 등기부상의 토지의 표시가 지적공부와 부합하지 아니한 경우에는 '등기부'에서 부동산의 표시변경등기를 하여야 하므로 지적소관청이 직권으로 정정할 수 없다.

이론 + 지적소관청의 직권정정사유(영 제82조 제1항)

> 1. 토지이동정리 결의서의 내용과 다르게 정리된 경우(㉠)
> 2. 지적도 및 임야도에 등록된 필지가 면적의 증감 없이 경계의 위치만 잘못된 경우(㉣)
> 3. 지적공부의 작성 또는 재작성 당시 잘못 정리된 경우
> 4. 지적측량성과와 다르게 정리된 경우(ⓒ)
> 5. 지적위원회의 의결에 따라 지적공부의 등록사항을 정정하여야 하는 경우
> 6. 지적공부의 등록사항이 잘못 입력된 경우
> 7. 토지의 합필등기신청 각하에 따른 등기관의 통지가 있는 경우(지적소관청의 착오로 잘못 합병한 경우만 해당한다)
> 8. 면적환산이 잘못된 경우

33 소유자의 신청에 의한 정정 정답 ②

토지소유자는 지적공부의 등록사항에 잘못이 있음을 발견하면 '지적소관청'에 그 정정을 신청할 수 있다(법 제84조 제1항).

34 등록사항 정정 정답 ⑤

① 지적측량수행자는 지적공부의 등록사항에 잘못이 있음을 발견하더라도 지적소관청에 그 정정을 신청할 수 없다.
② 토지소유자는 지적공부의 등록사항에 잘못이 있음을 발견하면 지적소관청에 그 정정을 신청할 수 있다(법 제84조 제1항).
③ 지적공부의 등록사항을 정정하는 경우 국토교통부장관의 승인을 요하지 않는다.
④ 미등기토지에 대하여는 등기사항증명서가 있을 수 없다.

35 등록사항 정정 정답 ③

지적공부의 등록사항 중 '**소유자**'에 관한 사항을 정정하는 경우에 등기필증, 등기완료통지서, 등기사항증명서 또는 등기관서에서 제공한 등기전산정보자료에 따라 정정한다.

36 등록사항 정정 정답 ①

지적소관청은 토지의 표시가 잘못되었음을 발견하였을 때에는 '지체 없이(㉠)' 등록사항 정정에 필요한 서류와 등록사항 정정 측량성과도를 작성하고, 영 제84조 제2항에 따라 **토지이동정리 결의서**를 작성한 후 대장의 사유란에 '**등록사항 정정 대상토지**(㉡)'라고 적고, 토지소유자에게 등록사항 정정신청을 할 수 있도록 그 사유를 통지하여야 한다. 다만, 영 제82조 제1항에 따라 지적소관청이 직권으로 정정할 수 있는 경우에는 토지소유자에게 통지를 하지 아니할 수 있다(규칙 제94조 제1항).

37 토지이동신청 특례 정답 ⑤

「택지개발촉진법」에 따른 택지개발사업의 사업시행자가 지적소관청에 토지의 이동을 신청할 경우, 신청 대상지역이 **환지를 수반**하는 경우에는 지적소관청에 신고한 **사업완료신고**로써 이를 갈음할 수 있다. 이 경우 사업완료신고서에 택지개발 사업시행자가 토지의 이동신청을 갈음한다는 뜻을 적어야 한다(영 제83조 제3항).

38 토지이동신청 대위 정답 ③

관리인이 소유자를 대위하여 토지의 이동을 신청할 수 있는 경우로는 「**주택법**」에 따른 **공동주택**의 관리인에 한한다. 사무용 건축물 부지에 대한 토지의 이동은 관리인의 대위신청이 허용되지 않는다.

39 토지이동신청 정답 ②

① 농어촌정비사업으로 인하여 토지의 이동이 있는 때에는 그 **사업시행자**가 지적소관청에 그 이동을 신청하여야 한다(법 제86조 제2항).
② **등록사항 정정 대상토지**는 이 법에 따라 토지소유자를 대위하여 신청하는 것이 허용되지 않는다(법 제87조).
③ 도시개발사업 등 토지개발사업의 시행자는 그 사업의 착수·변경 또는 완료 사실을 그 사유가 발생한 날부터 **15일 이내**에 **지적소관청**에 신고하여야 한다(영 제83조 제2항).

④ 도시개발사업으로 인하여 사업의 착수신고가 된 토지는 그 사업이 완료되는 때까지 사업시행자 외의 자가 토지의 이동을 신청할 수 없다(법 제64조 제4항).
⑤ 사업의 완료신고가 되기 전에 사업의 착수 또는 변경의 신고가 된 토지의 소유자가 해당 토지의 이동을 원하는 경우에는 해당 사업의 시행자에게 그 토지의 이동을 신청하도록 요청하여야 하며, 요청을 받은 시행자는 해당 사업에 지장이 없다고 판단되면 지적소관청에 그 이동을 신청하여야 한다(법 제86조 제4항).

40 토지이동신청 특례   정답 ①

「도시개발법」에 따른 도시개발사업, 「농어촌정비법」에 따른 농어촌정비사업, 그 밖에 대통령령으로 정하는 토지개발사업 등의 범위(법 제86조, 영 제83조 제1항)는 다음과 같다.

1. 「도시개발법」에 따른 도시개발사업
2. 「농어촌정비법」에 따른 농어촌정비사업
3. 「주택법」에 따른 주택건설사업
4. 「택지개발촉진법」에 따른 택지개발사업
5. 「산업입지 및 개발에 관한 법률」에 따른 산업단지개발사업
6. 「도시 및 주거환경정비법」에 따른 정비사업
7. 「지역개발 및 지원에 관한 법률」에 따른 지역개발사업
8. 「체육시설의 설치·이용에 관한 법률」에 따른 체육시설 설치를 위한 토지개발사업
9. 「관광진흥법」에 따른 관광단지 개발사업
10. 「공유수면 관리 및 매립에 관한 법률」에 따른 매립사업
11. 「항만법」, 「신항만건설촉진법」에 따른 항만개발사업 및 「항만재개발 및 주변지역 발전에 관한 법률」에 따른 항만재개발사업
12. 「공공주택 특별법」에 따른 공공주택지구조성사업
13. 「물류시설의 개발 및 운영에 관한 법률」 및 「경제자유구역의 지정 및 운영에 관한 특별법」에 따른 개발사업
14. 「철도의 건설 및 철도시설 유지관리에 관한 법률」에 따른 고속철도, 일반철도 및 광역철도 건설사업
15. 「도로법」에 따른 고속국도 및 일반국도 건설사업
16. 그 밖에 위의 사업과 유사한 경우로서 국토교통부장관이 고시하는 요건에 해당하는 토지개발사업

41 토지이동시기 정답 ④

축척변경 시행지역 안의 토지는 축척변경의 **확정공고일**에 토지의 이동이 있는 것으로 본다.

이론+ 토지이동의 효력발생시기

원칙		지적공부에 등록한 때(지적형식주의)
예외	축척변경	확정공고일
	도시개발사업	형질변경의 공사가 준공된 때

42 지적정리 정답 ④

토지이동정리 결의서의 작성은 토지대장·임야대장 또는 경계점좌표등록부별로 **구분하여** 작성하되, 토지이동정리 결의서에는 토지이동신청서 또는 도시개발사업 등의 완료신고서 등을 첨부하여야 한다(규칙 제98조 제1항).

43 토지소유자 정리 정답 ③

① 지적공부에 등록된 **토지소유자의 변경사항**은 등기관서에서 등기한 것을 증명하는 등기필증, 등기완료통지서, 등기사항증명서 또는 등기관서에서 제공한 등기전산정보자료에 따라 정리한다(법 제88조 제1항 본문).
②③ 공유수면을 매립하여 준공인가된 토지를 신규등록하는 경우, 지적공부에 등록하는 토지의 소유자는 **지적소관청이 직접 조사**하여 등록한다(법 제88조 제1항 단서).
④ 지적공부와 부동산등기부의 부합 여부를 조사·확인하여 부합하지 않은 사항이 있는 때에는 지적소관청이 토지소유자와 그 밖의 이해관계인에게 그 부합에 필요한 **신청을 요구**할 수 있을 뿐만 아니라 **직권으로 이를 정정**할 수도 있다(법 제88조 제4항).
⑤ 지적소관청이 관할 등기관서의 등기완료통지 및 등기전산정보자료를 받은 경우 등기부에 적혀 있는 토지의 표시가 지적공부의 등록사항과 일치하지 아니하면 토지소유자를 정리할 수 없다. 이 경우 토지의 표시와 지적공부가 일치하지 아니하다는 사실을 관할 등기관서에 통지하여야 한다(법 제88조 제3항).

44 등기촉탁 대상 정답 ④

지적소관청은 **토지의 이동**(등록전환, 분할, 합병, 지목변경, 지번변경, 바다로 된 토지의 등록말소, 축척변경, 등록사항 정정, 행정구역의 개편으로 다른 지번부여지역에 속하게 된 경우 등)에 따른 사유로 토지의 표시 변경에 관한 등기를 할 필요가 있는 경우에는 지체 없이 관할 등기관서에 그 등기를 촉탁하여야 한다. 다만, **신규등록**은 제외한다(법 제89조 제1항). 한편, **소유자를 정리**한 경우는 토지의 표시와 상관없는 것으로 부동산의 표시변경등기촉탁대상에 해당하지 않는다.

45 등기촉탁 　　　　　　　　　　　　　　　　　　정답 ①

토지의 소유자를 변경 정리한 경우는 등기촉탁의 사유가 아니다. 신규등록을 제외한 토지의 이동이 있는 경우, 지적소관청이 등기관서에 변경등기를 촉탁한다.

46 지적정리 등의 통지 　　　　　　　　　　　　　정답 ③

토지의 표시가 정리된 경우는 지적공부 정리 등의 사실을 토지소유자에게 통지하지만, 토지의 소유자가 정리된 경우에는 그 사실을 통지할 필요가 없다. 다음과 같은 경우에 지적소관청이 지적정리 등의 사실을 토지소유자에게 통지하여야 한다(법 제90조).

> 1. 지적소관청이 직권으로 토지이동을 조사·측량하여 지적공부에 등록정리한 때
> 2. 지번부여지역 전부 또는 일부에 대하여 지번을 새로 부여한 때(①)
> 3. 지적공부를 복구한 때(⑤)
> 4. 바다로 된 토지를 지적소관청이 직권으로 등록말소한 때(④)
> 5. 지적소관청이 등록사항의 오류를 직권으로 조사·측량하여 정정한 때
> 6. 행정구역 개편으로 지적소관청이 새로 그 지번을 부여한 때
> 7. 도시개발사업 등의 사업시행자가 토지의 이동 신청을 하여 지적정리를 한 때
> 8. 대위신청권자의 신청에 의하여 지적정리를 한 때
> 9. 토지표시의 변경에 관한 등기를 촉탁한 때(②)

47 지적정리 등의 통지 　　　　　　　　　　　　　정답 ②

지적소관청은 등기관서로부터 그 등기완료통지서를 접수한 날부터 15일 이내에 토지소유자에게 지적정리 등을 통지하여야 한다(영 제85조).

48 지적정리 등의 통지시기 　　　　　　　　　　　정답 ①

지적소관청이 토지소유자에게 지적정리 등을 통지하여야 하는 시기는 다음의 구분에 따른다(영 제85조).

> 1. 토지의 표시에 관한 변경등기가 필요한 경우: 그 등기완료의 통지서를 접수한 날부터 '15일(㉠)' 이내
> 2. 토지의 표시에 관한 변경등기가 필요하지 아니한 경우: 지적공부에 등록한 날부터 '7일(㉡)' 이내

CHAPTER 04 지적측량

01	⑤	02	③	03	④	04	②	05	③
06	②	07	⑤	08	③	09	①	10	④
11	①	12	③	13	③	14	④	15	⑤
16	⑤	17	①	18	⑤	19	④	20	④
21	①	22	⑤	23	⑤	24	③	25	②

01 지적측량 대상 정답 ⑤

지적측량의 대상은 법 제23조 제1항에 13가지를 명시하고 있는데 ㉠㉡㉢㉣ 모두 이에 포함된다.

02 지적측량 대상 정답 ③

지적측량은 필지의 경계 또는 좌표와 면적을 정하기 위하여 실시하는 측량이다.
㉠㉡㉢ 지적측량의 대상이 된다(법 제23조 제1항).
㉣ 합병이나 지목변경, 지번변경의 경우에는 지적측량을 실시하지 아니한다.

03 경계복원측량 정답 ④

지적공부에 등록된 경계점을 실제 토지상에 복원하기 위하여 실시하는 측량을 '경계복원측량'이라고 하는데, 지적측량수행자에게 의뢰하여 지상에 경계점표지를 설치하는 방법으로 실시한다.

04 세부측량 정답 ②

지적삼각점이나 지적삼각보조점 및 지적도근점과 같은 지적기준점표지를 설치하기 위한 측량은 **기초측량**이다.

05 기초측량절차 정답 ③

기초측량(지적삼각점측량, 지적삼각보조점측량, 지적도근점측량)은 '계획수립 ⇨ 준비 및 현지답사 ⇨ 선점 및 조표 ⇨ 관측 및 계산 ⇨ 성과표의 작성' 순으로 실시한다(지적측량 시행규칙 제7조 제3항).

06 지적기준점 성과관리 정답 ②

지적삼각보조성과는 지적소관청이 관리한다.

이론+ 지적기준점성과의 관리 및 열람·등본 발급

구분	지적기준점성과의 관리	열람 및 등본발급
지적삼각점	시·도지사	시·도지사 또는 지적소관청
지적삼각보조점	지적소관청	지적소관청
지적도근점		

07 지적기준점 성과관리 정답 ⑤

지적기준점성과와 그 측량기록을 보관하는 자는 시·도지사나 지적소관청이므로 이를 열람하거나 등본을 발급받으려는 자는 지적측량수행자가 아니라 **시·도지사나 지적소관청**에 신청하여야 한다(규칙 제26조 제1항 참조).

08 지적측량절차 정답 ③

ⓒ 지적측량수행자는 지적측량의뢰를 받은 때에는 측량기간·측량일자 및 측량수수료 등을 기재한 **지적측량 수행계획서**를 그 다음 날까지 '**지적소관청**'에 제출하여야 한다(규칙 제25조 제2항).

09 지적측량절차 정답 ①

토지소유자 등 이해관계인은 '**검사측량(㉠)**' 및 '**지적재조사측량(ⓒ)**'을 제외한 지적측량을 하여야 할 필요가 있는 때에는 지적측량수행자에게 해당 지적측량을 의뢰하여야 한다(법 제24조 제1항).

10 지적측량성과 검사 정답 ④

지적공부를 정리하지 않는 **지적현황측량 및 경계복원측량**은 검사를 받지 아니한다. 지적확정측량의 측량성과는 검사를 받아야 한다(법 제25조 제1항 단서, 지적측량 시행규칙 제28조 제1항).

11 지적측량기간   정답 ①

지적측량기간은 다음과 같다(규칙 제25조 제3항·제4항).

세부측량	측량기간은 '5일(㉠)', 측량검사기간은 '4일(㉡)'로 한다.
기초측량	• 15점 이하는 4일을 가산한다. • 15점을 초과하는 경우에는 4일에 15점을 초과하는 '4점(㉢)'마다 1일을 가산한다.
합의한 경우	합의기간의 '4분의 3(㉣)'은 측량기간으로, '4분의 1(㉤)'은 측량검사기간으로 본다.

12 지적측량기간   정답 ③

측량기간은 5일, 측량검사기간은 4일이므로 총 '9일'이 소요된다(규칙 제25조 제3항).

13 지적측량기간   정답 ③

지적기준점을 설치하여 측량 또는 측량검사를 하는 경우 지적기준점이 15점 이하인 경우에는 4일을, 15점을 초과하는 경우에는 4일에 15점을 초과하는 4점마다 1일을 가산한다(규칙 제25조 제3항 단서). 지적기준점 20점을 설치하는 경우에는 '6일'을 가산한다.

14 지적측량기간   정답 ④

지적측량기준점 20점을 설치하는 측량기간은 6일이며, 분할측량을 위한 측량기간은 5일이므로 측량기간은 총 '11일'이 소요된다.

15 지적측량기간   정답 ⑤

지적측량기준점 20점을 설치하는 측량기간은 6일, 측량검사기간 또한 6일이며, 분할측량을 위한 측량기간은 5일, 측량검사기간은 4일이므로 측량기간과 측량검사기간의 총합은 '21일'이다.

16 지적측량기간   정답 ⑤

지적측량의뢰인과 지적측량수행자가 서로 합의하여 따로 기간을 정하는 경우에는 그 기간에 따르되, 전체기간의 4분의 3은 측량기간으로, 전체기간의 4분의 1은 측량검사기간으로 본다(규칙 제25조 제4항). 이에 의하면 측량기간은 '15일', 측량검사기간은 '5일'이 된다.

1. 지적측량의 측량기간은 5일로 하며, 측량검사기간은 4일로 한다.
2. 다만, 세부측량을 하기 위하여 지적기준점을 설치하여 '측량 또는 측량검사'를 하는 경우 지적기준점이 15점 이하인 경우에는 4일을, 15점을 초과하는 경우에는 4일에 15점을 초과하는 4점마다 1일을 가산한다.

17 지적위원회의 구성 정답 ①

중앙지적위원회는 위원장 1명과 부위원장 1명을 **포함**하여 **5명 이상 10명 이하**의 위원으로 구성한다(영 제20조 제1항).

18 지적위원회 및 적부심사 정답 ⑤

위원장이 부득이한 사유로 직무를 수행할 수 없을 때에는 부위원장이 그 직무를 대행하고, 위원장 및 부위원장이 모두 부득이한 사유로 직무를 수행할 수 없을 때에는 **위원장**이 미리 지명한 위원이 그 직무를 대행한다(영 제21조 제2항).

19 지적위원회 정답 ④

지적기술자의 징계요구에 관한 사항은 중앙지적위원회에서 심의·의결한다(법 제28조 제1항). 지방지적위원회는 지적측량성과에 대한 적부심사청구사항만을 심의·의결할 수 있다(법 제28조 제2항).

20 중앙지적위원회의 심의·의결사항 정답 ④

중앙지적위원회는 ㉠㉢㉣ 외에 지적측량 적부심사에 대한 재심사청구사항도 심의·의결할 수 있다(법 제28조 제1항).

21 중앙지적위원회 위원의 제척 정답 ①

중앙지적위원회의 위원이 다음의 어느 하나에 해당하는 경우에는 중앙지적위원회의 심의·의결에서 제척(除斥)된다(영 제20조의2 제1항).

1. 위원 또는 그 배우자나 배우자이었던 사람이 해당 안건의 당사자가 되거나 그 안건의 당사자와 공동권리자 또는 공동의무자인 경우(⑤)
2. 위원이 해당 안건의 당사자와 친족이거나 친족이었던 경우(③)
3. 위원이 해당 안건에 대하여 증언, 진술 또는 감정을 한 경우(②)
4. 위원이나 위원이 속한 법인·단체 등이 해당 안건의 당사자의 대리인이거나 대리인이었던 경우(④)
5. 위원이 해당 안건의 원인이 된 처분 또는 부작위에 관여한 경우

22 지적측량 적부심사 정답 ⑤

① 토지소유자, 이해관계인 또는 지적측량수행자는 지적측량성과에 대하여 다툼이 있는 경우에는 관할 시·도지사를 거쳐 지방지적위원회에 지적측량 적부심사를 청구할 수 있다(영 제24조 제1항).
② 지적측량 적부심사청구를 받은 시·도지사는 30일 이내에 지방지적위원회에 회부하여야 한다(법 제29조 제2항).
③ 지적측량 적부심사청구를 회부받은 지방지적위원회는 그 심사청구를 회부받은 날부터 60일 이내에 심의·의결하여야 한다. 다만, 부득이한 경우에는 그 심의기간을 해당 지적위원회의 의결을 거쳐 30일 이내에서 한 번만 연장할 수 있다(법 제29조 제3항).
④ 시·도지사는 지방지적위원회의 의결서를 받은 날부터 7일 이내에 지적측량 적부심사 청구인 및 이해관계인에게 그 의결서를 통지하여야 한다(법 제29조 제5항).

23 지적측량 적부심사 정답 ⑤

지방지적위원회 또는 중앙지적위원회의 의결서 사본을 받은 지적소관청은 그 내용에 따라 지적공부의 등록사항을 정정하거나 측량성과를 수정하여야 한다(법 제29조 제10항).

24 지적측량 적부심사 정답 ③

지적측량 적부심사의 재심사청구를 하려는 자는 재심사청구서에 지방지적위원회의 지적측량 적부심사 의결서 사본을 첨부하여 국토교통부장관을 거쳐 중앙지적위원회에 제출하여야 한다(영 제26조 제1항).

25 지적측량 적부심사 정답 ②

지방지적위원회 또는 중앙지적위원회의 의결서 사본을 받은 지적소관청은 그 내용에 따라 지적공부의 등록사항을 정정하거나 측량성과를 수정하여야 하는데, 이는 직권에 의한 정정으로 본다(법 제29조 제10항, 영 제82조 제1항 제6호).

PART 2 부동산등기법

CHAPTER 01 등기제도 총칙

01	③	02	①	03	②	04	②	05	③
06	②	07	③	08	④	09	③	10	④
11	⑤	12	③	13	②	14	②	15	⑤
16	④	17	⑤	18	④	19	②		

01 부동산등기제도   정답 ③

① 법 제11조 제2항
② 1부동산 1등기기록 원칙(법 제15조 제1항)
③ 등기는 당사자의 신청 또는 관공서의 촉탁에 따라 한다. 다만, 법률에 규정이 있는 경우 등기관은 직권으로 등기를 할 수 있다(법 제22조 제1항).
④ 부동산에 관한 법률행위로 인한 물권의 득실변경은 등기를 하여야 그 효력이 발생하지만(민법 제186조), 상속과 같은 법률의 규정에 따른 부동산에 관한 물권의 취득은 등기를 요하지 아니한다(민법 제187조).
⑤ 등기의 공신력 불인정

02 용어의 정의   정답 ①

㉠ '등기부'란 전산정보처리조직에 의하여 입력·처리된 등기정보자료를 대법원규칙으로 정하는 바에 따라 편성한 것을 말한다(법 제2조 제1호).
㉢ '등기기록'이란 1필의 토지 또는 1개의 건물에 관한 등기정보자료를 말한다(법 제2조 제3호).

03 등기할 사항   정답 ②

㉠㉤ 조적조 및 컨테이너 구조 슬레이트지붕 주택, 「도로법」상의 도로는 등기할 수 있다.

이론+ 등기할 사항인 물건과 등기할 사항이 아닌 물건

등기할 사항인 물건	등기할 사항이 아닌 물건
• 하천 • 「도로법」상의 도로(㉤)	• 공유수면 및 공유수면하의 토지, 터널, 토굴, 교량

오답 NOTE

• 농업용 고정식 온실 • 조적조 및 컨테이너 구조 슬레이트 지붕 건물(㉠) • 경량철골조 경량패널지붕 건축물 • 구분건물의 전유부분·규약상 공용부분 및 부속건물 • 방조제 • 유류저장탱크 • 특례법상 일정한 요건을 갖춘 개방형 축사	• 가설건축물, 견본주택, 비닐하우스, 주유소 캐노피, 급유탱크 • 경량철골조 혹은 조립식 패널구조의 건축물(㉢) • 농지개량시설의 공작물 • 공작물시설로 등재된 해상관광용 호텔선박·관광용 수상호텔의 선박·폐유조선(㉡) • 방조제의 부대시설(예 배수갑문, 양수기) • 지붕이 없는 공작물, 옥외풀장(㉣), 양어장, 치어장으로 등재되어 있는 공작물

04 등기할 사항   정답 ②

1필지 토지의 특정된 일부분에 대하여 분할을 선행하지 않더라도 전세권 등 용익권을 설정할 수 있다.

05 등기할 수 있는 권리   정답 ③

㉠㉣㉤ 현행 「부동산등기법」상 등기할 수 있는 권리로는 **소유권·지상권·지역권·전세권·저당권·권리질권·채권담보권·임차권**이 있다(법 제3조). 전세권이나 지상권을 목적으로 저당권을 설정할 수 있다.
㉡㉢㉥ **분묘기지권·유치권·주위토지통행권**·점유권·동산질권·부동산사용대차권 등은 등기할 수 있는 권리가 아니다.

06 부동산의 일부   정답 ②

등기할 수 있는 부동산 일부와 소유권 일부의 등기할 사항은 다음과 같다.

구분	지상권, 지역권, 전세권, 임차권	소유권이전, 저당권, 가압류, 가처분
부동산의 일부	○	×
소유권의 일부 (= 공유지분)	×	○

07 등기할 사항   정답 ③

㉠ 처분금지가처분등기가 있더라도 처분이 금지되는 것은 아니므로 처분금지가처분등기에 반하는 소유권이전등기를 할 수 있다.
㉡ 부동산의 일부에 대한 저당권설정등기는 허용되지 않는다.

08 물권변동시기   정답 ④

① 공유물분할판결은 형성판결로서 등기 없이도 물권변동의 효력이 발생한다.
② 포괄유증의 효력발생시기는 상속과 같이 등기가 없더라도 유증자의 사망 시에 물권변동의 효력이 발생한다.
③ 공유물의 분할을 제한하는 약정은 임의적 제공사항으로서 등기를 하여야 양수인에게 그 효력을 대항할 수 있다.
⑤ 특정유증의 경우, 수증자 명의의 등기 시에 유언에 의한 물권변동의 효력이 발생한다.

09 등기와 물권변동   정답 ③

㉠ 증여계약은 법률행위에 해당하므로 등기를 하여야 물권변동의 효력이 발생한다.
㉡ 이행판결은 상대방의 의사표시를 강제하는 판결로서 등기를 하여야 물권변동의 효력이 발생한다.
㉢ 법인의 합병은 상속처럼 포괄승계에 해당하므로 등기 없이도 소유권변동의 효력이 발생한다.
㉣ 점유취득시효는 법률의 규정에 해당하지만, 예외적으로 등기를 하여야 물권변동의 효력이 발생한다.

10 등기의 효력   정답 ④

가압류등기는 채권자가 자기의 채권을 보전하기 위하여 채무자의 재산적 가치가 있는 물건이나 권리에 행하는 처분제한등기이다. 가등기로 보전되는 소유권이전등기청구권은 재산적 가치가 있으므로 이를 목적으로 가압류등기를 할 수 있다(등기예규 제1344호).

11 등기의 유효요건   정답 ⑤

위조에 의한 등기는 실체관계가 없으므로 무효인 것이 원칙이지만, 위조문서에 의한 등기라도 실체관계에 부합한다면 그 등기의 효력이 인정된다.

12 등기의 유효요건 및 효력   정답 ③

ⓒ 미등기부동산의 양수인 명의로 직접 실행한 소유권보존등기라도 **실체관계와 부합**하는 한 이를 무효로 하지 않고 그 유효성을 인정한다.
ⓒ 등기원인의 무효로 인하여 진정한 소유자가 소유권을 회복하는 방법으로 소유권말소등기를 하지 않고 소유권이전등기를 한 경우, 이를 **진정명의회복**을 위한 소유권이전등기라고 하여 그 유효성을 인정하고 있다.

13 등기의 유효요건 및 효력   정답 ②

㉠㉣ 공작물시설로 등재된 해상관광용 호텔**선박**이나 **공유수면하의 토지**는 등기할 수 있는 부동산이 아니므로 소유권보존등기를 마치더라도 법 제29조 제2호 '사건이 등기할 것이 아닌 경우'에 해당하여 당해 등기는 무효이다.
ⓒ 전 소유자가 사망한 이후에 그 명의로 신청되어 마쳐진 소유권이전등기는 원인무효의 등기라고 볼 것이어서 그 등기의 **추정력을 인정할 여지가 없으므로**(대판 2004.9.3, 2003다3157), 사망자 명의의 신청으로 마쳐진 이전등기에 대해서는 그 등기의 무효를 주장하는 자가 현재의 실체관계와 부합하지 않음을 증명할 책임이 있는 것이 아니라 그 등기의 **유효를 주장하는** 자가 **입증책임을** 부담한다.
ⓒ 대판 2001.1.16, 98다20110

14 등기한 권리의 순위   정답 ②

ⓒ 등기의 순서는 등기기록 중 같은 구에서 한 등기 상호간에는 **순위번호**에 따르고, 다른 구에서 한 등기는 **접수번호**에 따른다(법 제4조 제2항).
ⓒ 대지권에 대한 등기로서 효력이 있는 등기와 대지권의 목적인 토지의 등기기록 중 해당 구에 한 등기의 순서는 **접수번호**에 따른다(법 제61조 제2항).

15 등기의 순위   정답 ⑤

부기등기의 순위는 주등기의 순위에 따르므로, 2번 저당권이 설정된 후 1번 저당권 일부이전의 부기등기가 이루어진 경우 배당에 있어서 그 부기등기가 2번 저당권에 우선한다.

16 등기의 효력   정답 ④

공유물분할판결과 같은 **형성판결**은 별도의 등기가 없더라도 판결의 확정으로 물권변동의 효력이 발생한다(민법 제187조).

17 등기의 추정력 정답 ⑤

소유권이전등기청구권보전가등기가 있다고 하여 반드시 소유권이전등기를 청구할 수 있는 어떠한 법률관계, 즉 금전채무에 관한 담보계약이나 대물변제의 예약이 있었던 것으로 단정할 수는 없다고 하여 가등기의 등기원인에 대한 추정력을 부정하고 있다(대판 1963.4.18, 63다114).

18 등기의 효력 정답 ④

ⓒ 상속인이 자기 명의로 소유권이전등기를 하지 않고 그 부동산을 양도하여 피상속인으로부터 직접 양수인 앞으로 소유권이전등기를 한 경우라도 그 등기는 효력이 인정된다. 일종의 중간생략등기로서 실체관계와 부합하므로 유효성을 인정한다.

19 등기의 추정력 정답 ②

㉠ 등기기록에 소유자로 등기된 자는 적법한 소유자로 추정된다.
㉡ 소유권이전등기는 권리변동의 당사자 간에도 추정력이 인정되므로 甲과의 관계에서 乙은 소유자로 추정된다.
㉢ 저당권등기는 담보물권의 존재 및 피담보채권의 존재까지도 추정력이 인정된다.
㉣ 추정력은 등기원인에도 미치므로 甲에서 乙로의 증여사실이 추정된다.

CHAPTER 02 등기의 기관과 그 설비

01	②	02	④	03	⑤	04	①	05	③
06	⑤	07	④	08	①	09	①	10	③
11	④	12	④	13	④	14	②	15	④
16	②	17	④	18	⑤	19	③	20	②
21	①	22	④	23	②	24	②	25	④
26	①	27	⑤						

01 등기소 정답 ②

대법원장은 다음의 어느 하나에 해당하는 경우로서 등기소에서 정상적인 등기사무의 처리가 어려운 경우에는 기간을 정하여 등기사무의 정지를 명령하거나 대법원규칙으로 정하는 바에 따라 등기사무의 처리를 위하여 필요한 처분을 명령할 수 있다(법 제10조 제1항).

1. 「재난 및 안전관리 기본법」 제3조 제1호의 재난이 발생한 경우
2. 정전 또는 정보통신망의 장애가 발생한 경우
3. 그 밖에 1. 또는 2.에 준하는 사유가 발생한 경우

이론+ 담당권한자

관련 업무	사유	담당권한자
관할 등기소의 지정	1개의 부동산이 여러 개의 등기소의 관할 구역에 걸쳐 있는 때	상급법원장
등기사무의 위임	교통사정·등기사무처리의 편의	대법원장
등기사무의 정지	천재지변 등의 사유 발생	대법원장
등기관의 지정	–	지방법원장·지원장

02 관련 사건의 관할 특례 정답 ④

관할 등기소가 다른 여러 개의 부동산과 관련하여 대법원규칙으로 정한 다음과 같은 등기신청이 있는 경우에는 그중 하나의 관할 등기소에서 해당 신청에 따른 등기사무를 담당할 수 있다(법 제7조의2 제1항, 규칙 제163조 제2항).

1. 소유자가 다른 여러 부동산에 대한 공동저당, 공동전세, 전전세 등기의 신청
2. 소유자가 다른 여러 부동산에 대한 공동저당, 공동전세, 전전세 등기에 대한 이전·변경·말소등기의 신청
3. 공동저당 목적으로 새로 추가되는 부동산이 종전에 등기한 부동산과 다른 등기소의 관할에 속하는 경우에는 종전의 등기소에 추가되는 부동산에 대한 저당권설정등기의 신청

03 관련 사건의 관할 특례   정답 ⑤

관할 등기소가 다른 여러 개의 부동산과 관련하여 대법원규칙으로 정한 등기신청이 있는 경우(02번 해설 참고)에는 그중 하나의 관할 등기소에서 해당 신청에 따른 등기사무를 담당할 수 있다(법 제7조의2 제1항, 규칙 제163조 제2항).

04 관련 사건의 관할 특례   정답 ①

공동저당 일부의 소멸 또는 변경의 신청은 소멸 또는 변경되는 부동산의 관할 등기소 중 한 곳에 신청할 수 있다(규칙 제163조 제3항).

05 관련 사건의 관할 특례   정답 ③

등기관이 당사자의 신청이나 직권에 의한 등기를 하고 요역지지역권, 공동저당, 공동전세 등기 또는 대법원규칙으로 정하는 바에 따라 다른 부동산에 대하여 등기를 하여야 하는 경우에는 그 부동산의 관할 등기소가 다른 때에도 해당 등기를 할 수 있다(법 제7조의2 제2항).

06 관련 사건의 관할 특례   정답 ⑤

등기관이 관련 사건의 관할에 관한 특례에 따라 등기를 한 경우에는 갑구 또는 을구의 권리자 및 기타사항란에 관련 사건의 관할에 관한 특례에 따라 사건을 접수받은 등기소에서 그 등기를 하였다는 뜻을 기록하여야 한다(규칙 제163조의4 제1항). 다만, 해당 등기를 한 등기소의 관할에 속한 부동산에 대해서는 그 뜻을 기록하지 않는다(동조 제2항).

07 등기소   정답 ④

1필지가 되기 위해서는 지번부여지역(같은 동이나 리)이 같아야 하므로 토지에 대하여는 관할의 지정 문제가 발생할 여지가 없다. 1동의 건물이 여러 등기소의 관할 구역에 걸쳐 있을 때에는 그 부동산에 대한 최초의 등기신청을 하고자 하는 자의 신청에 따라 각 등기소를 관할하는 상급법원의 장이 관할 등기소를 지정한다(법 제7조 제2항, 규칙 제5조 제1항).

08 등기관   정답 ①

등기관이란 법원서기관, 등기사무관, 등기주사, 등기주사보 중에서 지방법원장이나 지원장의 지정을 받아 현실적으로 등기사무를 처리하는 자를 말한다(법 제11조 제1항).

09 등기부의 편성방법 및 구성 · 정답 ①

「부동산등기법」상 등기부는 **토지등기부**와 **건물등기부**로 구분한다(법 제14조 제1항).

10 집합건물 등기부의 구성 · 정답 ③

전유부분의 표제부에는 전유부분의 건물의 표시로서 **전용면적**만 등기되어 있으므로 전용면적과 공용면적의 합산된 면적을 알 수는 없다.

11 등기기록의 기록사항 · 정답 ④

구분건물에 대지권이 있을 때에는 그 권리의 표시에 관한 사항, 즉 대지권의 표시에 관한 사항은 **전유부분 건물의 표제부**에 기록한다(법 제40조 제3항).

이론+ 갑구 및 을구의 기록사항

구분	신청정보	등기기록
대리인신청	대리인 표시 ○	대리인 표시 ×
대위신청	대위자 표시 ○	대위자 표시 ○
법인 명의	대표자 표시 ○	대표자 표시 ×
비법인 명의	대표자 표시 ○	대표자 표시 ○

12 등기기록의 기록사항 · 정답 ④

㉠ 소유권에 대한 가처분등기는 갑구에 기록한다.
㉡ 부동산의 표시에 관한 사항으로서 표제부에 기록한다.
㉢ 소유권 이외의 권리에 관한 등기는 을구에 기록한다.
㉣ 근저당권에 기한 임의경매개시결정등기는 소유권의 처분을 공시하는 등기이므로 갑구에 기록한다.

13 등기기록의 기록사항 · 정답 ④

㉠ 갑구에 기록하는 등기이다.
㉡ 전세권에 관한 등기이므로 을구에 기록한다.
㉢ 부동산의 표시변경등기는 표제부에 기록한다.
㉣ 권리질권은 저당권부채권을 담보로 제공하여 설정하는 등기이므로 을구에 기록한다.

14 구분건물의 등기   정답 ②

등기할 건물이 구분건물인 경우에 등기관은 1동 건물의 등기기록의 표제부에 소재와 지번, 건물명칭 및 건물번호를 기록하고, 전유부분의 등기기록의 표제부에 건물번호를 기록하여야 한다. 전유부분의 등기기록의 표제부에는 소재, 지번, 건물명칭을 기록하지 않는다.

15 규약상 공용부분   정답 ④

공용부분이라는 뜻을 정한 규약을 폐지한 경우에 공용부분의 취득자는 지체 없이 소유권보존등기를 신청하여야 한다(법 제47조 제2항). 등기관이 공용부분 취득자의 신청에 따라 소유권보존등기를 하였을 때에는 공용부분이라는 뜻의 등기를 말소하는 표시를 하여야 한다(규칙 제104조 제5항).

16 구분건물 등기기록의 기록사항   정답 ②

ⓒ 대지권등기를 하였을 경우, 등기관은 직권으로 대지권의 목적인 토지 등기기록의 갑구에 소유권이 대지권이라는 뜻을 기록하여야 한다.

이론 + 대지권에 관한 등기

대지권등기의 명칭	등기기록	개시유형
대지권의 목적인 토지의 표시	1동 건물의 등기기록의 표제부	단독신청
대지권의 표시	전유부분 건물의 등기기록의 표제부	
대지권이라는 뜻의 등기	토지 등기기록의 해당 구	직권

17 구분건물   정답 ④

① 1동 건물을 구분한 건물에 있어서는 1동 건물에 속하는 전부에 대하여 1개의 등기기록을 사용한다(법 제15조 제1항 단서).
② 구분건물의 등기기록은 1동의 건물에 대한 표제부를 두고 전유부분마다 표제부, 갑구, 을구를 둔다(규칙 제14조 제1항).
③ 대지권에 대한 등기로서 효력이 있는 등기와 대지권의 목적인 토지의 등기기록 중 해당 구에 한 등기의 순서는 접수번호에 따른다(법 제61조 제2항).
⑤ 전유부분의 표제부 중 '대지권의 표시'란에 표시번호, 대지권의 목적인 토지의 일련번호, 대지권의 종류, 대지권의 비율, 등기원인 및 그 연월일과 등기연월일을 각각 기록하여야 한다(규칙 제88조 제1항).

18 대지권등기 정답 ⑤

토지의 소유권이 대지권인 경우에 대지권이라는 뜻의 등기가 되어 있는 토지의 등기기록에는 소유권이전등기, 저당권설정등기, 가압류등기, 그 밖에 이와 관련이 있는 등기를 할 수 없다(법 제61조 제4항).

19 구분건물의 표시에 관한 등기 동시신청 정답 ③

③ 1동의 건물에 속하는 구분건물 중 일부만에 관하여 소유권보존등기를 신청하는 경우에는 나머지 구분건물의 표시에 관한 등기를 동시에 신청하여야 한다(법 제46조 제1항).
④⑤ 지상권이 대지권인 경우에 대지권이라는 뜻의 등기가 되어 있는 토지의 등기기록에는 지상권이전등기, 지상권부저당권설정등기, 그 밖에 이와 관련이 있는 등기를 할 수 없다(법 제61조 제4항·제5항). 반면, 대지권이라는 뜻의 등기가 되어 있는 토지의 소유권은 전유부분과 일체성이 있는 권리가 아니므로 그 토지에 대한 소유권이전등기나 저당권설정등기는 허용된다.

20 집합건물등기 정답 ②

① 구분건물로서 그 대지권의 변경이 있는 경우에는 구분건물의 소유권의 등기명의인은 1동의 건물에 속하는 다른 구분건물의 소유권의 등기명의인을 대위하여 대지권의 변경등기를 신청할 수 있다(법 제41조 제3항).
③ 등기관이 구분건물의 대지권등기를 하는 경우에는 직권으로 대지권의 목적인 토지의 등기기록에 소유권, 지상권, 전세권 또는 임차권이 대지권이라는 뜻을 기록하여야 한다(법 제40조 제4항).
④ 대지권이 등기된 구분건물의 등기기록에는 건물만에 관한 소유권이전등기 또는 저당권설정등기, 가압류등기 그 밖에 이와 관련이 있는 등기를 할 수 없다(법 제61조 제3항).
⑤ 토지의 소유권이 대지권인 경우에 대지권이라는 뜻의 등기가 되어 있는 토지의 등기기록에는 소유권이전등기, 저당권설정등기, 가압류등기 그 밖에 이와 관련이 있는 등기를 할 수 없다(법 제61조 제4항).

21 대지권등기 정답 ①

대지권등기 시 그 토지등기기록에 소유권 외의 권리에 관한 등기가 있을 경우, 등기관은 전유부분의 표제부에 토지등기기록에 별도의 등기가 있다는 뜻을 기록하여야 한다(규칙 제90조 제1항). 1동 건물의 표제부에는 이를 기록하지 않는다.

이론+ 대지권 관련 등기

등기의 종류	등기기록	등기기록	개시유형	등기형식
대지권의 목적인 토지의 표시	건물등기기록	1동의 건물의 표제부	신청	주등기
대지권의 표시	건물등기기록	전유부분의 표제부	신청	주등기
대지권이 있다는 뜻의 등기	토지등기기록	해당 구 (갑구 또는 을구)	직권	주등기
건물만에 관한 뜻의 등기	건물등기기록	갑구 또는 을구	직권	부기등기
토지등기기록에 별도등기가 있다는 뜻의 등기	건물등기기록	전유부분의 표제부	직권	주등기

22 등기부   정답 ④

구분건물등기기록에는 **1동의 건물**에 대한 **표제부**를 두고 **전유부분마다 표제부, 갑구, 을구**를 둔다(규칙 제14조 제1항).

23 등기부의 이동 및 이동금지   정답 ②

등기부(폐쇄등기부를 포함한다)는 대법원규칙으로 정하는 장소인 **중앙관리소**에 보관·관리하여야 하며(규칙 제10조 제1항), 전쟁·천재지변이나 그 밖에 이에 준하는 사태를 피하기 위한 경우 외에는 그 장소 밖으로 옮기지 못한다(법 제14조 제3항). 따라서 법원의 명령 또는 촉탁이 있거나 법관이 발부한 영장에 의하여 압수하는 경우라도 등기부의 이동은 허용되지 않는다.

24 등기사항증명서의 발급 및 열람   정답 ②

등기기록의 부속서류나 신청서 기타 부속서류에 대하여는 등기사항증명서의 발급을 청구할 수 없고 이해관계 있는 부분만 열람을 청구할 수 있을 뿐이다(법 제19조 제1항, 규칙 제26조 제2항).

25 등기사항증명서의 발급 및 열람 정답 ④

① 등기소를 방문하여 등기사항증명서를 발급받고자 하는 사람은 신청서를 제출하여야 하는데, 이 경우 발급청구는 **관할 등기소가 아닌 등기소**에 대하여도 할 수 있다(법 제19조 제2항).
② 등기소를 방문하여 등기사항증명서를 발급받고자 하는 사람은 신청서를 제출하여야 하지만(법 제26조 제1항), **인터넷**을 이용하여 등기사항증명서를 신청하는 경우는 **신청서의 제출을 요하지 않는다**(등기예규 제1806호 제5조).
③ **신탁원부, 공동담보(전세)목록, 도면 또는 매매목록**은 그 사항의 증명도 함께 신청하는 뜻의 표시가 있는 경우에만 등기사항증명서에 이를 포함하여 발급한다(규칙 제30조 제2항).
⑤ **등기기록의 부속서류에 대하여는 이해관계 있는 부분만 열람을 청구할 수 있을 뿐 등기사항증명서의 발급을 신청할 수는 없다**(법 제19조 제1항 단서).

26 등기사항증명서의 종류 정답 ①

㉠㉡㉢㉣ 현행 부동산등기법령상 발급할 수 있는 등기사항증명서의 종류에 해당한다(규칙 제29조).
㉤ 등기사항일부증명서(현재 근저당권설정현황)는 발급할 수 있는 증명서 종류에 포함되지 않는다.

27 등기부 정답 ⑤

누구든지 수수료를 내고 대법원규칙으로 정하는 바에 따라 **폐쇄한 등기기록**에 기록되어 있는 사항의 전부 또는 일부의 열람과 이를 증명하는 등기사항증명서의 발급을 청구할 수 있다(법 제20조 제3항).

CHAPTER 03 등기절차 총론

01	⑤	02	①	03	④	04	③	05	①
06	⑤	07	③	08	④	09	③	10	②
11	④	12	②	13	①	14	②	15	①
16	①	17	①	18	④	19	⑤	20	④
21	⑤	22	④	23	③	24	③	25	⑤
26	⑤	27	②	28	②	29	④	30	①
31	②	32	①	33	④	34	⑤	35	①
36	④	37	⑤	38	③	39	①	40	②
41	③	42	④	43	②	44	③	45	③
46	②	47	④	48	③	49	①	50	①
51	⑤	52	③	53	③	54	⑤	55	①
56	②	57	③	58	②	59	①	60	⑤
61	⑤	62	⑤	63	②	64	①	65	④
66	③	67	④	68	③	69	①	70	④
71	④	72	④	73	③						

01 등기의 신청   정답 ⑤

관공서의 촉탁등기는 그 **실질이 신청**이므로 촉탁에 따른 등기절차는 법률에 다른 규정이 없는 경우에는 신청에 따른 등기에 관한 규정을 준용한다(법 제22조 제2항).

02 등기의 신청의무   정답 ①

건물을 신축하여 준공검사를 받았더라도 이전계약을 체결하지 않으면 소유권보존등기의 신청의무는 발생하지 않는다.

이론 + 「부동산등기법」과 「부동산등기 특별조치법」상 신청의무

1. 「부동산등기법」상 신청의무 – 표제부 등기

구분	사유	신청의무
토지	지목변경, 분할, 합병, 멸실 등	1개월 이내
건물	지번변경, 구조·종류·면적 변경, 멸실 등	
대지권	대지권의 변경 등	

오답 NOTE

2. 「부동산등기 특별조치법」상 신청의무 – 소유권에 관한 등기

소유권 보존등기	• 「부동산등기법」에 따라 소유권보존등기를 신청할 수 있음에도 이를 하지 아니한 채 소유권이전계약을 체결한 경우에는 그 계약을 체결한 날부터 60일 이내에 신청하여야 한다. • 소유권이전계약을 체결한 후에 「부동산등기법」에 따라 소유권보존등기를 신청할 수 있게 된 경우에는 소유권보존등기를 신청할 수 있게 된 날부터 60일 이내에 신청하여야 한다.
소유권 이전등기	• 계약의 당사자가 서로 대가적인 채무를 부담하는 경우(쌍무계약, 예 매매)에는 반대급부 이행이 완료된 날(잔금지급일)부터 60일 이내에 신청하여야 한다. • 계약당사자 일방만이 채무를 부담하는 경우(편무계약, 예 증여)에는 그 계약의 효력이 발생한 날부터 60일 이내에 신청하여야 한다.

03 등기의 신청의무 정답 ④

ⓒ 등기된 토지의 전부가 물리적으로 멸실된 경우 소유권의 등기명의인은 **1개월 이내**에 멸실등기를 신청하여야 한다(법 제39조).

04 지체 없이 신청해야 하는 등기 정답 ③

일반적으로 표제부의 등기는 소유권의 등기명의인이 1개월 이내에 등기를 신청하여야 한다. ㉠㉣의 등기는 **표제부의 등기로서 1개월 이내**에 신청하여야 한다.

㉠㉢ 건물이 멸실된 경우에는 그 건물 소유권의 등기명의인은 그 사실이 있는 때부터 1개월 이내에 그 등기를 신청하여야 한다(법 제43조 제1항). 다만, 존재하지 아니하는 건물에 대한 등기가 있을 때 그 소유권의 등기명의인은 지체 없이 그 건물의 멸실등기를 신청하여야 한다(법 제44조 제1항).

㉡ 공용부분이라는 뜻을 정한 규약을 폐지한 경우에 공용부분의 취득자는 지체 없이 소유권보존등기를 신청하여야 한다(법 제47조 제2항).

㉣ 토지의 분할·합병이 있는 경우와 지목의 변경이 있는 경우에는 그 토지소유권의 등기명의인은 그 사실이 있는 때부터 1개월 이내에 그 등기를 신청하여야 한다(법 제35조).

05 등기절차의 개시   정답 ①

경매와 관련된 등기(경매개시결정등기, 매수인 명의의 소유권이전등기, 매수인이 인수하지 않은 부담기입의 말소등기, 경매개시결정등기의 말소등기)는 모두 집행법원의 촉탁으로 실행한다.

06 관공서의 촉탁등기   정답 ⑤

관공서가 등기촉탁을 하는 경우에는 등기기록과 대장상의 부동산의 표시가 부합하지 않더라도 그 등기촉탁을 수리하여야 한다(등기예규 제1810호).

07 관공서의 촉탁등기   정답 ③

㉠㉣ 집행법원의 촉탁등기이다.
㉡ 세무서장의 촉탁등기이다.
㉢ 등기관의 직권등기이다.

08 등기관의 직권등기   정답 ④

㉠㉣ 등기관이 직권으로 실행하는 등기이다.
㉡ 규칙 제122조에 따라 직권으로 등기명의인의 표시변경등기로 하여야 한다.
㉢ 등기권리자의 단독신청에 의하여 실행하는 등기이다.

09 등기관의 직권등기   정답 ③

① 전세권설정등기를 말소하는 경우 그 전세권을 목적으로 하는 저당권자는 이해관계인에 해당하므로 그 자의 승낙이 있는 경우 직권말소의 대상이 된다.
② 환매권 행사에 의한 소유권이전등기 후 당해 환매특약등기는 등기관이 직권으로 말소한다.
③ 혼동에 의하여 소멸하는 권리는 등기명의인의 단독신청으로 말소한다.
④ 미등기부동산에 대하여 법원의 처분제한등기(가압류등기, 가처분등기, 강제경매개시결정등기)의 촉탁이 있는 경우 등기관은 직권으로 소유권보존등기를 하고 처분제한등기를 실행한다.

10 직권보존등기   정답 ②

㉠㉢ 미등기부동산에 대하여 법원에 의한 처분제한등기(가압류, 가처분, 강제경매개시결정등기)의 촉탁이 있는 경우와 법원의 임차권등기명령에 의한 주택이나 상가건물임차권등기의 촉탁이 있는 경우 등기관은 직권으로 보존등기를 할 수 있다.

11 직권등기   정답 ④

등기관이 소유권이전등기를 할 때에 등기명의인의 주소변경으로 신청정보상의 등기의무자의 표시가 등기기록과 일치하지 아니하는 경우라도 첨부정보로서 제공된 주소를 증명하는 정보에 등기의무자의 등기기록상의 주소가 신청정보상의 주소로 변경된 사실이 명백히 나타나면 직권으로 등기명의인표시의 변경등기를 하여야 한다(규칙 제122조).

12 등기명의인   정답 ②

㉠㉣ 읍·면·동은 지방자치단체가 아니므로 등기명의인이 될 수 없는 것이 원칙이다. 다만, 자연부락(동: 洞)이 의사결정기관과 대표자를 두어 독자적인 활동을 하는 사회조직체로서 법인 아닌 사단의 요건을 갖춘 경우에는 그 명의로 등기를 할 수 있다.

㉡ 특별법에 따라 설립된 농업협동조합은 법인이므로 농업협동조합 명의로 등기를 할 수 있다.

13 등기신청적격   정답 ①

㉠㉢ 등기신청적격이 인정된다.
㉡ 학교 명의로 등기할 수 없고, 설립자인 재단법인 甲乙학원으로 등기를 하여야 한다.
㉣ 태아는 자연인이 아니므로 그 명의로 등기할 수 없다.

이론+ 등기명의인 인정 여부

인정되는 경우	부정되는 경우
• 자연인[외국인(㉠)], 법인 • 국가, 지방자치단체 • 권리능력 없는 사단·재단(종중, 문중, 아파트 입주자대표회의 등) • 특별법상 조합(재건축조합, 농업협동조합)	• 태아(㉣) • 읍·면·동 • 학교(㉡) • 「민법」상 조합

14 등기신청   정답 ②

② 「민법」상 조합은 등기명의인이 될 수 없으므로 근저당권설정등기의 등기의무자는 물론이고 채무자로도 등기할 수 없다.
④ 합유자의 지분은 등기기록에 기록되지 않으므로 합유자 중 1인을 채무자로 하여 그 자의 지분을 목적으로 가압류등기를 할 수 없다.

15 법인 아닌 사단 정답 ①

대표자나 관리인이 있는 법인 아닌 사단이나 재단에 속하는 부동산의 등기에 관하여는 그 사단이나 재단을 등기권리자 또는 등기의무자로 한다(법 제26조 제1항).

16 법인 아닌 사단이나 재단 정답 ①

「민법」제276조 제1항의 결의(사원총회결의)가 있음을 증명하는 정보는 법인 아닌 사단이 등기의무자로 신청하는 경우에만 제공하고 등기권리자로 신청하는 경우에는 제공하지 않는다.

17 공동신청 정답 ①

㉠ 혼동에 의하여 권리가 소멸한 경우로 성질상 단독신청에 해당한다.
㉡ 변제로 인한 피담보채권의 소멸에 의한 저당권설정등기의 말소등기는 저당권설정자가 등기권리자가 되고 저당권자가 등기의무자가 되어 공동으로 신청한다.
㉢ 소유권보존등기나 소유권보존등기의 말소등기는 성질상 단독신청에 해당한다(법 제23조 제2항).
㉣ 확정판결에 의한 소유권이전등기의 말소등기는 단독신청에 해당한다(법 제23조 제4항).

18 등기권리자와 등기의무자 정답 ④

근저당권에 관한 등기의 등기권리자와 등기의무자를 정리하면 다음과 같다.

등기의 종류		등기원인	등기권리자	등기의무자
근저당권에 관한 등기	설정등기	설정계약	근저당권자	근저당권설정자
	말소등기	해지	근저당권설정자	근저당권자
	증액변경등기	변경계약	근저당권자	근저당권설정자
	감액변경등기	변경계약	근저당권설정자	근저당권자

19 등기권리자와 등기의무자 정답 ⑤

해당 판결서를 첨부하여 甲이 乙을 대위하여 丙 명의의 소유권이전등기를 말소하는 경우, 등기기록에서 乙 명의로 소유권이 회복되므로 절차법상의 등기권리자는 乙이다.

20 절차법상 등기권리자와 등기의무자 정답 ④

㉠ 채무자 甲에서 乙로 소유권이전등기가 이루어졌으나 甲의 채권자 丙이 등기원인이 사해행위임을 이유로 그 소유권이전등기의 말소판결을 받은 경우, 丙은 甲을 대위하여 乙 명의의 소유권이전등기의 말소등기를 신청할 수 있는데, 이 경우 절차법상 등기권리자는 甲이다.
㉡ 부동산이 甲 ⇨ 乙 ⇨ 丙 순으로 매도되었으나 등기명의가 甲에게 남아 있어 丙이 乙을 대위하여 소유권이전등기를 신청하는 경우, 乙 명의의 소유권이전등기를 하는 것이므로 절차법상 등기권리자는 乙이 된다.
㉢ 甲 소유로 등기된 토지에 설정된 乙 명의의 전세권을 丙에게 이전하는 등기를 신청하는 경우, 丙이 등기권리자가 되고 乙이 등기의무자가 되어 공동으로 전세권이전등기를 신청한다.

21 적법한 등기신청 정답 ⑤

②③ 자기계약과 쌍방대리 방식으로 등기를 신청하는 것도 허용된다.
④ 저당권설정자인 물상보증인이 등기의무자가 되고 저당권자(채권자)가 등기권리자가 되어 공동으로 저당권설정등기를 신청한다.
⑤ 미등기건물에 대하여 처분행위가 있는 경우 최초의 소유자 甲 명의로 소유권보존등기를 한 후 매수인 명의로 소유권이전등기를 하여야 한다.

22 판결에 의한 등기 정답 ④

승소한 등기권리자가 그 판결에 의하여 등기를 신청하지 않는 경우, 패소한 등기의무자는 그 판결에 기하여 직접 등기권리자 명의의 등기신청을 하거나 승소한 등기권리자를 대위하여 등기신청을 할 수 없다. 다만, 공유물분할판결이 확정되면 공유자는 각자의 취득 부분에 대하여 소유권을 취득하게 되는데 그 소송당사자는 원고·피고, 승소·패소 여부에 관계없이 그 확정판결을 첨부하여 등기권리자 또는 등기의무자가 단독으로 공유물분할을 원인으로 한 지분이전등기를 신청할 수 있다.

23 판결에 의한 등기 정답 ③

㉡ 판결이 확정되어야 등기를 신청할 수 있으므로 확정되지 아니한 가집행선고에 의하여 등기를 신청할 수는 없다.

24 판결에 의한 등기   정답 ③

③ 확정판결에 의하여 등기의 말소를 신청하는 경우, 그 말소되는 등기에 대하여 등기상 이해관계인이 있는 경우, 그 자의 승낙서 등을 첨부하여야 한다. 판결은 패소한 자의 의사표시를 강제하는 것이므로 이해관계인의 승낙은 별도로 필요하기 때문이다.
④ 공증인 작성의 공정증서는 설령 부동산에 관한 등기신청의무를 이행하기로 하는 조항이 기재되어 있더라도 등기권리자는 이 공정증서에 의하여 단독으로 등기를 신청할 수 없다. 등기신청에 있어 공정증서는 집행권원이 되지 않기 때문이다.

25 단독신청   정답 ⑤

㉠ 수용으로 인한 소유권이전등기는 사업시행자가 단독으로 등기를 신청할 수 있다(법 제99조 제1항).
㉡ 분할로 인한 부동산의 표시변경등기는 소유권의 등기명의인이 단독으로 신청한다(법 제23조 제5항).
㉢ 법인의 합병으로 인한 소유권이전등기는 합병 후 법인이 단독으로 신청한다(법 제23조 제3항).
㉣ 전세권자의 소재불명으로 제권판결을 받은 후에 행하는 전세권말소등기는 등기권리자가 단독으로 신청할 수 있다(법 제56조 제2항).

26 등기신청   정답 ⑤

① 말소등기 시 말소할 등기를 목적으로 하는 제3자의 승낙이 있을 경우 이해관계 있는 제3자 명의의 등기는 등기관이 직권으로 말소한다(법 제57조).
② 수용으로 인한 소유권이전등기를 하는 경우, 등기관은 그 목적물에 설정되어 있는 근저당권설정등기를 직권으로 말소하여야 한다(법 제99조 제4항 본문).
③ 가등기권리자는 가등기의무자의 승낙을 받아 단독으로 가등기를 신청할 수 있다(법 제89조).
④ 등기명의인의 표시변경등기는 등기명의인이 단독으로 신청한다(법 제23조 제6항).
⑤ 법 제55조

27 포괄승계인에 의한 등기신청   정답 ②

매매의 법률행위가 성립한 후에 매도인이 사망한 경우 상속을 원인으로 한 소유권이전등기를 하지 아니하고 피상속인으로부터 매수인 앞으로 직접 소유권이전등기를 할 수 있다(대판 1995.2.28, 94다23999).

28 상속인에 의한 등기신청   정답 ②

㉠ 甲이 등기의무자가 아니라 **甲의 상속인**이 등기의무자가 된다.
㉢ 상속인에 의한 등기신청의 경우 등기원인은 상속이 아니라 사망 전에 체결한 매매계약이고, 등기원인일자는 매매계약일이 된다.

이론＋ 상속인에 의한 등기신청

구분	상속인에 의한 등기
등기원인	피상속인과 제3자의 매매 등의 원인행위
등기신청	상속인과 제3자의 공동신청
등기필정보	필요(피상속인)

29 채권자대위신청   정답 ④

① 채권자의 채권자는 채권자의 대위권을 다시 대위하여 등기를 신청할 수 있다.
② 채권자대위권에 의한 등기신청의 경우, 대위채권자는 채무자의 등기신청권을 채무자의 이름으로 행사하는 것이 아니라 **채권자 이름으로 행사**한다.
③ 신청정보에 대위원인을 기록하고 대위원인을 증명하는 정보를 첨부하여야 한다.
⑤ 채권자의 대위신청에 의하여 등기관이 등기를 완료한 때에는 등기필정보를 작성하지 않지만, 피대위자와 대위채권자에게 등기완료사실을 통지하여야 한다.

30 채권자대위신청   정답 ①

㉡ 채권자대위등기신청에서는 **대위채권자 甲이 신청인**이 되어 채무자(= 등기권리자) 乙 명의의 등기를 신청한다.
㉢ 채권자대위신청의 경우 신청정보로 대위자의 성명(명칭), 주소, 대위원인을 제공하여야 하고, 그 대위원인을 증명하기 위한 정보를 첨부정보로 제공하여야 한다.
㉣ 채권자대위신청으로 등기를 마친 후 등기명의인을 위한 **등기필정보를 작성하지 않는다**(규칙 제109조 제2항 제4호). 반면, 등기를 신청한 대위채권자 및 등기권리자인 채무자에게 **등기완료의 사실을 통지**하여야 한다(규칙 제53조).

31 대위신청 정답 ②

① 수익자 또는 위탁자는 수탁자를 대위하여 신탁의 등기를 신청할 수 있다(법 제82조 제2항).
③ 건물이 멸실된 경우에 건물의 소유자가 1개월 이내에 멸실등기를 신청하지 아니한 때에는 그 건물대지의 소유자가 건물소유권의 등기명의인을 대위하여 멸실등기를 신청할 수 있다(법 제43조 제2항).
④ 채권자대위신청에 있어서 채권자는 등기청구권과 같은 특정 채권자나 금전 채권자를 불문하고 채무자를 대위하여 등기를 신청할 수 있다.
⑤ 1동의 건물에 속하는 구분건물 중 일부만에 관하여 소유권보존등기를 신청하는 경우 구분건물의 소유자는 1동에 속하는 다른 구분건물의 소유자를 대위하여 그 건물의 표시에 관한 등기를 신청할 수 있다(법 제46조 제2항).

32 대리인에 의한 등기신청 정답 ①

전자표준양식(e-Form)에 의한 등기신청은 방문신청의 일종이므로 임의대리인의 자격에 관하여는 특별한 제한이 없다. 즉, 자격자대리인(변호사 또는 법무사)이 아니라도 등기신청의 대리인이 될 수 있다.

33 전자신청 정답 ④

① 전자증명서를 발급받은 법인은 전자신청을 할 수 있지만, 법인 아닌 사단이나 재단은 전자신청을 할 수 없다(등기예규 제1836호).
② 전자신청을 위한 사용자등록은 전국 어느 등기소에서나 신청할 수 있다.
③ 사용자등록을 한 법무사에게 전자신청을 위임한 경우 당사자는 사용자등록을 할 필요가 없다.
⑤ 등기관이 등기를 완료한 때에는 전산정보처리조직에 의하여 등기필정보의 송신 및 등기완료사실의 통지를 하여야 한다.

34 전자신청 정답 ⑤

전자신청의 취하는 전산정보처리조직을 이용해서 하여야 하므로 전자신청과 동일한 방법으로 사용자인증을 받아야 한다(등기예규 제1836호).

35 전자신청 정답 ①

전자신청을 위한 사용자등록의 유효기간은 3년으로 한다. 다만, 자격자대리인 외의 자의 경우에는 그 기간을 단축할 수 있다(규칙 제69조 제1항).

36 신청정보의 작성 및 제공 정답 ④

① 신청인이 다수인 경우에 신청서를 정정할 때에는 신청인 전원이 정정인을 날인하여야 한다(등기예규 제585호). 같은 등기소에 동시에 여러 건의 등기신청을 하는 경우에 첨부정보의 내용이 같은 것이 있을 때에는 먼저 접수되는 신청에만 그 첨부정보를 제공하고, 다른 신청에는 먼저 접수된 신청에 그 첨부정보를 제공하였다는 뜻을 신청정보의 내용으로 등기소에 제공하는 것으로 그 첨부정보의 제공을 갈음할 수 있다(규칙 제47조 제2항).
④ 방문신청을 하는 경우에 신청서가 여러 장일 때에는 신청인 또는 그 대리인이 간인을 하여야 하고, 등기권리자 또는 등기의무자가 여러 명일 때에는 그중 1명이 간인하는 방법으로 한다(규칙 제56조 제2항).

37 일괄신청 정답 ⑤

등기목적과 등기원인이 동일하거나 그 밖에 대법원규칙으로 정하는 경우(㉠)에는 여러 개의 부동산에 관한 신청정보를 일괄하여 제공하는 방법으로 할 수 있다(법 제25조 단서). 즉, 등기목적과 등기원인이 동일한 경우와 대법원규칙이 정하는 경우에 일괄신청을 할 수 있다. ㉡㉢㉣은 대법원규칙이 정하는 경우에 해당한다(규칙 제47조 제1항).

38 신청정보의 내용 정답 ③

① 규칙 제43조 제1항 제7호
② 규칙 제43조 제1항 제1호
③ 토지의 표시에 관한 사항으로 소재, 지번, 지목, 면적을 제공하여야 하지만, 표시번호는 토지의 표시에 해당하지 않는다(규칙 제43조 제1항 제1호).
④ 신청인이 법인인 경우에 그 대표자의 성명과 주소는 제공하지만, 주민등록번호는 제공하지 않는다(규칙 제43조 제1항 제3호).
⑤ 대리인에 의하여 등기를 신청하는 경우에 그 대리인의 성명과 주소는 제공하지만, 주민등록번호는 제공하지 않는다(규칙 제43조 제1항 제4호).

39 신청정보의 제공사항 정답 ①

등기원인에 임의적 제공사항에 해당하는 내용이 기록되어 있으면 이를 신청정보로 제공하여야 한다. 임의적 사항이라도 법령에 근거규정이 있어야 이를 제공할 수 있다.

40 신청정보의 제공사항   정답 ②

전세권설정등기를 비롯한 모든 등기에서 '기간'은 임의적 제공사항에 해당한다.

이론+ 필요적 제공사항

일반적인 필요적 제공사항	• 부동산의 표시(소재, 지번, 지목, 면적, 구조, 종류 등) • 등기원인 및 그 연월일 • 등기의 목적 • 신청인의 표시 • 관할 등기소의 표시 등
권리별 필요적 제공사항	• 지상권설정: 지상권설정의 목적, 범위 • 지역권설정: 지역권설정의 목적, 범위, 요역지 • 전세권설정: 전세금, 범위 • 저당권설정: 채권액, 채무자 • 임차권설정: 차임, 범위

41 등기필정보의 제공   정답 ③

③ 등기필정보는 공동신청 또는 승소한 등기의무자의 단독신청에 의하여 권리에 관한 등기를 신청하는 경우 제공하므로 등기절차의 인수를 명하는 판결에 따라 승소한 등기의무자가 단독으로 등기를 신청하는 경우, 등기필정보를 제공하여야 한다.
⑤ 유증을 원인으로 하는 소유권이전등기는 수증자를 등기권리자로 하고 상속인이나 유언집행자를 등기의무자로 하여 공동신청하므로 등기필정보를 제공하여야 한다(등기예규 제1512호).

42 등기필정부의 제공   정답 ④

등기필정보의 제공 여부는 다음과 같다.

제공하는 경우		공동신청 또는 승소한 등기의무자가 단독신청하는 경우 등기의무자가 제공
제공하지 않는 경우	단독 신청	• 소유권보존등기(㉠) • 상속등기 • 멸실등기 • 부동산의 표시변경등기(㉢) • 등기명의인의 표시변경등기
	판결	승소한 등기권리자의 판결에 의한 등기 – 제공(×)
		승소한 등기의무자의 판결에 의한 등기 – 제공(○)
	관공서 촉탁	경매·공매·토지수용으로 인한 등기

43 등기필정보의 멸실   정답 ②

등기의무자 또는 그 법정대리인이 신청서 중 등기의무자의 작성부분에 **공증**을 받아 그 부본 1통을 제공하면 된다. 확정일자는「주택임대차보호법」상 임차인이 우선변제권을 갖추기 위한 요건이다.

44 검인   정답 ③

㉠㉣ **법률의 규정**(경매, 진정명의회복, 수용 등)인 경우는 검인의 대상이 아니다.
㉡㉢ **계약**을 원인으로 하여 **소유권이전등기**를 신청하는 때에는 계약의 종류를 불문하고 검인을 받아야 한다. 그 예로는 매매·교환·증여계약서뿐만 아니라 공유물분할협의서, 신탁해지약정서, 명의신탁해지약정서, 양도담보계약서 등이 있다.

45 농지취득자격증명   정답 ③

농지취득자격증명의 제공 여부는 다음과 같다(등기예규 제1635호).

제공하는 경우	제공하지 않는 경우
• 매매, 증여, 교환,「신탁법」상 신탁 또는 신탁해지 등을 원인으로 하여 소유권이전등기를 신청하는 경우(③) • 국가나 지방자치단체로부터 농지를 매수하여 소유권이전등기를 신청하는 경우	• 법률의 규정(상속, 수용, 취득시효완성, 진정명의회복 등)을 원인으로 소유권이전등기를 신청하는 경우(①④⑤) • 공유물분할을 원인으로 소유권이전등기를 신청하는 경우(②) • 국가나 지방자치단체가 농지를 취득하여 소유권이전등기를 신청하는 경우 • 토지거래허가구역 내에서 토지거래계약허가를 받은 경우 • 소유권이전청구권보전가등기를 신청하는 경우

46 주소증명정보   정답 ②

새로 등기명의인이 되는 등기권리자는 권리의 종류를 불문하고 주소 또는 사무소 소재를 증명하는 정보를 제공하여야 한다. 새로운 등기명의인이 없는 멸실등기, 부동산의 표시변경등기, 등기명의인의 표시변경등기 등은 주소증명정보를 첨부정보로 제공할 필요가 없다.

47 주소증명정보　　　　　　　　　　　　　　　　정답 ④

㉠㉢ **등기권리자**(새로 등기명의인이 되는 경우로 한정한다)의 주소(또는 사무소 소재지)를 증명하는 정보를 제공하는 것이 원칙이다. 다만, **소유권이전등기**를 신청하는 경우 또는 신청정보의 등기의무자의 표시에 관한 사항 중 **주민등록번호는 등기기록과 일치하고 주소가 일치하지 아니하여 등기의무자의 동일성 확인이 필요한 경우**에는 등기의무자의 주소(또는 사무소 소재지)를 증명하는 정보도 제공하여야 한다(규칙 제46조 제1항 제6호).

㉡ 소유권말소등기를 신청하는 경우는 새로운 등기명의인이 발생하지 않으므로 등기권리자나 등기의무자의 주소증명정보를 제공하지 않는다.

48 부동산등기용 등록번호　　　　　　　　　　　정답 ③

부동산등기용 등록번호의 부여기관은 다음과 같다(법 제49조).

주민등록번호가 없는 재외국민	대법원 소재지 관할 등기소의 등기관이 부여
법인(외국법인을 포함한다)	주된 사무소(회사의 경우에는 본점, 외국법인의 경우에는 국내에 최초로 설치 등기를 한 영업소나 사무소를 말한다) 소재지 관할 등기소의 등기관이 부여
법인 아닌 사단·재단	시장·군수·구청장이 부여
국내에 영업소(사무소)의 설치등기를 하지 아니한 외국법인	시장·군수·구청장이 부여
외국인	체류지(국내에 체류지가 없는 경우에는 대법원 소재지에 체류지가 있는 것으로 본다)를 관할하는 지방출입국·외국인관서의 장이 부여

49 대장정보　　　　　　　　　　　　　　　　정답 ①

토지의 일부에 전세권설정등기를 신청하는 경우, 그 부분을 표시한 지적도를 첨부정보로 등기소에 제공하여야 한다(규칙 제128조 제2항). 대장정보는 부동산의 표시를 증명하기 위한 것이므로 소유권보존등기, 소유권이전등기, 부동산의 표시변경등기, 멸실등기 등을 신청하는 경우 이를 제공한다.

50 도면 및 지적도 정답 ①

토지의 소유권보존등기를 신청하는 경우에는 지적도의 제공을 요하지 않는다.

이론+ 건물의 도면 및 지적도의 제공

1. 건물의 도면을 제공하는 경우
    - 대지 위에 여러 개의 건물이 있는 경우의 건물소유권보존등기를 신청할 때
    - 구분건물에 대한 소유권보존등기를 신청할 때
    - 건물 일부에 전세권이나 임차권의 등기가 있는 경우에 그 건물의 분할이나 구분의 등기를 신청할 때
    - 건물 일부에 대한 전세권·임차권설정등기를 신청할 때
2. 지적도를 제공하는 경우
    - 1필의 토지의 일부에 지상권·전세권·임차권이나 승역지의 일부에 관하여 하는 지역권의 등기가 있는 경우에 분필등기를 신청할 때
    - 토지의 일부에 대한 지상권·지역권·전세권·임차권설정등기를 신청할 때

51 등기신청의 접수 정답 ⑤

등기관은 접수번호의 순서에 따라 등기를 하여야 한다(법 제11조 제3항). 다만, **집단사건**이나 **법률적 판단이 어려운 사건**의 경우에는 이들 사건보다 나중에 접수된 사건을 먼저 처리할 수 있다(등기예규 제1839호).

52 동시신청 정답 ③

소유권이전등기 시 첨부하는 주소증명정보에 의하여 등기명의인의 주소가 변경된 사실이 증명되는 경우에 등기명의인의 주소변경등기는 등기관이 직권으로 행한다.

53 사건이 등기할 것이 아닌 경우 정답 ③

㉠ 가등기상의 권리는 처분이 가능하므로 이에 대한 처분을 금지하는 가처분등기는 허용된다.
㉡ 법 제29조 제2호의 '사건이 등기할 것이 아닌 경우'에 해당하는 것으로 각하사유이다.
㉢ 가처분등기가 있더라도 처분이 금지되는 것이 아니므로 가처분등기에 반하여 소유권이전등기를 신청하더라도 이를 수리하여야 한다.
㉣ 「하천법」상의 하천에 대하여 지상권·지역권·전세권 또는 임차권에 대한 설정, 이전 또는 변경의 등기는 허용되지 않으므로 법 제29조 제2호 각하사유에 해당한다.

54 사건이 등기할 것이 아닌 경우 정답 ⑤

① 지역권은 요역지와 분리하여 양도하거나 다른 권리의 목적으로 하지 못하므로(민법 제292조 제2항) 이를 위반한 등기신청은 각하된다.
④ 합유자의 지분에 대한 가압류등기는 허용되지 않는다.
⑤ 위조한 첨부정보를 제공하는 것은 '등기에 필요한 첨부정보를 제공하지 아니한 경우(법 제29조 제9호)'에 해당하여 각하된다.

55 사건이 등기할 것이 아닌 경우 정답 ①

㉠ 주택에 대하여 전세권설정등기가 마쳐진 후 동일인(= 전세권자)을 권리자로 하는 주택임차권등기명령에 따른 주택임차권등기를 실행할 이익이 있기 때문에 각하사유에 해당하지 않는다. 즉, 전세권설정등기는 매각절차에서 전세금의 일부만 우선변제받은 경우에도 집행법원의 말소촉탁의 대상이 되지만, 주택임차권등기는 대항력이 있어서 보증금의 일부만 반환받은 경우에는 매수인(= 경락인)에게 반환받지 못한 보증금반환을 청구할 수 있기 때문이다.
㉡ 가등기는 청구권을 보전하기 위한 임시적인 등기인데, 소유권보존등기는 청구권이 없으므로 가등기의 대상이 될 수 없다.
㉢ 공유지분을 목적으로 전세권을 비롯한 용익권을 설정할 수 없다.
㉣ 유치권은 등기의 대상이 될 수 없는 권리이다.

56 각하사유 정답 ②

㉠ 공매처분으로 인한 권리이전등기는 반드시 관공서의 촉탁이 필요한 등기이므로 매수인이 이를 신청한 경우 등기신청은 각하된다.
㉡ 전세권의 양도금지특약은 「민법」상 허용되는 것으로 등기할 수 있는 사항이다.
㉢ 환매특약등기는 소유권이전등기와 동시에 신청하여야 하므로 이를 위반하여 소유권이전등기와 별도로 신청하면 그 등기신청은 각하된다.
㉣ 소유권이전등기의무자의 등기기록상 주소가 신청정보의 주소로 변경된 사실이 명백한 때에는, 등기관이 직권으로 변경된 주소로 등기명의인의 표시변경등기를 하고 소유권이전등기를 실행한다(규칙 제122조).

57 각하사유 정답 ③

① 법 제29조 제4호 위반으로 각하된다.
② 법 제29조 제5호 위반으로 각하된다.
③ 소유권 외의 권리가 등기되어 있는 건물에 대한 멸실등기의 신청이 있는 경우에 등기관은 그 권리의 등기명의인에게 1개월 이내의 기간을 정하여 그 기간까지 이의를 진술하지 아니하면 멸실등기를 한다는 뜻을 알려야 한다.

다만, 건축물대장에 건물멸실의 뜻이 기록되어 있거나 소유권 외의 권리의 등기명의인이 멸실등기에 동의한 경우에는 그러하지 아니하다(법 제45조 제1항). 즉, 소유권 외의 권리가 등기되어 있는 일반건물에 대해 멸실등기를 신청한 경우, 등기관은 일정한 절차를 거치면 멸실등기 신청을 수리하여야 한다.
④ 법 제29조 제6호 위반으로 각하된다.
⑤ 법 제29조 제3호 위반으로 각하된다.

58 사건이 등기할 것에 해당하는 경우   정답 ②

㉠ 대지권이 등기된 구분건물의 등기기록에는 건물만에 관한 소유권이전등기를 신청한 경우는 '구분건물의 전유부분과 대지사용권의 **분리처분금지에 위반**한 등기를 신청한 경우'에 해당하여 법 제29조 제2호 위반으로 각하된다.
㉡ 소유권의 일부인 지분에 대하여 근저당권을 설정할 수 있다.
㉢ 법원의 매각처분으로 인한 소유권이전등기는 **반드시 법원의 촉탁**으로 실행하는 등기이므로 매수인이 이를 신청한 경우 법 제29조 제2호 위반으로 각하된다.
㉣ 법 제29조 제2호 위반으로 각하된다.

59 직권말소   정답 ①

① **위조된 인감증명**에 의하더라도 **실체관계와 부합하면 유효**한 등기이므로 직권말소의 대상이 아니다(법 제29조 제9호 위반).
②③④⑤ 법 제29조 제2호 '사건이 등기할 것이 아닌 경우'에 해당하여 직권말소의 대상이다.

60 직권말소   정답 ⑤

①④ 법 제29조 제9호 위반의 등기로서 유효하므로 말소의 대상이 될 수 없다.
② 법 제29조 제3호 위반의 등기로서 유효하므로 말소의 대상이 될 수 없다.
③ 처분금지가처분등기 이후에 마쳐진 소유권이전등기는 가처분채권자가 본안소송에서 승소한 경우 가처분채권자의 단독신청으로 말소할 수 있다.
⑤ 법 제29조 제2호 위반의 등기이므로 등기관이 직권으로 말소할 수 있다.

61 등기관의 조치   정답 ⑤

등기관이 **등기를 마친 경우** 그 등기는 **접수한 때부터** 효력을 발생한다(법 제6조 제2항).

62 등기신청의 취하   정답 ⑤

전자신청의 방법으로 등기를 신청한 경우에는 전산정보처리조직을 이용하여 취하정보를 전자문서로 등기소에 송신하는 방법으로 등기신청을 취하한다(규칙 제51조 제2항 제2호).

63 등기부부본자료   정답 ②

- 등기부의 전부 또는 일부가 손상된 경우에 그 등기부를 복구하기 위하여 등기관이 등기를 마쳤을 때에는 '**등기부부본자료**'를 작성하여야 한다(법 제16조).
- '등기부부본자료(登記簿副本資料)'란 등기부와 동일한 내용으로 보조기억장치에 기록된 자료를 말한다(법 제2조 제2호).

64 등기필정보   정답 ①

㉠ 등기필정보는 아라비아숫자와 그 밖의 부호의 조합으로 이루어진 **일련번호와 비밀번호**로 구성한다(규칙 제106조 제1항).
㉡ 등기필정보의 통지받아야 할 등기권리자가 그 통지를 원하지 않는다는 내용의 신고를 한 경우에는 등기필정보를 통지하지 않는다(법 제50조 제1항 제1호).
㉢ 법정대리인이 등기를 신청한 경우에는 그 **법정대리인**에게 등기필정보를 통지한다(규칙 제108조 제2항).
㉣ **관공서가 등기를 촉탁**하는 경우는 등기필정보를 작성하지 아니한다. 다만, 관공서가 **등기권리자를 위하여 등기를 촉탁**하는 경우는 그러하지 아니하다(등기예규 제1840호).

65 등기필정보의 작성   정답 ④

등기관이 등기권리자의 신청에 의하여 다음 중 어느 하나의 등기를 하는 때에는 등기필정보를 작성하여야 한다. 그 이외의 등기를 하는 때에는 등기필정보를 작성하지 아니한다.

> 1. 「부동산등기법」 제2조 기타 법령에서 등기할 수 있는 권리로 규정하고 있는 권리를 **보존, 설정, 이전**하는 등기를 하는 경우
> 2. 위 1.의 권리의 설정 또는 이전청구권보전을 위한 **가등기**를 하는 경우
> 3. **권리자를 추가**하는 경정 또는 변경등기(甲 단독소유를 甲·乙 공유로 경정하는 경우나 합유자가 추가되는 합유명의인 표시변경등기 등)를 하는 경우

즉, 말소등기, 등기명의인의 표시변경·경정등기, 부동산의 표시변경·경정등기, 권리의 변경·경정등기 등의 등기를 마쳤을 때에는 등기필정보를 작성하지 아니한다(등기예규 제1716호).

66 등기필정보의 작성   정답 ③

- ①②④⑤ 새로운 권리자가 생기더라도 등기권리자가 신청하지 않는 등기는 등기필정보를 작성하지 않는다.
- ③ 甲 단독소유를 甲·乙 공유로 하는 경정등기를 마친 경우, 새로운 등기권리자 乙이 발생하므로 乙을 위한 등기필정보를 작성한다.

67 등기완료통지   정답 ④

행정구역 변경으로 인하여 등기관이 직권으로 주소변경등기를 하는 경우는 등기완료통지의 대상이 아니다.

이론 + 등기완료통지(규칙 제53조)

> 등기완료통지는 신청인 및 다음의 어느 하나에 해당하는 자에게 하여야 한다.
> 1. 승소한 등기의무자의 등기신청의 경우에는 등기권리자
> 2. 대위자의 등기신청에서 피대위자
> 3. 직권으로 한 소유권보존등기의 경우에는 소유권보존등기의 명의인
> 4. 등기필정보를 제공하여야 하는 등기신청에서 등기필정보를 제공하지 않고 확인제도나 확인서면을 제공한 등기신청에 있어서 등기의무자
> 5. 공유자 중 일부가 공유물의 보존행위로서 공유자 전원을 등기권리자로 하여 권리에 관한 등기를 신청한 경우 그 나머지 공유자
> 6. 관공서가 촉탁하는 등기에서 관공서

68 대장소관청에 통지하는 경우   정답 ③

등기관은 다음과 같은 소유권에 관한 등기를 마친 경우 지체 없이 그 사실을 대장소관청에게 알려야 한다. 단, 소유권이전가등기, 소유권에 대한 가압류나 가처분등기 등은 통지의 대상이 아니다(법 제62조).

> 1. 소유권의 보존 또는 이전
> 2. 소유권의 등기명의인표시의 변경 또는 경정
> 3. 소유권의 변경 또는 경정
> 4. 소유권의 말소 또는 말소회복

69 이의신청   정답 ①

- ⓒ 등기관의 결정 또는 처분 시에 주장되거나 제출되지 아니한 새로운 사실이나 새로운 증거방법을 근거로 이의신청을 할 수는 없다(법 제102조).
- ⓔ 등기관은 이의가 '이유 없다'고 인정하면 이의신청일로부터 3일 이내에 의견을 붙여 이의신청서 또는 이의신청정보를 관할 지방법원에 보내야 한다(법 제103조 제2항).

70 이의신청   정답 ④

등기관의 처분에 대한 당부의 판단은 처분 시를 기준으로 하므로 처분 후의 새로운 사실이나 새로운 증거방법을 이의신청의 이유로 삼을 수 없다(법 제102조).

71 이의신청 대상   정답 ④

㉠㉢㉣ 등기관이 등기신청을 각하한 경우 그 사유에 관계없이 이의신청을 할 수 있으나(㉣), 등기를 실행한 경우에는 그것이 법 제29조 제1호나 제2호에 위반된 경우(㉠㉢)에만 이의신청을 할 수 있다.
㉡ 법 제29조 제5호 위반으로 실행된 등기는 절차적 하자가 있더라도 실체관계와 부합하면 유효하므로 이의신청이 대상이 되지 않는다.

72 이의신청   정답 ④

① 관할 지방법원은 이의신청에 대하여 결정하기 전에 등기관에게 가등기 또는 이의가 있다는 뜻의 부기등기를 명할 수 있다(법 제106조).
② 상속인이 아닌 자는 상속등기에 있어서 이해관계인이 아니므로 상속등기가 위법하다 하여 이의신청을 할 수 없다.
③ 등기를 실행한 처분에 대하여 등기상 이해관계 있는 제3자는 그 처분에 대하여 이의신청을 할 수 있다.
⑤ 등기신청의 각하결정에 대하여 등기신청인인 등기권리자 및 등기의무자에 한하여 이의신청을 할 수 있고, 제3자는 이의신청을 할 수 없다.

73 법원의 기록명령   정답 ③

소유권이전등기의 기록명령이 있은 후 그 기록명령에 따른 등기 전에 제3자 명의로 전세권등기가 되어 있는 경우라도 소유권이전등기를 기록할 수 있다.

이론+ 기록명령에 따른 등기를 할 수 없는 경우(규칙 제161조 제1항)

> 등기신청의 각하결정에 대한 이의신청에 따라 관할 지방법원이 그 등기의 기록명령을 하였더라도 다음의 어느 하나에 해당하는 경우에는 그 기록명령에 따른 등기를 할 수 없다.
> 1. 권리이전등기의 기록명령이 있었으나, 그 기록명령에 따른 등기 전에 제3자 명의로 권리이전등기가 되어 있는 경우
> 2. 지상권, 지역권, 전세권 또는 임차권의 설정등기의 기록명령이 있었으나, 그 기록명령에 따른 등기 전에 동일한 부분에 지상권, 전세권 또는 임차권의 설정등기가 되어 있는 경우
> 3. 말소등기의 기록명령이 있었으나 그 기록명령에 따른 등기 전에 등기상 이해관계인이 발생한 경우
> 4. 등기관이 기록명령에 따른 등기를 하기 위하여 신청인에게 첨부정보를 다시 등기소에 제공할 것을 명령하였으나 신청인이 이에 응하지 아니한 경우

CHAPTER 04 각종 권리의 등기절차

01	③	02	④	03	②	04	①	05	①
06	①	07	④	08	①	09	④	10	⑤
11	④	12	③	13	⑤	14	⑤	15	②
16	②	17	⑤	18	④	19	①	20	③
21	②	22	③	23	⑤	24	④	25	①
26	②	27	①	28	②	29	③	30	②
31	②	32	②	33	⑤	34	③	35	④
36	④	37	②	38	⑤	39	③	40	④
41	③	42	①	43	④	44	①	45	④
46	④	47	③	48	②	49	①		

01 소유권보존등기   정답 ③

① 부동산의 일부나 소유권의 일부인 지분에 대한 소유권보존등기는 허용되지 않으므로 공유자 중 1인은 자신의 지분만에 대하여 보존등기를 신청할 수 없다.
② 대장상 피상속인이 최초의 소유자로 등록된 경우, 피상속인 명의로 보존등기를 할 필요 없이 직접 상속인 명의로 보존등기를 신청하여야 한다.
④ 특정유증을 받은 자는 포괄승계인이 아니므로 미등기부동산의 대장상 최초의 소유자로 등록된 자로부터 특정유증을 받은 수증자는 직접 자기 명의로 소유권보존등기를 신청할 수 없다.
⑤ '국'으로부터 이전등록을 받은 토지소유자는 직접 자기 명의로 소유권보존등기를 신청할 수 있다.

02 보존등기신청인   정답 ④

대장상 최초의 소유자로 등록되어 있음을 증명하는 자가 보존등기를 신청할 수 있으므로 대장상 이전등록을 받은 자는 직접 자기 명의로 보존등기를 신청할 수 없고, 최초의 소유자 명의로 보존등기를 한 후 자기 명의로 이전등기를 하여야 한다.

03 확정판결에 의한 소유권보존등기   정답 ②

확정판결에 의하여 자기의 소유권을 증명하는 자는 소유권보존등기를 신청할 수 있는데, 소송의 상대방(피고)을 정리하면 다음과 같다(등기예규 제1483호).

> 1. 원칙은 대장상 최초의 소유자로 등록된 자를 피고로 한다.
> 2. 토지(임야)대장상 소유자표시란이 공란으로 되어 있거나 소유자표시에 일부 누락이 있어 소유자를 특정할 수 없는 경우에는 국가를 피고로 하여야 한다.
> 3. 건축물대장상 소유자표시란이 공란으로 되어 있거나 소유자표시에 일부 누락이 있어 소유자를 특정할 수 없는 경우에는 건축물대장 작성권자인 지방자치단체를 피고로 하여야 한다. 건물에 대하여 국가를 상대로 한 소유권확인판결은 판결로서 효력이 없다.

04 소유권보존등기   정답 ①

② 미등기부동산이 전전양도되어 최후의 양수인명의로 소유권보존등기를 한 때에도 결과적으로 그 등기가 실질적 법률관계에 부합된다면, 특별한 사정이 없는 한 그 등기는 무효라고 볼 수 없다.
③ 미등기부동산이 수용의 대상이 된 경우, 사업시행자 명의로 소유권보존등기를 신청할 수 있다.
④ 소유권보존등기를 신청하는 경우, 신청정보에 등기원인과 그 연월일을 제공하지 않는다.
⑤ 포괄유증을 받은 자는 포괄승계인에 해당하는 자로서, 토지대장상 최초의 소유자로부터 그 토지를 포괄유증받은 자는 직접 자기 명의로 소유권보존등기를 신청할 수 있다.

05 직권소유권보존등기   정답 ①

미등기부동산에 대하여 법원의 처분제한등기(가압류, 가처분, 강제경매)의 촉탁이 있거나 임차권등기명령에 의한 주택임차권등기의 촉탁이 있는 경우, 등기관은 직권으로 보존등기를 하고 촉탁된 등기를 실행한다. 이 경우 반드시 법원의 촉탁이 있을 것을 요하므로, 체납처분으로 인한 과세관청의 압류등기의 촉탁이 있는 경우에 등기관은 직권으로 보존등기를 할 수 없고 이를 각하하여야 한다.

06 소유권의 일부이전등기   정답 ①

소유권의 일부이전이란 단독소유를 공유로 하거나 또는 이미 성립하고 있는 공유물의 지분을 단순히 이전하는 것을 말한다. 이것은 부동산의 일부를 이전하는 것과 구별하여야 하는데, 부동산의 특정 일부에 대한 소유권이전등기는 허용되지 아니하므로 우선 분할하여 별도의 필지를 만든 후 소유권이전등기를 하여야 한다.

07 공유등기   정답 ④

① 토지에 대한 공유물분할약정으로 인한 소유권이전등기는 공유자가 공동으로 신청할 수 있다.
② 공유자 중 1인의 지분포기로 인한 소유권이전등기는 지분을 포기한 공유자를 등기의무자로 하고 다른 공유자를 등기권리자로 하여 공동으로 신청한다.
③ 등기된 공유물분할금지기간 약정을 갱신하는 경우, 이에 대한 변경등기는 공유자 전원이 공동으로 신청하여야 한다.
⑤ 미등기부동산의 공유자 중 1인은 전체 부동산에 대한 전원 명의의 소유권보존등기를 신청할 수 있다.

08 공유관계의 등기   정답 ①

㉠ 건물의 특정부분이 아닌 공유지분을 목적으로 하는 전세권설정등기는 허용되지 않는다.

09 합유등기   정답 ④

합유자 중 1인이 다른 합유자 전원의 동의를 얻어 합유지분을 처분하는 경우, 합유지분이전등기를 하는 것이 아니라 합유명의인 변경등기를 신청하여야 한다.

10 거래가액등기   정답 ⑤

소유권이전청구권가등기를 실행하는 경우에는 거래가액을 등기하지 않고, 가등기에 기한 본등기를 하는 경우에 거래가액을 '갑구의 권리자 및 기타사항란'에 등기한다(등기예규 제1804호).

11 상속등기   정답 ④

㉠ 상속등기는 반드시 상속인 전원 명의로 등기를 신청하여야 하므로 상속인 중 일부만의 상속등기 신청은 수리할 수 없고 각하하여야 한다.
㉡ 상속재산의 분할은 상속개시된 때에 소급하여 그 효력이 미치므로, 「민법」 제1013조 제2항 규정의 상속재산분할심판에 따른 소유권이전등기는 법정상속분에 따른 상속등기를 거치지 않고 막바로 할 수 있다(1997.9.29, 등기 3402-718 질의회답).
㉢ 상속을 원인으로 소유권이전등기를 신청하는 경우, 등기원인에는 '상속'을 기록하고, 등기원인일자에는 '상속개시일'을 기록한다.

12 상속등기   정답 ③

토지거래허가구역에 있는 토지에 대하여 **유상계약**을 원인으로 소유권·지상권의 이전등기 및 이전가등기, 지상권설정등기 및 설정가등기를 신청하는 경우 토지거래허가증정보를 첨부정보로 제공하므로 상속등기를 신청하는 경우에는 첨부정보로 토지거래허가증정보의 제공을 요하지 않는다.

13 유증으로 인한 소유권이전등기   정답 ⑤

유증으로 인한 소유권이전등기는 포괄유증이든 특정유증이든 모두 **상속등기를 거치지 않고** 유증자로부터 직접 수증자 명의로 등기를 신청하여야 한다. 그러나 유증으로 인한 소유권이전등기 전에 **상속등기가 이미 마쳐진 경우**에는 상속등기를 말소함이 없이 상속인으로부터 수증자에게로 유증을 원인으로 한 소유권이전등기를 신청할 수 있다(등기예규 제1512호).

14 유증으로 인한 소유권이전등기   정답 ⑤

① 유증에 조건이 붙은 경우에는 그 **조건이 성취된 날**을 등기원인일자로 기록한다.
② 포괄유증은 수증자 명의의 등기가 없어도 **유증의 효력이 발생하는 시점**(사망시)에 물권변동의 효력이 발생한다.
③ 유증으로 인한 소유권이전등기 신청이 상속인의 유류분을 침해하는 내용이라 하더라도 등기관은 이를 수리하여야 한다.
④ 미등기부동산이 특정유증된 경우, **상속인 명의의 소유권보존등기**를 거친 후 유증으로 인한 소유권이전등기를 신청하여야 한다.

15 수용으로 인한 소유권이전등기   정답 ②

ⓒ 수용으로 인한 소유권이전등기는 등기권리자인 사업시행자만으로 신청할 수 있다(법 제99조 제1항).
ⓔ 수용으로 인한 소유권이전등기를 신청하는 경우, **협의성립확인서나 재결서**를 등기원인정보로 제공하여야 한다.

16 수용으로 인한 등기 정답 ②

㉠ 수용으로 인한 소유권이전등기가 된 후 토지수용위원회의 재결이 실효된 경우, 그 소유권이전등기의 말소등기는 등기의무자와 등기권리자가 공동으로 신청한다.
㉢ 수용으로 인한 소유권이전등기의 신청 또는 촉탁에 의하여 소유권이전등기를 할 때에는 그 부동산의 등기기록 중 소유권, 소유권 외의 권리, 그 밖의 처분제한에 관한 등기가 있으면 그 등기를 등기관은 직권으로 말소하여야 한다. 다만, 그 부동산을 위하여 존재하는 지역권의 등기는 말소하지 아니한다(법 제99조 제4항).

17 수용으로 인한 소유권이전등기 정답 ⑤

수용의 개시일 이후에 마쳐진 소유권이전등기라도 그 등기가 수용의 개시일 이전에 발생한 상속을 원인으로 한 등기라면 직권말소의 대상이 아니다.

이론+ 토지수용으로 직권말소의 대상이 되는 등기

1. 수용의 개시일 이후에 마쳐진 소유권이전등기(단, 수용의 개시일 이후에 마쳐진 소유권이전등기라도 그 등기가 수용의 개시일 이전에 발생한 상속을 원인으로 한 등기라면 직권말소의 대상이 아니다)
2. 소유권 외의 권리 및 그 밖의 처분제한등기 등(다만, 그 부동산을 위하여 존재하는 지역권등기와 토지수용위원회의 재결로써 존속이 인정된 권리는 직권말소의 대상이 아니다)

18 진정명의회복 정답 ④

'진정명의회복을 원인으로 한 소유권이전등기'란 등기원인의 무효 등으로 등기기록에 기록된 등기명의인이 무권리자인 경우에 진정한 소유자가 무권리자 명의의 등기를 말소하지 않고 자기 명의로 소유권이전등기하는 것을 말한다. 여기서 진정한 소유자란 이미 자기 앞으로 소유권을 표상하는 등기가 되어 있던 자 또는 지적공부상 소유자로 등록되어 있던 자로서 소유권보존등기를 신청할 수 있는 자를 의미한다. 특정유증을 받은 자로서 소유권등기를 이전받지 않은 자는 해당 부동산에 대하여 아직 소유권을 취득한 것이 아니므로 진정명의회복을 원인으로 소유권이전등기를 신청할 수 없다.

19 진정명의회복 정답 ①

진정명의회복등기를 신청하는 경우에 신청정보에 등기의 목적은 '소유권이전'으로, 등기원인은 '진정명의회복'으로 기록하지만, 등기원인일자는 기록하지 않는다(등기예규 1631호). 판결을 받아 단독신청하는 경우에도 등기원인일자는 기록하지 않는다.

20 환매특약등기 정답 ③

환매특약등기의 경우 매도인이 아닌 제3자를 등기권리자로 하는 환매특약등기를 할 수 없다(1997.7.22, 등기선례 제5-402호).

21 환매특약등기 정답 ②

환매특약의 등기를 할 때에는 매수인이 지급한 **대금과 매매비용**을 반드시 기록하여야 하지만, **환매기간**은 등기원인에 그 사항이 정하여져 있는 경우에만 기록한다(법 제53조). 한편, 채권최고액 및 이자지급시기는 환매특약등기의 등기사항이 아니다.

22 신탁등기 정답 ③

① 신탁등기의 신청은 해당 신탁으로 인한 권리의 이전 또는 보존이나 설정등기의 신청과 함께 **1건의 신청정보로 일괄**하여 하여야 한다(규칙 제139조 제1항).
② 신탁재산에 속하는 부동산의 신탁등기는 **수탁자가 단독으로 신청**한다(법 제23조 제7항).
④ **수익자나 위탁자**는 수탁자를 **대위하여** 신탁등기를 신청할 수 있다(법 제82조 제2항).
⑤ 수탁자가 여러 명인 경우, 등기관은 신탁재산이 **합유**인 뜻을 기록하여야 한다(법 제84조 제1항).

23 신탁등기 정답 ⑤

㉠ 신탁등기의 신청은 해당 부동산에 관한 권리의 설정등기, 보존등기, 이전등기 또는 변경등기의 신청과 **동시에** 하여야 하지만(법 제82조 제1항), 수익자나 위탁자는 수탁자를 **대위하여** 신탁등기를 신청하는 경우는 해당 부동산에 대한 권리의 설정등기와 **동시에 신청할 필요는 없다**(법 제82조 제2항).
㉢ 등기원인이 신탁임에도 신탁등기만을 신청하거나 소유권이전등기만을 신청하는 경우에는 법 제29조 제5호 '신청정보의 제공이 대법원규칙으로 정한 방식에 맞지 아니한 경우'에 해당하므로 신청을 각하하여야 한다(등기예규 제1799호).

24 신탁등기 정답 ④

① 등기관이 권리의 이전 또는 보존이나 설정등기와 함께 신탁등기를 할 때에는 신탁등기에 대하여 별개의 순위번호를 부여하지 않고 권리의 이전 또는 보존이나 설정등기와 **하나의 순위번호**를 사용한다(규칙 제139조 제7항).

② 신탁가등기는 소유권이전청구권보전을 위한 가등기와 동일한 방식으로 신청하되, 신탁원부 작성을 위한 정보도 첨부정보로서 제공하여야 한다(등기예규 제1799호).
③ 신탁원부는 등기기록의 일부로 본다(법 제181조 제3항).
⑤ 여러 개의 부동산에 관하여 1건의 신청정보로 일괄하여 신탁등기를 신청하는 경우에는 각 부동산별로 신탁원부 작성을 위한 정보를 제공하여야 한다(등기예규 제1799호).

25 신탁등기의 말소등기 정답 ①

신탁재산이 수탁자의 고유재산이 되었을 때에는 그 뜻의 등기를 주등기로 하여야 한다(규칙 제143조).

26 신탁등기 정답 ②

ⓒ 법원이 신탁관리인 선임의 재판을 한 경우, 지체 없이 신탁원부 기록의 변경등기를 등기소에 촉탁하여야 한다(법 제85조 제1항).
ⓔ 신탁등기의 신청은 해당 부동산에 관한 권리의 설정등기, 보존등기, 이전등기 또는 변경등기의 신청과 동시에 하여야 한다(법 제82조 제1항). 다만, 수익자나 위탁자가 수탁자를 대위하여 신탁등기를 신청하는 경우에는 동시신청 규정을 적용하지 않는다(법 제82조 제2항 후단).

27 지상권설정등기 정답 ①

② 지상권설정등기에서 지료와 존속기간은 임의적 제공사항으로 반드시 기록하여야 하는 것은 아니지만, 등기원인에 약정이 있는 경우에는 이를 제공하여야 한다.
③ 1필 토지 전부에 지상권을 설정하든 일부에 지상권을 설정하든 지상권 설정의 범위를 기록하여야 한다.
④ 구분지상권설정등기를 신청하는 경우, 범위를 신청정보로 제공하여야 한다.
⑤ 토지의 일부에 지상권을 설정하는 경우에는 지적도를 제공하여야 하지만, 토지의 전부에 지상권을 설정하는 경우에는 지적도를 제공할 필요가 없다.

28 지상권 및 구분지상권등기 정답 ②

② 지상권의 존속기간을 '철탑 존속기간으로 한다'와 같이 불확정기간으로 정할 수 있다.
⑤ 구분지상권에 관한 등기처리요령(등기예규 제1040호)에 의하면 계층적 구분건물의 특정계층을 구분소유하기 위한 구분지상권을 설정할 수 없다.

29 지역권등기 정답 ③

① 등기관이 승역지의 등기기록에 지역권설정등기를 할 때에는 지역권설정의 목적 및 범위, 요역지를 기록하여야 한다. 존속기간 및 지료는 등기사항이 아니다.
② 지역권설정등기는 요역지 소유자(= 지역권자)를 등기권리자, 승역지 소유자(= 지역권설정자)를 등기의무자로 하여 공동으로 신청함이 원칙이다.
④ 승역지에 지역권등기를 신청하면 요역지 지역권의 등기사항은 등기관이 직권으로 기록하여야 한다.
⑤ 요역지의 소유권이 이전되면 지역권은 별도의 이전등기가 없더라도 요역지의 소유권을 취득한 자에게 이전된다.

30 지역권등기 정답 ②

② 승역지의 등기기록에 지역권설정의 목적, 범위, 요역지 등을 기록하고, 요역지의 등기기록에는 지역권설정의 목적, 범위, 승역지 등을 기록한다.
⑤ 20년간 소유의 의사로 평온, 공연하게 부동산을 점유하는 자는 등기함으로써 그 소유권을 취득하는데(민법 제245조 제1항), 지역권은 계속되고 표현된 것에 한하여 「민법」 제245조의 규정을 준용하므로(민법 제294조) 시효완성으로 지역권을 취득하기 위하여는 등기가 필요하다.

31 지역권등기 정답 ②

ⓒ 승역지는 1필지의 일부에 설정할 수 있지만, 요역지는 1필지의 전부를 위하여만 설정한다. 이런 이유로 승역지의 일부에 지역권을 설정하는 경우는 지적도면을 첨부하지만, 요역지를 위한 지적도면은 제공할 필요가 없다.

32 전세권등기 정답 ②

① 전세권설정등기를 신청하는 경우 전세권설정의 범위와 전세금은 필요적 제공사항이지만, 존속기간은 임의적 제공사항이므로 반드시 제공하여야 하는 것은 아니다(법 제72조 제1항).
③ 존속기간이 경과된 전세권을 목적으로 저당권을 설정할 수는 없다.
④ 농경지를 목적으로 전세권을 설정할 수는 없다(민법 제303조 제2항).
⑤ 건물 중 특정 층 전부에 대하여 전세권설정등기를 신청하는 경우에는 도면을 첨부정보로 제공할 필요가 없지만, 일부를 목적으로 하는 경우에는 도면을 첨부정보로 제공하여야 한다.

33 전세금반환채권의 일부양도　　　　　　　　정답 ⑤

등기관이 전세권의 일부이전등기를 실행할 때에 **양도액**을 기록하여야 하지만, 전세권의 전부이전등기를 할 때에는 양도액을 기록하지 않는다(법 제73조 제1항).

34 전세권등기　　　　　　　　정답 ③

전전세의 등기는 전세권의 **존속기간** 내에서만 가능하므로 존속기간이 만료된 건물전세권에 대한 전전세의 등기는 허용되지 않는다. 전전세의 등기는 전세권자가 설정한 전세권이므로 전세권등기에 **부기등기** 형식으로 실행한다.

35 전세권설정등기　　　　　　　　정답 ④

건물전세권이 법정갱신된 이후 전세권을 목적으로 저당권을 설정하기 위해서는 우선 존속기간에 대한 **변경등기를 선행**하여야 한다. 존속기간 연장의 변경등기를 하지 않으면 전세권에 대한 저당권을 설정할 수 없다.

36 임차권등기　　　　　　　　정답 ④

㉠ 임차권설정등기신청 시 **차임 및 범위**를 신청정보로 제공하여야 한다.
㉡ 차임지급시기에 관한 약정이 있는 경우, 이를 임차권등기에 기록하여야 한다. 다만, 이를 기록하지 않더라도 차임지급시기에 대한 **대항력이 없는 것**이지 등기가 무효로 되는 것은 아니다.
㉢ 임차권의 이전 및 임차물전대의 등기는 임차권등기에 부기등기의 형식으로 한다.
㉣ 용익권은 소유권의 일부인 지분을 목적으로 설정할 수 없다.

37 임차권등기명령에 의한 주택임차권등기　　　　　　　　정답 ②

② 임차권등기명령에 의한 주택임차권등기는 당사자의 신청이 아닌 **법원의 촉탁**으로 실행한다.
③ 주택임차인이 대항력을 취득한 날이 전세권설정등기의 접수일자보다 선일(先日)이라면, 기존 전세권의 등기명의인과 임차권의 등기명의인으로 되려는 자가 **동일한지 여부와는 상관없이** 주택임차권등기명령에 따른 등기의 촉탁이 있는 경우 등기관은 그 촉탁에 따른 등기를 수리할 수 있을 것이다.

38 임차권등기   정답 ⑤

임차권설정등기를 신청할 때에 그 범위가 토지의 일부인 경우, 그 부분을 표시한 지적도면을 첨부정보로 등기소에 제공하여야 한다. 참고로, 토지대장은 표제부등기(부동산의 표시변경등기, 멸실등기), 소유권보존등기, 소유권이전등기를 신청하는 경우 첨부정보로 제공하여야 한다.

39 저당권등기   정답 ③

① 저당권설정등기에는 채권액과 채무자를 반드시 기록하여야 한다(법 제75조). 이는 물상보증인이 저당권을 설정하든 채무자가 자기 소유의 부동산에 저당권을 설정하든 차이가 없다.
② 채무자의 성명(명칭)과 주소(사무소 소재지)는 기록하여야 하지만, 주민등록번호는 기록하지 않는다(법 제75조).
④ 등기관이 일정한 금액을 목적으로 하지 아니하는 채권을 담보하기 위한 저당권설정의 등기를 할 때에는 그 채권의 평가액을 기록하여야 한다(법 제77조).
⑤ 채권최고액을 외국통화로 표시하여 신청정보로 제공한 경우에는 외화표시 금액을 채권최고액으로 기록한다(등기예규 제1816호).

40 저당권 및 근저당권의 등기사항   정답 ④

저당권의 변제기는 등기사항에 해당하지만, 존속기간은 등기사항이 아니다. 반면, 근저당권의 약정된 존속기간은 등기사항에 해당하지만, 변제기는 등기사항이 아니다.

41 저당권등기   정답 ③

대지권이 등기된 구분건물의 등기기록에는 건물만에 관한 소유권이전등기 또는 저당권설정등기, 가압류등기 그 밖에 이와 관련이 있는 등기를 할 수 없다(법 제61조 제3항).

42 저당권이전등기   정답 ①

② 채권의 일부양도로 인한 저당권의 일부이전등기를 신청하는 경우에는 양도의 목적인 채권액을 신청정보의 내용으로 등기소에 제공하여야 한다.
③ 채권양도를 원인으로 저당권이전등기를 신청하는 경우, 저당권설정자가 물상보증인이더라도 그 자의 승낙서를 첨부할 필요는 없다.
④ 저당권이전등기는 채권양도인인 저당권자가 등기의무자가 되고, 채권양수인이 등기권리자가 되어 공동으로 신청한다.
⑤ 저당권의 이전등기는 항상 부기등기에 의하고, 종전 저당권자의 표시에 관한 사항을 말소하는 표시를 하여야 한다.

오답 NOTE

43 공동저당의 대위등기　　　　　　　　정답 ④

ⓒ 공동저당의 대위등기는 대위등기의 목적이 된 저당권에 **부기등기**로 한다.

44 공동저당 및 공동저당의 대위　　　　　정답 ①

등기관이 1개 또는 여러 개의 부동산에 관한 권리를 목적으로 하는 저당권설정의 등기를 한 후 동일한 채권에 대하여 다른 1개 또는 여러 개의 부동산에 관한 권리를 목적으로 하는 저당권설정의 등기를 할 때에는 공동담보 목적으로 **새로 추가되는** 부동산의 등기기록에는 그 등기의 끝부분에 공동담보라는 뜻을 기록하고 종전에 **등기한** 부동산의 등기기록에는 해당 등기에 **부기등기**로 그 뜻을 기록하여야 한다(규칙 제135조 제3항).

45 근저당권등기　　　　　　　　　　　　정답 ④

ⓐ 피담보채권의 **변제기**는 저당권의 등기사항이지만, 근저당권의 등기사항은 아니다.
ⓑ 근저당권의 피담보채권이 **확정되기 전**에 그 피담보채권이 양도된 경우, 이를 원인으로 하여 근저당권이전등기를 신청할 수 없다. 근저당권은 장래 증감변동하는 불특정 다수의 채권을 담보하기 때문에 확정되기 전에 일부의 채권이 양도되더라도 근저당권을 이전할 수는 없다.
ⓒ 근저당권설정등기의 신청정보로 채권최고액, 채무자, 근저당이라는 취지를 제공하여야 하지만, 이자에 관한 사항은 제공하지 아니한다.
ⓓ 규칙 제135조 제1항

46 저당권의 말소등기　　　　　　　　　　정답 ④

저당권이전등기 후에 변제를 이유로 저당권등기를 말소하는 경우 현재의 저당권자인 양수인(丙)이 등기의무자가 되는 것이지, 종전의 저당권자(乙)는 등기의무자가 될 수 없다. 이 경우 **주등기인 저당권설정등기의 말소를 신청**하면 **저당권이전의 부기등기는 등기관이 직권으로 말소**한다.

47 저당권의 말소등기　　　　　　　　　　정답 ③

① 저당권자가 **소재불명**으로 공동으로 저당권의 말소등기를 신청할 수 없을 때에는 저당권설정자가 공시최고 후 **제권판결**을 받아 단독으로 저당권의 말소등기를 신청할 수 있다.
② 저당권설정 후 소유권이 제3자에게 이전된 경우, **저당권설정자 또는 제3취득자**가 등기권리자가 되어 저당권자와 공동으로 저당권말소등기를 신청할 수 있다.

④ 저당권이 이전된 후의 저당권의 말소등기는 저당권설정자가 등기권리자가 되고, 저당권의 양수인이 등기의무자가 되어 공동으로 신청한다. 종전의 저당권자는 등기의무자가 될 수 없다.
⑤ 말소등기는 항상 주등기로 한다.

48 권리질권 정답 ②

㉠ 저당권부채권을 담보로 제공하는 것이므로 저당권자가 등기의무자가 되고 권리질권자가 등기권리자가 되어 공동으로 신청한다.
㉢ 변제기와 이자는 약정이 있는 경우에만 기록하는 임의적 제공사항이다(법 제76조 제1항).

49 필요적 기록사항 정답 ①

㉠ 전세권: 전세금과 범위
㉡ 지역권: 목적과 범위, 요역지
㉢ 지상권: 목적과 범위
㉣ 임차권: 차임과 범위
㉤ 저당권: 채권액과 채무자

CHAPTER 05 각종의 등기절차

01	⑤	02	③	03	②	04	①	05	④
06	④	07	③	08	③	09	⑤	10	⑤
11	①	12	②	13	①	14	③	15	④
16	⑤	17	③	18	⑤	19	④	20	①
21	⑤	22	②	23	③	24	①	25	②
26	④	27	⑤	28	①	29	②	30	④
31	⑤	32	③	33	③	34	①	35	⑤
36	④	37	①	38	③	39	①	40	④
41	②	42	③	43	⑤				

01 변경등기 정답 ⑤

행정구역의 명칭이 변경되었을 때에는 등기기록에 기록된 행정구역의 명칭에 대하여 **변경등기가 있는 것으로 본다**(법 제31조). 이 경우에 공시를 명확하게 하기 위하여 등기관은 **직권으로 부동산의 표시변경등기를 할 수 있다**(규칙 제54조).

02 변경등기 정답 ③

대지권의 변경이나 소멸이 있는 경우, 구분건물 소유권의 등기명의인은 1개월 이내에 등기를 신청하여야 한다.

03 합병의 요건 정답 ②

합필 대상토지에 용익권(지상권, 승역지 지역권, 전세권, 임차권)이 있는 경우(①③)에는 합필등기의 제한사유가 되지 않는다. 반면, 용익권 외의 등기(저당권, 압류, 가압류, 가처분 등)가 있는 경우(②)에는 합필등기를 할 수 없는 것이 원칙이다. 다만, 등기원인 및 그 연월일과 접수번호가 동일한 저당권등기가 있는 경우(⑤)에는 합필등기가 가능하며, ④의 경우에도 「부동산등기법」에 따라 합필등기를 할 수 있다(법 제37조 제1항).

04 권리의 변경등기 정답 ①

ⓒ 전세권의 **존속기간을 연장**하는 경우, 후순위 근저당권자는 등기기록 형식상 불이익을 당하게 되므로 등기상 이해관계 있는 제3자에 해당한다.

㉣ 선순위 근저당권의 채권최고액을 증액한 경우, 등기상 이해관계 있는 후순위 권리자의 승낙서가 첨부되지 않으면 주등기 형식으로 근저당권변경등기를 할 수 있다.

05 등기명의인의 표시변경등기   정답 ④

등기명의인의 표시변경등기를 하는 데 있어 등기의무자는 존재하지 않으므로 등기의무자의 권리에 관한 등기필정보의 제공을 요하지 않는다.

06 등기명의인의 표시변경등기   정답 ④

소유권이전등기를 신청함에 있어서 등기의무자의 주소변경사실이 명백한 때에는 그 등기명의인의 주소변경등기를 등기관이 직권으로 하여야 한다. 그러나 신청정보의 등기의무자의 표시에 관한 사항 중 주민등록번호는 등기기록과 일치하고 주소가 일치하지 아니하는 경우, 주소를 증명하는 정보에 의해 등기의무자의 등기기록상 주소가 신청정보상의 주소로 변경된 사실이 확인되더라도 등기관은 직권으로 등기명의인의 표시변경등기를 할 수 없다(규칙 제122조).

07 일부말소 의미의 경정등기   정답 ③

일부지분을 매수한 사람이 소유권 전부에 대하여 이전등기를 한 경우라도 그 지분만큼은 실체관계와 부합하는 등기이므로 말소등기의 대상이 아니다. 다만, 자기의 지분을 제외한 나머지 지분만큼은 불일치하므로 경정등기를 하여야 하는데, 이를 일부말소 의미의 소유권경정등기라고 한다.

08 경정등기   정답 ③

경정등기는 변경등기와 불일치의 발생 시점만 다를 뿐 일부의 불일치를 시정한다는 점에서 동일하다. 저당권의 변경등기나 경정등기는 상대방이 있는 등기이므로 등기권리자인 저당권자와 등기의무자인 저당권설정자가 공동으로 신청하는 것이 원칙이다.

09 경정등기   정답 ⑤

① 법정상속분에 따라 상속등기를 마친 후에 공동상속인 중 1인에게 재산을 취득하게 하는 상속재산분할협의를 한 경우 그 효력은 피상속인의 사망 시로 소급하므로 소유권경정등기를 하게 된다.
② 법인 아닌 사단과 법인은 서로 동일성이 없으므로 경정등기를 할 수 없고, 소유권이전등기를 하여야 한다.

오답 NOTE

③ 소유권이전등기를 저당권설정등기로 경정하거나, 권리자를 甲에서 乙로 경정하는 것은 **동일성이 없어** 허용하지 않는다.
④ 소유권이 이전된 후에는 종전 소유권에 대한 등기명의인의 표시경정등기를 할 **실익이 없으므로** 이를 하지 않는다.

10 말소등기의 이해관계인   정답 ⑤

말소등기신청의 경우에 '등기상 이해관계 있는 제3자'란 등기의 말소로 인하여 **손해를 입을** 우려가 있다는 것이 등기기록에 의하여 **형식적으로 인정**되는 자를 말한다.

11 말소등기의 이해관계인   정답 ①

말소등기에서 등기상 이해관계 있는 제3자란 말소등기의 실행으로 **등기기록 형식상 손해를 입을** 우려가 있다고 인정되는 자를 의미한다.
㉠ 전세권설정등기를 말소하는 경우, 그 전세권을 목적으로 하는 저당권도 말소되므로 저당권자는 이해관계인에 해당한다.
㉡ 소유권보존등기를 말소하는 경우, 이를 목적으로 하는 저당등기도 말소되므로 저당권자는 이해관계인에 해당한다.
㉢ 순위 1번 저당권등기를 말소하는 경우, 순위 2번 저당권자는 오히려 이익이 되므로 이해관계인에 해당하지 않는다.
㉣ 토지에 대한 저당권등기를 말소하는 경우, 그 토지에 대한 지상권자는 손해 입을 우려가 없으므로 이해관계인에 해당하지 않는다.

12 말소등기절차   정답 ②

① 등기사항의 **일부**가 부적법한 경우는 변경 또는 경정등기의 대상이다.
③ 토지수용으로 인한 소유권이전등기를 신청한 때 소유권 외의 등기는 직권말소의 대상이 되는 것이 원칙이지만, 그 **부동산을 위하여 존재하는 지역권등기**는 직권말소의 대상이 아니다.
④ 소유권보존등기가 등기명의인의 착오로 마쳐진 경우, 그 등기는 실체관계와 부합하지 아니하므로 신청착오를 원인으로 말소를 신청할 수 있다.
⑤ 법 제29조 제2호(사건이 등기할 것이 아닌 경우)를 위반하여 기록된 등기는 절대적 무효이므로 등기관은 소정의 절차를 거쳐 직권으로 이를 말소할 수 있다.

13 말소등기   정답 ①

㉠ 등기를 말소할 때에는 **주등기**로 말소의 등기를 한 후 해당 등기를 말소하는 표시를 하여야 한다(규칙 제116조 제1항).
㉡ 말소등기 시 말소할 등기를 목적으로 하는 제3자의 승낙이 있을 경우 등기상 이해관계 있는 제3자 명의의 등기는 등기관이 **직권으로 말소**한다(법 제57조).

14 말소등기   정답 ③

① 말소등기와 양립할 수 있어야 등기상 이해관계인이 될 수 있는데, **소유권과 소유권은 서로 양립할 수 없으므로** 乙 명의의 소유권이전등기를 말소하는 경우 丙은 등기상 이해관계인이 될 수 없다.
② 등기절차의 이행 또는 인수를 명하는 판결에 의한 등기는 승소한 등기권리자 또는 등기의무자가 단독으로 신청한다. 이와 같이 판결에 의하여 말소등기를 하는 경우라도 이해관계인이 있는 경우에는 그의 승낙에 대한 의사표시는 별개이므로 그의 승낙서 등을 제공하여야 한다.
④ 순위 2번 저당권등기를 말소하는 경우, 순위 1번 저당권자의 권리관계에는 영향이 없으므로 1번 저당권자는 이해관계인에 해당하지 않는다.
⑤ 권리의 말소등기는 상대방이 있으므로 공동으로 신청하는 것이 원칙이다(법 제23조 제1항).

15 말소등기   정답 ④

말소등기 시 말소할 등기를 목적으로 하는 이해관계 있는 제3자 명의의 등기는 제3자의 승낙이 있을 경우 등기관이 **직권으로 말소**한다(법 제57조).

16 직권말소등기   정답 ⑤

①②③④ 「부동산등기법」 제29조 제2호 '사건이 등기할 것이 아닌 경우'에 해당하여 직권으로 말소한다.
⑤ 등기명의인인 사람의 사망으로 권리가 소멸한다는 약정이 등기되어 있는 경우에 사람의 사망으로 그 권리가 소멸하였을 때에는, 등기권리자는 그 사실을 증명하여 단독으로 해당 등기의 말소를 신청할 수 있다(법 제55조).

17 직권말소등기   정답 ③

①④⑤ 법 제29조 제2호 '사건이 등기할 것이 아닌 경우'에 해당하여 직권으로 말소한다.
② 지상권에 부기된 저당권자는 지상권을 말소하는 데 등기상 이해관계인에 해당하므로 그 자의 승낙이 있을 경우 저당권등기는 등기관이 직권으로 말소한다.
③ 경매절차에서 매수인이 인수하지 아니한 부동산 위의 부담의 기입등기의 말소와 경매개시결정등기의 말소등기는 **법원의 촉탁**으로 실행한다.

18 말소회복등기   정답 ⑤

말소회복등기는 이전에 말소된 등기 자체의 재현을 목적으로 한다. 따라서 말소등기를 말소하는 방법으로서는 종래 말소된 등기가 회복되지 아니하므로 말소회복등기를 하여야 한다. 즉, **말소등기의 말소등기는 허용되지 않는다**.

19 말소회복등기   정답 ④

어떤 등기사항의 전부가 부적법하게 말소된 경우에 그 등기 전부를 회복하고자 하는 때에는 통상의 절차에 따라 **주등기**로 회복의 등기를 한 후 다시 말소된 등기와 같은 등기를 하여야 한다. 다만, 어떤 등기사항의 일부가 부적법하게 말소된 경우에 이를 회복하기 위해서는 **부기등기**에 의하여 말소된 등기사항만 다시 등기를 한다(규칙 제118조).

20 등기의 개념   정답 ①

㉠ '말소등기'란 기존의 등기사항의 **전부**가 원시적 또는 후발적 이유로 불일치하게 된 경우에 기존 등기의 전부를 소멸시키는 등기를 말한다.
㉡ '경정등기'란 등기절차에 착오 또는 빠진 부분이 있어서 **원시적으로** 등기와 실체관계 사이에 **일부 불일치**가 생긴 경우에 이를 시정하기 위하여 하는 등기이다.
㉢ '변경등기'란 어떤 등기가 행하여진 후에 **후발적으로** 등기된 사항에 변경이 생겨서 등기와 실체관계 사이에 **일부 불일치**가 생긴 경우 그 불일치를 시정하기 위하여 하는 등기이다.
㉣ '멸실등기'는 등기된 **부동산이 전부 소멸**되어 존재하지 않게 된 경우 행하는 등기이다. **부동산의 일부가 멸실**된 경우는 멸실등기를 하는 것이 아니라 **부동산의 표시변경등기**를 하여야 한다.
㉤ '회복등기'란 등기사항의 전부 또는 일부가 **부적법하게 말소**된 경우, 말소된 등기를 말소되기 이전의 순위와 효력으로 회복하도록 하는 등기를 말한다.

21 멸실등기   정답 ⑤

부동산이 멸실한 경우, 그 소유권의 등기명의인은 그 사실이 있는 때부터 **1개월 이내**에 멸실등기를 신청하여야 한다. 다만, 존재하지 아니하는 건물에 대한 등기가 있는 때에는 그 소유권의 등기명의인은 '**지체 없이**' 그 건물의 멸실등기를 신청하여야 한다(법 제39조, 제43조 제1항, 제44조).

22 부기등기   정답 ②

저당부동산의 저당권 실행을 위한 경매개시결정등기는 소유권을 경매하는 것이므로 갑구에 주등기로 실행한다.

이론+ 부기로 하는 등기(법 제52조)

등기관이 다음의 등기를 할 때에는 부기등기로 하여야 한다.
1. 소유권 외의 권리의 이전등기(예 전세권이전등기, 가등기상의 권리의 이전등기 등)
2. 소유권 외의 권리를 목적으로 하는 권리에 관한 등기(예 전세권부 근저당권설정등기, 전전세권등기, 권리질권등기 등)
3. 소유권 외의 권리에 대한 처분제한 등기(예 전세권에 대한 가압류나 가처분등기 등)

4. 환매특약등기
5. 권리소멸약정등기
6. 공유물분할금지의 약정등기

7. 등기명의인표시의 변경이나 경정의 등기
8. 권리의 변경이나 경정의 등기. 다만, 등기상 이해관계 있는 제3자의 승낙이 없는 경우에는 주등기로 실행한다.
9. 일부말소회복등기

23 부기등기   정답 ③

① 등기명의인 표시의 변경등기는 항상 부기등기로 실행한다.
② 소유권 외의 권리의 이전등기는 항상 부기등기로 실행한다.
③ '권리의 변경등기'는 등기상 이해관계인이 없거나 있더라도 그 자의 **승낙이 있는 경우 부기등기**로 실행하지만, 이해관계인의 **승낙이 없는 경우에는 주등기**로 실행한다.
④ 권리소멸약정등기나 환매특약등기, 공유물분할금지의 약정등기 등은 항상 부기등기로 실행한다.
⑤ 권리질권등기와 같이 소유권 외의 권리를 목적으로 하는 권리에 관한 등기는 항상 부기등기로 한다.

24 이해관계인의 승낙과 부기등기 정답 ①

권리의 변경등기를 하는 데 있어 등기상 이해관계 있는 제3자가 있는 경우에 그 제3자의 **승낙이 있으면 부기등기**, **승낙이 없으면 주등기**로 실행한다. 전세권에서 전세금을 증액하는 변경등기는 권리의 변경등기로서 이해관계인의 승낙이 없으면 주등기로 실행하여야 한다(법 제52조 제5호 참조).

25 부기등기 정답 ②

부기등기는 '**순위번호**'에 가지번호를 붙여서 실행하므로 표제부에는 할 수 없고, 갑구나 을구에만 실행할 수 있다.

26 주등기와 부기등기 정답 ④

어떤 등기사항의 **전부**가 말소된 경우에 통상의 절차에 따라 **주등기**로 회복의 등기를 한 후 다시 말소된 등기와 같은 등기를 하여야 한다. 반면, 등기사항의 **일부**가 말소된 것일 때에는 **부기등기**에 의하여 말소된 등기사항만 다시 등기한다.

27 가등기 정답 ⑤

사인증여는 **증여계약**이므로 이로 인하여 발생한 소유권이전등기청구권을 보전하기 위한 가등기는 허용된다. 가등기는 「부동산등기법」상 등기할 수 있는 권리의 설정·이전·변경·소멸의 청구권을 보전하기 위해서 하는데, 이들 청구권은 **장래에 확정될 것이라도 무방**하다(법 제88조).

28 가등기의 대상 정답 ①

㉠㉡ 가등기의 대상이 될 수 있다.
㉢ 가처분은 다툼이 있는 물건이나 권리를 대상으로 그 처분을 금지하는 것을 목적으로 하는 보전처분이다. 가등기에 기해 본등기를 하는 것은 권리의 처분이 아니라 취득이므로 이에 대한 가처분등기는 허용되지 않는다.
㉣ **채권적** 청구권을 보전하기 위한 가등기는 허용되지만, **물권적** 청구권을 보전하기 위한 가등기는 허용되지 않는다.

29 가등기의 신청 및 말소신청 정답 ②

가등기의무자가 가등기에 협력하지 않는 경우, 가등기권리자는 가등기를 명하는 **부동산의 소재지**를 관할하는 지방법원의 가처분명령이 있을 때에는 **단독으로 가등기를 신청**할 수 있다(법 제89조, 제90조 제1항).

30 가등기 정답 ④

가등기로 보전하려는 청구권은 채권적 청구권이며 가등기를 하더라도 등기의 대항력이 발생하지 않으므로 가등기가 실행된 이후에 제3취득자가 있을지라도 본등기의 등기의무자는 그 제3취득자가 아니라 가등기 당시의 소유자가 된다.

31 가등기에 기한 본등기 정답 ⑤

소유권이전등기청구권 보전을 위한 가등기가 마쳐진 부동산에 처분금지가처분등기가 된 후 본등기가 이루어진 경우, 그 본등기로 가처분채권자에게 대항할 수 있다. 즉, 본등기가 이루어진 경우 등기관은 처분금지가처분등기를 직권으로 말소한다(규칙 제147조).

32 가등기 정답 ③

등기관은 가등기에 의한 본등기를 하였을 때에는 가등기 이후에 된 등기로서 가등기에 의하여 보전되는 권리를 침해하는 등기를 직권으로 말소하여야 한다. 등기관이 가등기 이후의 등기를 말소하였을 때에는 지체 없이 그 사실을 말소된 권리의 등기명의인에게 통지하여야 한다. 즉, 말소 전에 통지를 하는 것이 아니라 말소 후에 그 사실을 통지한다(법 제92조).

33 가등기에 기한 본등기 정답 ③

가등기에 기하여 본등기를 한 후에도 종전의 가등기를 말소하는 표시를 하지 않는다.

34 가등기에 기한 본등기 정답 ①

소유권이전청구권가등기 후 소유권이전의 본등기 전에 마쳐진 등기로서 본등기와 양립할 수 없는 것은 직권으로 말소하는 것이 원칙이다. 다만, 다음의 등기는 직권말소의 대상이 아니다(규칙 제147조).

1. 해당 가등기상 권리를 목적으로 하는 가압류등기나 가처분등기
2. 가등기 전에 마쳐진 가압류에 의한 강제경매개시결정등기
3. 가등기 전에 마쳐진 담보가등기, 전세권 및 저당권에 의한 임의경매개시결정등기
4. 가등기권자에게 대항할 수 있는 주택임차권등기, 주택임차권설정등기, 상가건물임차권등기, 상가건물임차권설정등기

35 가등기에 기한 본등기 정답 ⑤

가등기 후 본등기 전에 마쳐진 등기로서 본등기와 양립할 수 없는 중간처분등기는 직권말소의 대상이 되지만, 해당 가등기상 권리를 목적으로 하는 가처분등기(㉠)나 가등기 전에 마쳐진 저당권, 가등기 전에 마쳐진 가압류에 의한 경매개시결정등기(㉡㉢)는 직권말소의 대상이 될 수 없다. 또한 가등기권자에게 대항할 수 있는 주택임차권등기(㉣)나 상가건물임차권등기도 직권말소의 대상이 아니다(규칙 제147조).

36 가등기에 기한 본등기 정답 ④

2025.3.15. 등기된 근저당권설정등기는 가등기 후에 마쳐진 등기로서 직권말소의 대상이 되므로 그 근저당권에 의해 2025.7.5.에 마쳐진 임의경매개시결정등기 또한 직권말소의 대상이 된다.

이론+ 본등기와 직권말소(규칙 제147조 제1항)

> 등기관이 소유권이전등기청구권보전 가등기에 의하여 소유권이전의 본등기를 한 경우에는 가등기 후 본등기 전에 마쳐진 등기 중 다음 등기를 제외하고는 직권으로 말소한다.
> 1. 해당 가등기상 권리를 목적으로 하는 가압류등기나 가처분등기(②③)
> 2. 가등기 전에 마쳐진 가압류에 의한 강제경매개시결정등기(⑤)
> 3. 가등기 전에 마쳐진 담보가등기, 전세권 및 저당권에 의한 임의경매개시결정등기
> 4. 가등기권자에게 대항할 수 있는 주택임차권등기(①), 주택임차권설정등기, 상가건물임차권등기, 상가건물임차권설정등기

37 가등기에 기한 본등기 정답 ①

① 소유권이전등기청구권보전 가등기 이후에 마쳐진 가처분등기는 소유권이전의 본등기 시, 가등기에 의하여 보전되는 권리인 소유권이전등기청구권을 침해하는 등기이므로 등기관이 직권으로 말소한다(법 제92조 제1항).
②③④ 전세권(임차권, 지상권)설정등기청구권보전 가등기 이후에 마쳐진 가압류등기나 저당권설정등기는 가등기에 의하여 보전되는 권리인 전세권(임차권, 지상권)설정등기청구권을 침해하는 등기가 아니므로 등기관이 직권으로 말소할 수 없다.
⑤ 저당권설정등기청구권보전 가등기 이후에 마쳐진 소유권이전등기는 저당권설정의 본등기 시, 가등기에 의하여 보전되는 권리인 저당권설정등기청구권을 침해하는 등기가 아니므로 등기관이 직권으로 말소할 수 없다.

38 가등기에 기한 본등기   정답 ③

① 소유권이전등기청구권보전 가등기에 의한 본등기를 한 경우, 등기관은 그 가등기 후 본등기 전에 마쳐진 등기 중 직권으로 말소할 수 없는 등기가 있다. 예를 들어 해당 가등기상 권리를 목적으로 하는 가압류등기나 가처분등기와 가등기 전에 마쳐진 가압류등기나 저당권에 의한 경매개시결정등기는 직권말소의 대상이 아니다(규칙 제147조 제1항).
②③④ 지상권·전세권·임차권설정등기청구권보전 가등기에 의한 본등기를 마친 경우, 등기관은 가등기 후 본등기 전에 마쳐진 용익권등기는 직권으로 말소하지만(③), 용익권 외의 등기는 직권으로 말소할 수 없다(②④)(규칙 제148조 제1항·제2항).
⑤ 저당권설정등기청구권보전 가등기에 의한 본등기를 한 경우, 가등기 후 본등기 전에 마쳐진 모든 등기는 직권말소의 대상이 아니다(규칙 제148조 제3항).

39 가압류 및 가처분등기   정답 ①

ⓒ 처분금지가처분등기가 마쳐진 경우라도 처분이 금지되는 것은 아니므로 가처분등기에 반하는 지상권설정등기는 허용된다.
ⓒ 가압류등기의 말소등기는 법원의 촉탁으로 실행하는 것이 원칙이다.
ⓔ 가처분은 금전채권 외의 청구권을 보전하려는 것이 목적이므로 피보전권리로 청구권을 기록하는 것이지 금전채권을 기록하는 것은 아니다.

40 가압류 및 가처분등기   정답 ④

ⓒⓒ 처분제한등기가 있더라도 처분이 금지되는 것은 아니므로 가압류등기나 가처분등기가 마쳐진 부동산에 대하여도 소유권이전등기를 신청할 수 있다.

41 가처분등기   정답 ②

가처분채권자가 가처분채무자를 등기의무자로 하여 가처분에 의하여 보전된 권리에 관한 등기를 신청한 경우, 가처분등기 이후에 된 등기로서 가처분채권자의 권리를 침해하는 등기는 가처분채권자의 단독신청으로 말소할 수 있다. 이 경우 가처분에 의하여 보전된 권리에 관한 등기와 가처분등기 이후에 마쳐진 등기의 말소등기를 동시에 신청하여야 한다(법 제94조).

42 가압류 및 가처분등기의 말소등기 정답 ③

가처분채권자가 가처분채무자를 등기의무자로 하여 가처분에 의하여 보전된 권리에 관한 등기를 신청한 경우, 가처분등기 이후에 된 등기로서 가처분채권자의 권리를 침해하는 등기는 **가처분채권자의 단독신청**으로 말소할 수 있다(법 제94조 제1항).

43 가처분등기 정답 ⑤

① 가압류등기일자(2025.2.7.)가 가처분등기일자(2025.3.4.)보다 빠르므로 가압류에 기한 강제경매개시결정등기는 말소되지 않는다.
② 가등기담보일자(2025.2.8.)가 가처분등기일자(2025.3.4.)보다 빠르므로 가등기담보권에 기한 임의경매개시결정등기는 말소되지 않는다.
③ 임차권등기명령에 의한 주택임차권등기가 가처분등기일자보다 늦다고 할지라도 이미 대항력을 갖추고 있으므로 말소되지 않는다.
④ 근저당권설정등기일자(2025.2.9.)가 가처분등기일자(2025.3.4.)보다 빠르므로 근저당권에 기한 임의경매개시결정등기는 말소되지 않는다.
⑤ 계약일자는 비록 가처분등기일자보다 빠르더라도 소유권이전등기를 할 때 물권변동이 생기므로 소유권이전등기일자가 가처분등기일자보다 늦어서 말소의 대상이 된다.

memo

memo

오답 노트가 되는
정답 및 해설

2025

에듀윌 공인중개사 기출응용 예상문제집
2차 부동산공시법

고객의 꿈, 직원의 꿈, 지역사회의 꿈을 실현한다

에듀윌 도서몰
book.eduwill.net

- 부가학습자료 및 정오표: 에듀윌 도서몰 > 도서자료실
- 교재 문의: 에듀윌 도서몰 > 문의하기 > 교재(내용, 출간) / 주문 및 배송

합격하고 꼭 해야 할 것 2

에듀윌 부동산 아카데미 강의 듣기

성공 창업의 필수 코스
부동산 창업 CEO 과정

1 튼튼 창업 기초
- 창업 입지 컨설팅
- 중개사무 문서작성
- 성공 개업 실무TIP

2 중개업 필수 실무
- 온라인 마케팅
- 세금 실무
- 토지/상가 실무
- 재개발/재건축

3 실전 Level-Up
- 계약서작성 실습
- 중개영업 실무
- 사고방지 민법실무
- 빌딩 중개 실무
- 부동산경매

4 부동산 투자
- 시장 분석
- 투자 정책

부동산으로 성공하는
컨설팅 전문가 3대 특별 과정

마케팅 마스터
- 데이터 분석
- 블로그 마케팅
- 유튜브 마케팅
- 실습 샘플 파일 제공

디벨로퍼 마스터
- 부동산 개발 사업
- 유형별 절차와 특징
- 토지 확보 및 환경 분석
- 사업성 검토

빅데이터 마스터
- QGIS 프로그램 이해
- 공공데이터 분석 및 활용
- 컨설팅 리포트 작성
- 토지 상권 분석

경매의 神과 함께 '중개'에서 '경매'로 수수료 업그레이드

- 공인중개사를 위한 경매 실무
- 투자 및 중개업 분야 확장
- 고수들만 아는 돈 되는 특수 물권
- 이론(기본) - 이론(심화) - 임장 3단계 과정
- 경매 정보 사이트 무료 이용

실전 경매의 神
안성선
이주왕
장석태

에듀윌 부동산 아카데미 | uland.eduwill.net
문의 | 온라인 강의 1600-6700, 학원 강의 02)6736-0600

꿈을 현실로 만드는 에듀윌

공무원 교육
- 선호도 1위, 신뢰도 1위! 브랜드만족도 1위!
- 합격자 수 2,100% 폭등시킨 독한 커리큘럼

자격증 교육
- 9년간 아무도 깨지 못한 기록 합격자 수 1위
- 가장 많은 합격자를 배출한 최고의 합격 시스템

직영학원
- 검증된 합격 프로그램과 강의
- 1:1 밀착 관리 및 컨설팅
- 호텔 수준의 학습 환경

종합출판
- 온라인서점 베스트셀러 1위!
- 출제위원급 전문 교수진이 직접 집필한 합격 교재

어학 교육
- 토익 베스트셀러 1위
- 토익 동영상 강의 무료 제공

콘텐츠 제휴·B2B 교육
- 고객 맞춤형 위탁 교육 서비스 제공
- 기업, 기관, 대학 등 각 단체에 최적화된 고객 맞춤형 교육 및 제휴 서비스

부동산 아카데미
- 부동산 실무 교육 1위!
- 상위 1% 고소득 창업/취업 비법
- 부동산 실전 재테크 성공 비법

학점은행제
- 99%의 과목이수율
- 17년 연속 교육부 평가 인정 기관 선정

대학 편입
- 편입 교육 1위!
- 최대 200% 환급 상품 서비스

국비무료 교육
- '5년우수훈련기관' 선정
- K-디지털, 산대특 등 특화 훈련과정
- 원격국비교육원 오픈

에듀윌 교육서비스 **공무원 교육** 9급공무원/소방공무원/계리직공무원 **자격증 교육** 공인중개사/주택관리사/손해평가사/감정평가사/노무사/전기기사/경비지도사/검정고시/소방설비기사/소방시설관리사/사회복지사1급/대기환경기사/수질환경기사/건축기사/토목기사/직업상담사/전기기능사/산업안전기사/건설안전기사/위험물산업기사/위험물기능사/유통관리사/물류관리사/행정사/한국사능력검정/한경TESAT/매경TEST/KBS한국어능력시험/실용글쓰기/IT자격증/국제무역사/무역영어 **어학 교육** 토익 교재/토익 동영상 강의 **세무/회계** 전산세무회계/ERP정보관리사/재경관리사 **대학 편입** 편입 영어·수학/연고대/의약대/경찰대/논술/면접 **직영학원** 공무원학원/소방학원/공인중개사 학원/주택관리사 학원/전기기사 학원/편입학원 **종합출판** 공무원·자격증 수험교재 및 단행본 **학점은행제** 교육부 평가인정기관 원격평생교육원(사회복지사2급/경영학/CPA) **콘텐츠 제휴·B2B 교육** 교육 콘텐츠 제휴/기업 맞춤 자격증 교육/대학취업역량 강화 교육 **부동산 아카데미** 부동산 창업CEO/부동산 경매 마스터/부동산 컨설팅 **주택취업센터** 실무 특강/실무 아카데미 **국비무료 교육(국비교육원)** 전기기능사/전기(산업)기사/소방설비(산업)기사/IT(빅데이터/자바프로그램/파이썬)/게임그래픽/3D프린터/실내건축디자인/웹퍼블리셔/그래픽디자인/영상편집(유튜브) 디자인/온라인 쇼핑몰광고 및 제작(쿠팡, 스마트스토어)/전산세무회계/컴퓨터활용능력/ITQ/GTQ/직업상담사

교육문의 1600-6700 www.eduwill.net

· 2022 소비자가 선택한 최고의 브랜드 공무원·자격증 교육 1위 (조선일보) · 2023 대한민국 브랜드만족도 공무원·자격증·취업·학원·편입·부동산 실무 교육 1위 (한경비즈니스) · 2017/2022 에듀윌 공무원 과정 최종 환급자 수 기준 · 2023년 성인 자격증, 공무원 직영학원 기준 · YES24 공인중개사 부문, 2025 에듀윌 공인중개사 오시훈 키워드 암기장 부동산공법 (2025년 3월 월별 베스트) · 교보문고 취업/수험서 부문, 2020 에듀윌 농협은행 6급 NCS 직무능력평가+실전모의고사 4회 (2020년 1월 27일~2월 5일, 인터넷 주간 베스트) 그 외 다수 · YES24 컴퓨터활용능력 부문, 2024 컴퓨터활용능력 1급 필기 초단기끝장(2023년 10월 3~4주 주별 베스트) 그 외 다수 · YES24 신규 자격증 부문, 2024 에듀윌 데이터분석 준전문가 ADsP 2주끝장 (2024년 4월 2주, 9월 5주 주별 베스트) · 인터파크 자격서/수험서 부문, 에듀윌 한국사능력검정시험 2주끝장 심화 (1, 2, 3급) (2020년 6~8월 월간 베스트) 그 외 다수 · YES24 국어 외국어사전 영어 토익/TOEIC 기출문제/모의고사 분야 베스트셀러 1위 (에듀윌 토익 READING RC 4주끝장 리딩 종합서, 2022년 9월 4주 주별 베스트) · 에듀윌 토익 교재 입문~실전 인강 무료 제공 (2022년 최신 강좌 기준/109강) · 2024년 종강반 중 모든 평가항목 정상 참여자 기준, 99% (평생교육원 기준) · 2008년~2024년까지 234만 누적수강학점으로 과목 운영 (평생교육원 기준) · 에듀윌 국비교육원 구로센터 고용노동부 지정 "5년우수훈련기관" 선정 (2023~2027) · KRI 한국기록원 2016, 2017, 2019년 공인중개사 최다 합격자 배출 공식 인증 (2025년 현재까지 업계 최고 기록)